U0668834

同仁堂

传承与发展

北京同仁堂二十年改革发展记

◎ 边东子 著

人民东方出版传媒
東方出版社

引　子

弄潮儿向涛头立，手把红旗旗不湿。

别来几向梦中看，梦觉尚心寒。

——（宋）潘阆

人们都知道北京有个同仁堂，这是一家传续了三百四十多年的老字号，老北京人都知道，“当年就连皇上、太后都吃同仁堂的药”。它延续的是传统，代表的是经典。如果用“古色古香”“百年流芳”“古风犹存”这样的词汇形容它，没有人会有异议，但是把它和“现代”“国际”“IT”“数字化”这些新词联系起来，有人就会质疑了。而本书要叙述的就是一个这样的同仁堂。它和某些人印象中四平八稳、亘古不变，虽是爷爷奶奶的最爱，但“80后”“90后”却颇为生疏的同仁堂不同。它立于改革的大潮之前，敢于冲浪，敢于改革；它敢于标新立异、特立独行，不从众，不跟风：当社会上一度出现工人大面积下岗的现象时，同仁堂却顶着压力，不让一位员工下岗；当一些企业不顾主客观条件，片面追求“做大做强”，以致落得樯倾楫摧时，同仁堂却发出了“做长做强做大”的声音；当一些人“理直气壮”地喊出“企业就要追求利益最大化，社会效益是雷锋的事”，同仁堂却坚持“义利共生，以义为先”，每当国家有事、民族有难的时候，同仁堂总是舍利取义。而近二十年来，同仁堂的经济收益却保持了每年都以两位数增长，每五年就翻一番，既赢得了良好的社会效益，也取得了可观的经济效益。

作为一个老字号，一家国有企业，同仁堂在由计划经济向市场经济转型的过程中，也曾历经磨难，饱尝艰辛，但经过艰苦探索，奋勇开拓，不仅延续了旧日有口皆碑的美誉，更造就了今日远播遐迩的盛名。现在的同仁堂在市场经济中，已经由蹒跚学步到得心应手，再至游刃有余，为国企的改革和发展提供了许多有益的经验和实例。

同仁堂在二十年的改革历程中，从一家企业发展到集团公司，再发展到企业集团群，并且完成了由单一的全民所有制向多种所有制并存的嬗变，其中有许多前无古人的创新，和敢为人先的尝试，值得思考，值得借鉴。

二十年来，同仁堂不仅在经济上取得了可观的成就，而且继承和发展了独有的“同仁堂文化”。同仁堂不仅是经济的实体，也是文化的载体，他们创造的经济与文化并举，“寓管理于文化中”，都是对如何运用企业文化的成功诠释。

可是现在有人却说，“国企是臭水沟”，根本没有前途。原因是，国企的高管因为企业不是自己的，没有责任心。事实是这样吗？路要从头走，话得从头说。

北京有个崇文门，远近驰名。自古至今，这崇文门的里里外外发生过多少青史留痕的大事，多少谈笑即过的闲事，多少引人泣下的惨事，多少欢天喜地的乐事，真的是难以尽述了。即使要说说曾经在这里热热闹闹地开业，轰轰烈烈地兴旺，又默默无闻地消失的大商家、大字号、大买卖也是难事。清代，崇文门内外是商业发达、繁荣鼎盛之地。这里有花市，曾经有不可尽数的商家在这里卖绢花、纸花、通草花，可谓

“处处花成阵，时时开不败”。可现在，这里早已经没有了花市，只是空留下“花市大街”的名字。清末民初，这里还是北京五金行业集中的地方，并且都是大商号，如“万和成”“义顺成”“三益泰”“广泰和”等，连京师五金行业公会都设在这里，可是这些当年响当当的店铺，早已经消失得无声无息。除此之外，这里还有过酒市，最有名也是硬撑到最后的几家酒庄是“泰和”“天裕”“永隆”“永亨”，可是现在，就连它们当年到底开在哪儿，都没人能说得清了。这里更是北京药业的集中之地，不光有名气不小的大药铺，还有二十多家药栈，如“天汇”“天成”“隆盛”“益成”“久大”“惠丰”“永增”“三益”“仁兴”等，其中“天汇”“天成”“隆盛”“惠丰”又并称“四大药栈”。这些药栈不同于药铺，它们从来不做零打碎敲的小买卖，只做大宗生意，用现在的话说，就是“只批发不零售”。药栈还代药商存货，管他们的住宿，让他们在药栈中谈买卖、做生意。可是现在，到哪里去觅它们的芳踪？又到哪里去找它们的故事？

今天，即使是白发苍苍的老人，也很少有人能讲出那些曾经显赫一时的大字号、大商家的老故事了，它们早已随着时间的流逝而淡出了人们的记忆。可这本书，偏偏就是要讲一个历经三百四十多年不倒，尤其是近二十年来越来越兴旺的老字号，它就在崇文门外，叫同仁堂。

说到这儿，北京的老人就会强忍着笑说：“错了不是？谁不知道供奉御药一百八十八年的同仁堂开在大栅栏啊。那可是在前门外，要说正阳门也行。那儿离崇文门还有好几里地呢，您可露怯了。”

80后、90后的俊男靓女听了更会大笑不止，赶紧发手机微信或者写微博：“囧！现在的写手真烂，竟说同仁堂在北京崇文门外。”

没错！名贯九城，享誉中外，专卖参茸饮片、丸散膏丹的同仁堂药店确实是在前门外的大栅栏。那金碧辉煌、描金彩绘的大楼上，还高悬着同仁堂“二龙戏珠”的招牌呢。可要说这双龙如何腾空而起，那明珠又是怎样流光溢彩；同仁堂的历史怎样在风风雨雨中曲折前行，百年老店的故事又如何跌宕起伏地发展，那就得到崇文门外去探寻了。

在崇文门外，在一群巍峨入云的现代化商厦中深藏着一所四合院，那门是朱红大门，墙是磨砖对缝，房是四梁八柱，廊是抄手游廊，不仅凸显着浓郁的中国古建筑特色，还饱含着北京传统文化的底蕴。遮天蔽日的现代化高楼群中有了这两座宽畅的四合院，竟然有了一片白云蓝天，让人感觉心清气爽，豁然开朗。原来，这里就是“同仁堂（集团）有限责任公司”的所在地，乃是同仁堂真正的“龙头”。处世低调，被员工们称为“电视上无影、广播里无声、报刊上无名”的集团党委书记、董事长殷顺海，和以其为首的集团领导团队，就在这里，引领着同仁堂系内企业前行，在改革开放的大潮中冲浪，为同仁堂的历史续写新章，带领全体员工走出了一条独特的“同仁堂之路”。

目录

第一章
回眸篇——继往开来

修葺一新的同仁堂集团公司大门

1992年7月，中国北京同仁堂（集团）有限责任公司成立，拉开了百年老字号“同仁堂”改革的序幕。这场改革既要继承同仁堂三百余年丰厚的历史文化遗产，又要落实全新的突破，凤凰涅槃，浴火重生。

一、点点滴滴老药铺，风风雨雨同仁堂

同仁堂有着三百四十余年的历史，其间经历了许多风风雨雨。它不仅有蕴藏深厚的中医药资源，而且有绵长丰富的文化遗产。要说今天的同仁堂怎么闯关闹海，再上层天，就要知道昨天甚至前天的同仁堂怎么曲折前行，怎么苦心经营，怎么艰难攀登，以至怎么饱经磨难。

不是说，名贯九城，享誉中外，专卖参茸饮片、丸散膏丹的同仁堂药店在前门外的大栅栏吗？怎么“龙头”却在崇文门呢？它什么时候成了“同仁堂集团”了？总不会是在大清朝成立的吧，那不成“玩穿越”了？还别说，同仁堂还真的在大清朝就“集团化”了，确切地说，是集团化的雏形。这要说起来话可就长了。

那还是明永乐十九年（1421年），浙江宁波发生了一件当时谁也没有把它当一回事的事。有位铃医乐良才，忽然收拾行装，说是要到北京去闯荡了，放到现在就叫“北漂”。铃医是摇着串铃游走于街巷、奔波于乡间的民间医生，他们常用一些草药，或是秘不示人的配方医治一些疑难杂症，不仅效果不错，而且收费低廉。乐良才的亲友们闻听此事，都纷纷赶来劝阻。

长辈们说：“祖上从慈水辗转来到宁波，不知吃了多少苦，才得以安身立命。你就在此悬壶济世，娶妻生子吧，切不可这山望着那山高。”

和他一道行医的朋友说：“您在宁波行医多年，颇有名气。到了京

城，人生地不熟，怕是不好混吧。再说，京城天寒地冷，南方人恐不适应，到那时自顾不暇，又如何行医呢？”

乐良才为什么要去北京闯荡呢？原来，燕王朱棣经过四年血战，打败了在南京坐江山的明惠帝，夺得了皇帝的宝座，是为明成祖，改纪年为“永乐”。同时，为巩固基业，防范游牧民族骚扰，有意将国都由南京迁往北京。为了给北京城制造繁荣的局面，明成祖除了从江南及山西等地迁入大批富户，以增添人气外，又于永乐四年（1406年）下令大规模扩建北京城。为此征调了二十三万工匠、上百万民工及大量士兵进京。由此，乐良才才萌生了“北漂”的念头。他对众人说：“圣上迁都后，北京人口必大增，无论是平民百姓还是皇亲国戚，都难免染疴，这正是需要我等施展仁心仁术之时。”

乐良才铃医串铃

对乐良才的说法，赞成的少，摇头叹气的多。有人还在背地里嘲讽他：“真是不知天高地厚。一个铃医，竟想给皇亲国戚看病。真是臭虫钻进花生壳——把自己当成个仁（人）了。”

但乐良才还是义无反顾地踏上了旅途。当航船在大运河逶迤前行时，乐良才立在船头，不由想起了李白的名句“乘风破浪会有时，直挂云帆济沧海”。京城虽不是海，却也如海一样，博大深邃，既能送千帆竞渡，也能掀狂风大浪，在那个龙腾虎跃之地，他会有什么样的遭遇呢?

到北京后，乐良才栉风沐雨，踏冰冒雪，不辞辛苦地穿行在街巷、奔走于乡镇，凭着他的仁心仁术和祖传良方，治好了许多病患，也为自己打拼下一片天地。不久，他娶了一位杨姓的姑娘，有了自己的家室。乐良才之后——二世乐廷松、三世乐怀育也都承继父业，以悬壶济世为生，并且在一步步发展，到了第四世乐显扬（号“尊育”），乐家的地位终于有了根本改变，乐显扬进了太医院，成了一名“吏目”。“吏目”大致相当于现在的“副主任医师”，以这个“职称”已经可以被尊

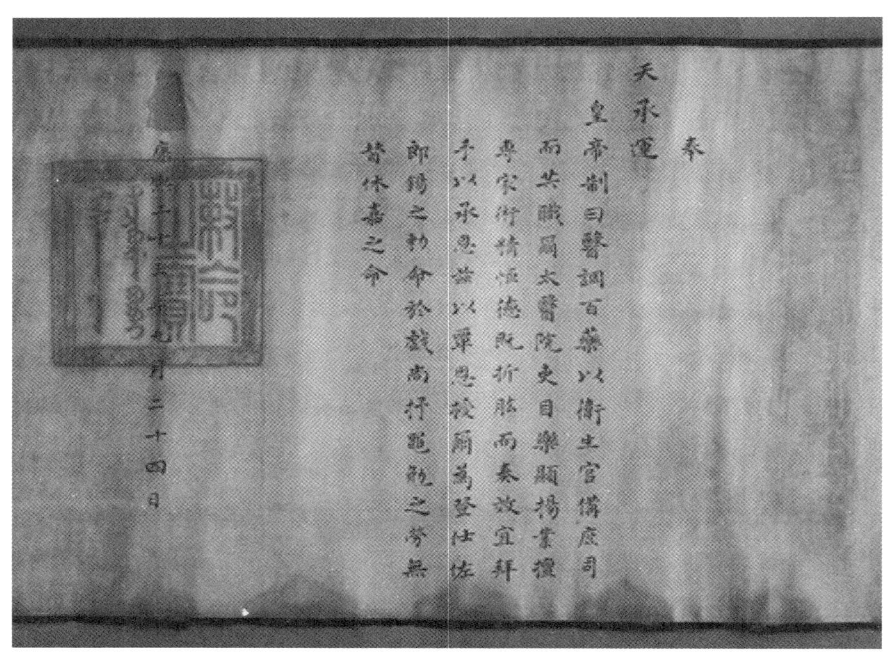
奉
天承運
皇帝制曰醫調百藥以衛生宮備庶司
而共職爲太醫院吏目樂顯揚業擅
專家術精恆德既折肱而奏效宜拜
手以承恩茲以覃恩授爾爲登仕佐
郎錫之勅命於戲尚抒匪躬之勞無
替休嘉之命
康熙十七年七月二十四日

乐显扬入职太医院诏书

为“太医”了。乐显扬不仅为人质朴，处事谨慎，兢兢业业，而且勤于学习。他利用太医院的优越条件，研读了大量医学典籍和珍贵的皇家医案，尤其是对大量古方、验方、宫廷秘方进行了鉴定和整理。他还极善分辨药材，中药材有许多极易弄混的品种，如川贝母与平贝母、小菟丝子与大菟丝子、鸡血藤与大血藤，等等。它们虽然外形相似，药性却大不相同，有的甚至完全相反，如果误用，很可能加重病情，甚至致人死亡，而乐显扬却能不费吹灰之力地把它们区分出来。因此，御药房也常请他鉴定药材。

除了在太医院供职，乐显扬也为左邻右舍或是远道慕名而来的患者诊病。因此，他经常遇到或听到这样的事：有的医生明明辨证准确，开的方子也没有毛病，甚至就是出自《太平和济局方》之类的经典方书，可是病患用药后却不见效果，有的还闹出了人命。这是为何？乐显扬决心要弄个水落石出。

在经过一番明察暗访后，谜底终于被乐显扬揭开了。原来是一些药商为了贪图小利，在制药时或以次充好、以假充真；或为节省人工，在炮制时任意更改工序，该煮的不煮，该蒸的不蒸。用这样的药，就是神仙开的方子也治不了病！不知原因还罢，知道了原因，乐显扬不由仰天长叹：“医药本为养生济人，如今药商只顾谋利，竟置病患死活于不顾，这哪里是卖药，分明是谋财害命！”

他由此想到，要养生济人，不但需要良医，更需要地道纯正、依法炮制的良药。而要有这样的良药，开药铺的就得讲诚信。可是哪个药商能把养生济人放在第一位呢？他思来想去，觉得只有自己开一家药铺，才最可靠、最放心。

从此，乐显扬就老想着开药铺的事。他先是开了一个药室，卖的饮片都是严格依法炮制，用的药材也都是地道、上等、纯正。可是药室毕竟太小，只能为登门求医的患者抓药，还远远谈不上经营二字。如何能开一家药铺，让更多的医患用上地道、纯正、上等、依法炮制的好药，就成了乐显扬心中越来越强烈的愿望。为此，他曾经不思饮食、曾经苦思冥想、曾经长夜难寐，甚至，连未来药铺的字号，他都想好了。

乐显扬有四个儿子，长子乐凤翔、次子乐凤鸣、三子乐凤仪、四子乐凤歧。二子乐凤鸣字梧岗，生于顺治十八年（1661年）。他本来行三，因为乐显扬的二子早夭，他的排行便上升到第二位了。

康熙八年（1669年）的一天，乐显扬对乐凤鸣说起了他为什么想开药铺，和他为药铺定下的字号。他叮嘱乐凤鸣："如开药铺就用'同仁'二字作为堂号。我喜欢它公而雅。"

乐显扬说的"公"，就是"天下为公"。儒家学者曾经假托孔子之名，描述了"天下为公"的理想社会，这就是"老有所终，壮有所用，幼有所长，鳏寡孤独废疾者皆有所养"。至于"雅"，儒家的经典《尔雅》称："雅，义也；义，正也。"也就是公正、正义、正直之意。乐凤鸣那时年龄小，尚不能深刻理解其中深奥的含义，却牢记下了父亲的话。

康熙二十七年（1688年）乐显扬去世，在他去世十四年后，也就是康熙四十一年（1702年），一家药铺在前门大栅栏的路南开张了，这就是此后名声远播，仍旧金牌不倒，仍旧灿烂辉煌，仍旧不断壮大的"同仁堂"，而开设同仁堂的就是乐显扬寄予厚望的次子乐凤鸣。

原来，乐凤鸣也曾和那时的读书人一样，本想考功名，走仕途，但他两次参加乡试都由于种种料想不到的原因，没有中榜。这时，他已经四十一岁了。他意识到，为了不虚掷年华，必须重新选择人生道路。他想起父亲经常说："可以养生，可以济人者，惟医药为最。"又想到民间常说："不为良相，便为良医。"于是，他决定改弦更张，不再追求功名利禄，而是承继父志，开设一家以养生济人为宗旨的药铺，字号就用父亲早已经定好的"同仁堂"。

同仁堂一开业便有自己的特色。它是三间门脸的平房，彩漆梁柱，黑瓦灰砖，是常见的中国传统风格建筑。但它又与众不同，它采用的是下洼子门，也就是店面比街面低。这样下雨时，街面上的水就可以汇集进来，既为蓄水，也图个财源滚滚的吉兆。这是旧时商人笃信风水的表现。为蓄接雨水，院子后边还建了好几个很深的蓄水井，蓄下的雨水可以灌园泼街，有节水的功能，就是搁在今天，这种节水的观念也够新潮。

据说，采用下洼子门还有一个好处，就是顾客进门时不是上台阶，而是下台阶。这是考虑到顾客中有许多都是病人，下台阶要比上台阶省力；买了同仁堂的药之后，出门上台阶则是图个吉利，以求步步高升、日趋好转。

同仁堂药铺是前店后厂的布局。前店除了设有前柜、参茸柜外，还有陈设古雅的客厅，专门接待重要的客户，按现在的时尚说法，就是VIP贵宾。后场设有加工药材的作坊，又分为斗房、碾房、北刀房、南刀房、方子房、酒库、账房以及到了清末设立的负责邮购的邮政房等。

同仁堂还有三件具有同仁堂特色的“宝贝”。第一件宝贝秘不示人，名为“配本”，全名是《同仁堂乐氏世代祖传丸散膏丹下料配方》。在乐凤鸣那个时代，这部经典中共有方剂三百六十三首。其中有牛黄清心丸、女金丹、苏合香丸、紫雪等，是乐凤鸣历经五年整理出来的，其中有家传秘方、民间验方、古代经典方，尤其珍贵的是，其中有乐显扬收集整理的宫廷秘方。这配本可不是光有配方，还有炮制方法、工艺要点等。此后，这部配本又经过多次增补和修订。直到现在，《同仁堂乐氏世代祖传丸散膏丹下料配方》仍是同仁堂的技术机密，受到国家和法律的保护。

同仁堂的第二件宝，是它的“老匾”。康熙四十四年（1705年），在一片鞭炮和锣鼓声中，一块匾挂上了同仁堂的门庭，白漆底上是三个

《同仁堂乐氏世代祖传丸散膏丹下料配方》

端庄隽永的黑字——同仁堂。匾额的上款是“康熙乙酉年六月吉旦”，下款是“孙岳颁题”。

孙岳颁题写的同仁堂老匾

当年，挂这块匾时，大栅栏可是热闹了一番。看到这块匾，登门祝贺的宾客和过往的行人都惊讶地议论：“这不是礼部侍郎孙岳颁的墨宝吗？”

“没错，他曾奉旨参与编纂《佩文斋书画谱》，深得皇上信任，专门替皇上书写御碑，能得到孙岳颁大人的墨宝，真是不易。”

“孙岳颁为人清正，轻易不给商家题写匾额。同仁堂能得到他的墨宝，那肯定是朝廷里的文武百官都知道同仁堂的药好。”

的确，同仁堂在开业仅仅三年，就能得到皇帝的近臣、著名宫廷书法家孙岳颁（1639—1708，字云韶，号树峰，苏州人）题写的匾额，充分证明了当时同仁堂的声誉不仅在民间极佳，而且已经深达宫墙之内。这块孙岳颁为同仁堂题写的匾额，虽然也是同仁堂的宝贝，但它和配本不同，它不仅不保密，还高悬于同仁堂的门庭之上，向世人展示着同仁堂的历史和辉煌。

同仁堂还有一宝，它和同仁堂的老匾一样公开、透明，不仅印在书卷上，刻在楹联上，挂在店堂中，而且流传在坊间。可惜许多人只把它当作过眼云烟，或是商家做广告的夸大之词，而忽视了它的内在价值，这就是最能概括同仁堂的质量意识、经营理念和成功要诀的古训——“炮制虽繁必不敢省人工，品味虽贵必不敢减物力”。

原来，乐凤鸣秉承父亲的教诲，对药材的加工炮制一丝不苟，哪怕再费工费时，用的原料再贵，只要能保证药的质量，都毫不吝惜。乐凤鸣特别注重从源头抓质量。同仁堂制药，必用“地道、纯洁、上等”的药材，并且坚持“取其地，采其时”，如人参必用吉林所产，山药必用河南的光山药，枸杞必用宁夏所产。而且，如果不符合要求，他宁可不做药，也决不滥竽充数。他要求制药时必须“敬遵肘后”。“肘后”是借用晋代葛洪所著《肘后救卒方》的书名，意思是制药必须严格依方配制，不得任意更改。

乐凤鸣不仅将父亲的教诲“可以养生，可以济人者，惟医药为最”落实于经营中，而且还把它印在自己编修的《同仁堂虔修诸门应症丸散膏丹总目》中，并免费向顾客散发。在这个《总目》中，他写下了这样的文字“炮制虽繁必不敢省人工，品味虽贵必不敢减物力，可以质鬼神，可以应病症，庶无忝先君之志也”。乐凤鸣之所以要在《药目》中写下这样的文字，还有更深的考虑，就是让子孙自省、自律，把同仁堂人本主义的经营理念和讲质量、讲诚信的作风传承下去，同时也是为了取得社会的信任和监督。

从此，“炮制虽繁必不敢省人工，品味虽贵必不敢减物力”就成了著名的古训，它不仅揭示了同仁堂成功的奥秘，更成为同仁堂人必知、必学、必牢记、必践行的圭臬，也就是现在所说的行为准则，又被称为同仁堂对世人的“千古一诺”。此后，同仁堂虽然历经了三百四十多个春秋，经历了许多风雨兴衰、沧桑之变，但一直忠实守信、一丝不苟地兑现着这个“千古一诺”。

乐显扬定下堂名的时间是康熙八年（1669年），因而这一年就被定为同仁堂的创立时间。那块由孙岳颁题写的匾就被称为“老匾”，它和《同仁堂乐氏世代祖传丸散膏丹下料配方》，以及被称作“两个必不敢”的古训一起，成了同仁堂的传世之宝。

雍正元年（1723年），同仁堂出了一件大事。宫里传出话来，要遴选有实力、有信用的大药铺给帝后嫔妃、皇子皇孙供药，叫作“供奉官药”，又叫“供奉御药”。而且还有人说，因为雍正皇帝从小就服用同仁堂的药，便有心想让同仁堂“供奉御药”。世人都以为，哪家药铺能供奉御药，就能证明哪家的药铺实力雄厚，就会成为药业的大纛，商界的旌旗，各种各样的好处不可胜数。可是有熟悉清廷繁文缛节和宫闱内幕的人，却对乐家的人说：“承办官药并非易事。头一样，宫里对药的要求极高，进药都得由御药房或太医院的人过目，有时还得送皇上御览，稍有参差，不但拒收药，还要追责。供奉御药，都是先交药后领银，因为广储司三个月才开一次银库，因此至少要等三个月之后才能领到药银，要是没有金山银海，或是聚宝盆、摇钱树，真是很难赚到钱。”那人又神情凝重地说：“不过更要紧的是，侍候皇上、太后和娘娘，万一药出了错，可就不是赔钱的事了，弄不好就有血光之灾甚至殃及九族！”

丙寅仲夏

炮製雖繁必不敢省人工

品味雖貴必不敢減物力

康雍

听到这番话，大家都不说话了，有人甚至叹气说："咱们开药铺本就是为养生济人，不为发大财，要是因为供奉御药出点差错，再把性命搭进去，何苦来呢？这份皇差咱们还是别接了。"

可是乐凤鸣想了想，却摇摇头说："别，这供奉御药的事，咱们还就得应了。"见众人不解，他说："古来多少药铺都想着越做越大，可是能做长的有几家？更别说还想做成百年老店了。其中原因常常是子孙后代不知创业艰难，总想着越做越大，好发大财，却不想着如何能源远流长，持之以恒。如此，必然越来越懈怠，时候一长，哪有不出错的？要是供奉御药，就逼着咱们乐家按宫里的要求制药，子子孙孙谁也不敢大意，就如刀悬头上，时时要警醒着。这就叫'破釜沉舟'，又叫'置之死地而后生'。皇上要的不是咱们的命，而是咱们的药，只要咱们兢兢业业，汲汲小心，做的药好，又何苦杞人忧天？"

乐礼也连连称是，赞同父亲的意见。他还想方设法与主管内务府的和硕和亲王弘昼沟通，请他促成同仁堂供奉御药一事。

雍正元年（1723年）雍正皇帝正式颁旨，由同仁堂供奉御药。果然如那位深谙朝廷"潜规则"和各种繁文缛节的人所说：朝廷不仅经常拖欠同仁堂的药银，而且从雍正九年到同治五年（1866年），在长达一百三十五年的时间内，药价竟然一成不变；如遇市面药价暴涨，同仁堂必须向太医院或御药房呈文，再由御药房或太医院的官员奏请皇上恩准，才可调济。即使获得了应允，同仁堂的铺东也会被当作钦点要犯一样受到威胁、呵斥。侍君如侍虎，供奉御药确实是用性命作抵押的差事。可见在皇权之下，工商业的发展是如何艰难。

不过，也正是苛刻的供奉御药的制度，逼着同仁堂更上一层楼，不仅保证了药的质量，而且因为可以接触到宫中的秘方，又可以掌握宫廷的制药方法，不仅丰富了同仁堂配本，还提高了同仁堂制药技术，并由此形成了独特的同仁堂中医药文化。历史证明，乐凤鸣和乐礼当时的决定是正确的。

同仁堂的发展并非总是顺风顺水，除了因为拖欠药银、增调药价必须和朝廷周旋外，还有不可抗拒的天灾人祸。尤其是乾隆十八年（1753年），同仁堂几乎被一场大火完全焚毁。此时，同仁堂乐氏第七代传人，乐礼的长子乐以正亡故（乾隆十五年），由乐礼之妻乐张氏扶助次子乐以中经营同仁堂。在那个时代，孤儿寡母实难支撑，只好向朝廷告退官药。

但这时，朝廷也意识到要寻找如同仁堂这样守诚信、重质量的药商并非易事，于是由乾隆下旨保护同仁堂。还有官员主动借钱给同仁堂，以助复兴。乐张氏的父亲张世基也出资帮乐家渡过难关。不过，这一切仍不足以支撑起同仁堂。无奈，同仁堂只好引进外股，这种情况延续到嘉庆二十三年（1818年），竟变成了二十一家合股的“合资企业”。虽然此时乐家只占一股半，实际只能得半股。但乐家视“同仁堂”的字号如生命，绝不放弃，即使只持半股，也要保住同仁堂字号所有人的身份。也就是说，同仁堂这块金字招牌仍然掌握在乐家手里，虽然这一点点股份只有每天五吊钱的分红收益，只够“接续香火，修理祖坟”，但保住了同仁堂字号所有人的身份，就有了东山再起的可能，也就保住了“同仁堂”这个已经历经百年锤炼的品牌。

那时的同仁堂已有多家外股进入，而乐家所占股份又很少，因此，在很长一段时间内，同仁堂不得不典给外姓经营。在这期间，虽然经营者亏多赚少，而且多次因经营不善而易手，但是在同仁堂文化潜移默化的影响下，在供奉御药的严格要求下，同仁堂的制药质量没有下降，声誉也没有受到影响。

道光十一年（1831年）同仁堂有了一位新铺东，他就是乐平泉。乐平泉，字清安，号印川，生于嘉庆十五年（1810年）。乐平泉原为乐凤仪第四代乐嵩年的遗腹子。二十一岁时，因为乐凤鸣这一支四代单传，

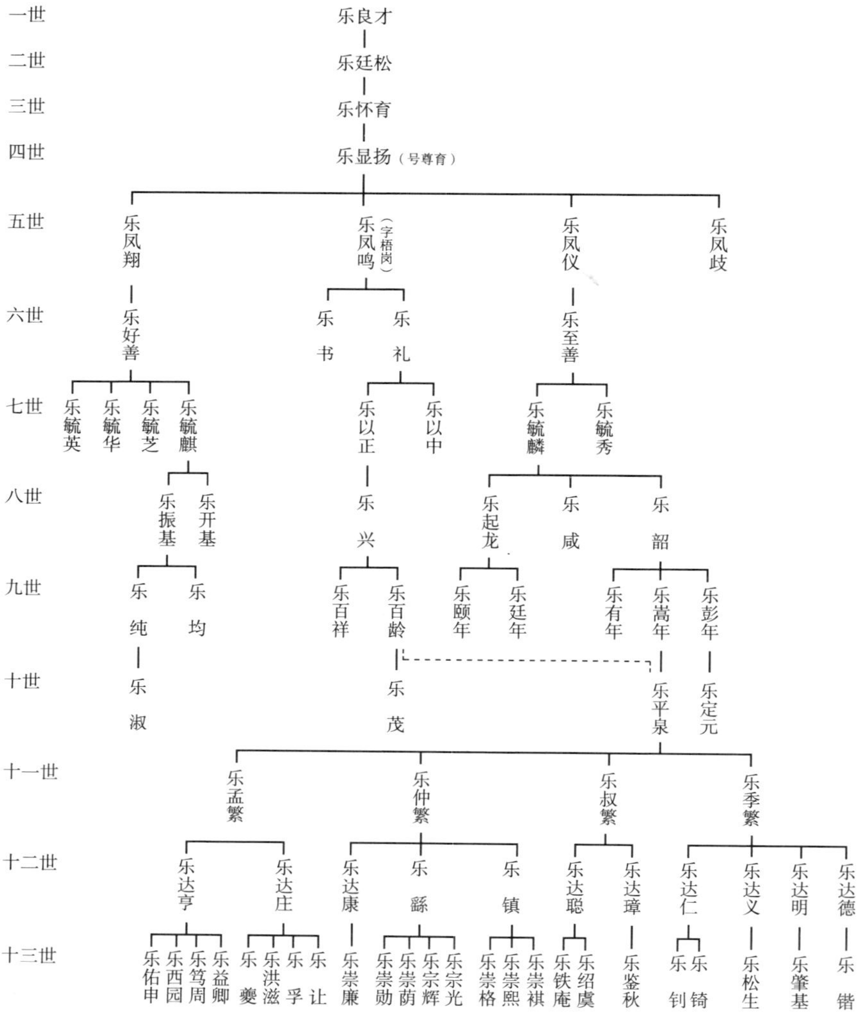

- 一世 乐良才
  - 二世 乐廷松
    - 三世 乐怀育
      - 四世 乐显扬（号尊育）
        - 五世 乐凤翔
          - 六世 乐好善
            - 七世 乐毓英
            - 七世 乐毓华
            - 七世 乐毓芝
            - 七世 乐毓麒
              - 八世 乐振基
                - 九世 乐纯
                  - 十世 乐淑
                - 九世 乐均
              - 八世 乐开基
        - 五世 乐凤鸣（字梧岗）
          - 六世 乐书
          - 六世 乐礼
            - 七世 乐以正
              - 八世 乐兴
                - 九世 乐百祥
                - 九世 乐百龄
                  - 十世 乐茂
                  - 十世 乐平泉（虚线连至乐嵩年）
            - 七世 乐以中
        - 五世 乐凤仪
          - 六世 乐至善
            - 七世 乐毓麟
              - 八世 乐起龙
                - 九世 乐颐年
                - 九世 乐廷年
              - 八世 乐咸
              - 八世 乐韶
                - 九世 乐有年
                - 九世 乐嵩年
                  - 十世 乐平泉
                    - 十一世 乐孟繁
                      - 十二世 乐达亨
                        - 十三世 乐佑申
                        - 十三世 乐西园
                        - 十三世 乐笃周
                        - 十三世 乐益卿
                      - 十二世 乐达庄
                        - 十三世 乐夔
                        - 十三世 乐洪滋
                        - 十三世 乐孚
                        - 十三世 乐让
                    - 十一世 乐仲繁
                      - 十二世 乐达康
                        - 十三世 乐崇廉
                      - 十二世 乐繇
                        - 十三世 乐崇勋
                        - 十三世 乐崇荫
                        - 十三世 乐宗辉
                        - 十三世 乐宗光
                      - 十二世 乐镇
                        - 十三世 乐崇格
                        - 十三世 乐崇熙
                        - 十三世 乐崇祺
                    - 十一世 乐叔繁
                      - 十二世 乐达聪
                        - 十三世 乐铁庵
                        - 十三世 乐绍虞
                      - 十二世 乐达璋
                        - 十三世 乐鉴秋
                    - 十一世 乐季繁
                      - 十二世 乐达仁
                        - 十三世 乐钊
                        - 十三世 乐锜
                      - 十二世 乐达义
                        - 十三世 乐松生
                      - 十二世 乐达明
                        - 十三世 乐肇基
                      - 十二世 乐达德
                        - 十三世 乐锴
                - 九世 乐彭年
                  - 十世 乐定元
            - 七世 乐毓秀
        - 五世 乐凤歧

乐氏宗谱

传到第五代，也就是当时的铺东乐百龄时，只有一女，而乐百龄又已去世，乐平泉就被过继为子，成了乐凤鸣的后嗣。

乐平泉刚刚成为同仁堂铺东时，乐家还没有实力收回同仁堂“自东自掌”——也就是不仅自己做东家，而且自主经营——还只能继续典给他姓，乐家照收每天五吊的字号钱。但是，乐平泉是一个胸有大志、腹有良谋的人，他已经想好了夺回同仁堂的对策，并且开始一步步地实施。

不久，在同仁堂附近开了一个叫广仁堂的小药室。这便是乐平泉收回同仁堂的第一步。乐平泉在广仁堂除了按《乐氏世代祖传丸散膏丹下料配方》制药外，还开发了许多新药。这些药的疗效好，很受欢迎，加上世人都知道乐氏才是同仁堂的传人，广仁堂经常是顾客盈门。

当时经营同仁堂的是一位叫董启泰的人，他看到广仁堂的生意好，对自己又是威胁，就心生一计。他对乐平泉说：“您开着广仁堂，还得为同仁堂的买卖操着心，累不累？开广仁堂是个劳神费力多花钱的事。您不如把广仁堂关了，把药拿到同仁堂来卖，咱们四六分成，您省事省力又省钱。”

乐平泉笑笑说：“您可想好了，同仁堂也好，广仁堂也罢，都没有后悔药卖。”

“哪儿能呢！咱们一言为定。”董启泰心里乐开了花，他想，“咱们谁后悔还不一定呢！”

董启泰本想，只要乐平泉想贪便宜，关了广仁堂，就如鸟失巢、虎离山，再没有了落脚的根基，也就不会有东山再起的机会，更不会对自己造成威胁。可董启泰万万没有想到，乐平泉的药品种多、疗效好，如：万应锭、固本膏、返魂丹、宁坤丸、瓜子眼药，在同仁堂寄售后，很受欢迎，销售额越来越大；而自己的药却越来越难销售，他又不掌握同仁堂的配本，造不出同仁堂的名药。眼看生意如江河日下，债务越背越重。万般无奈，董启泰只好自认不是乐平泉的对手，于道光二十三年

（1843年），将同仁堂退还给了乐平泉。

在失去同仁堂经营权九十年后，乐家终于把同仁堂收回来了。在这个过程中，乐平泉用计谋，却不搞阴谋；他措施有力，却又正大光明；他高瞻远瞩，却又步步为营，最终达到了目的。在同仁堂的发展史上，乐平泉是个中兴人物，占有重要地位。

乐平泉掌管同仁堂后，坚持自东自掌，一切亲自操办，忙着进货、忙着借官银、忙着卖药、忙着制药……

乐平泉的原配夫人很早就去世了，他娶了一位大家闺秀作续弦，她叫许叶芬，号少雀，过门后，为乐平泉生了四子四女。

夫人许叶芬心疼乐平泉。有一天，试探着对乐平泉说："这么干，您可太累了。要不，咱们把同仁堂包出去吧。"

乐平泉说："万万使不得！当初，同仁堂典给人家，不就是包出去了吗？可人家只想着拿咱们的金字招牌为自己赚钱，哪会为同仁堂的长远着想呢？咱们做买卖，就要想着怎么能做长，发一笔横财就走，那不是咱们乐家干的事。再说了，要是包出去好，我又为什么要费那么大力气，把同仁堂收回来自东自掌呢？"

夫人又说："既然包出去不合适，能不能请个大掌柜替您打理铺务呢？"

乐平泉还是不同意。他说："有的东家，就是只想赚钱，不想费事，请了大掌柜，可大掌柜和东家不一条心，甚至只顾自己捞钱，直到赔得个一干二净，东家都闹不明白是怎么赔的。还有的东家不会经营，大掌柜又看不起东家，遇事就擅自做主，结果不但赔了买卖，还伤了和气。"

乐平泉说："还是自东自掌最可靠，最放心。"

"那以后咱们同仁堂的买卖做大了，在外埠也开，在外国也开，您也自东自掌？"夫人又问。

“嗨，到那时候再说，时移则事易。天下没有一成不变的成例。”乐平泉说。

不料夫人却说：“何必以后再说。我倒有个主意，不知您以为如何？”

乐平泉赶紧说：“您有什么主意，不妨说来听听。”

夫人说：“人说，男主外，女主内，意思是应付场面上的事，由男人管，柴米油盐之类家里的事，由女人管。可咱同仁堂制售丸散膏丹的事，不也是家里的事吗？”

乐平泉想了想，连说：“嗯，我明白了，这个主意好。您就替愚夫当个大贤内助吧。不但管家里的柴米油盐，也把制售丸散膏丹的事全都管起来。”

“那可不行。”夫人说，“我只是给您当个帮手，让您省点心而已。”

从此以后，乐平泉有了许叶芬这位管店铺的贤内助，就如猛虎插翅，同仁堂也就越办越红火了。

光绪六年（1880年），乐平泉去世了。乐平泉逝世后，名义上是由他的长子乐孟繁主外，次子乐仲繁主内，可是实际上却是由夫人许叶芬执掌同仁堂。女人主事在当时社会仍是易引起非议的，因此，不时有人说：“老乐家没人了？怎么让一个女流主事！”

“完了，印川公一走，同仁堂也就完了。”

“唉，牝鸡司晨，能有好吗？”

可是让他们万万想不到的是，同仁堂在许叶芬的执掌下，不但能继续发达，而且逢险化吉，遇难呈祥，令人啧啧称奇。

过了十几年，那些爱琢磨同仁堂的人，又聚在一起了。可是这时，他们对许叶芬除了佩服，还是佩服。

“要不说巾帼不让须眉呢！”有人说，“那才叫有胆有识！她居然把咱们药行的规矩都改了。药行都是论件给工钱，可是她改成了月钱加计件。每月给一到两块银元，再加提成。干得多多提，干得少少提。”

“这有什么好？”有人一时转不过弯来。

有人就点拨道：“您是聪明一世，糊涂一时。论件给工钱，倒是能让人多干活，可是伙计不把药铺当成自己的买卖，这家倒了，我去那家，到哪儿都混饭吃。现在同仁堂这么一改，就把人心拴住了，谁不愿意自个儿有份稳定的收入？那提成的部分叫‘另钱’，干多多提，干少少提，勤快的不会吃亏，偷懒的也捞不着便宜。”

又有人说：“这位巾帼对人还特别和气。同仁堂的先生、大头、查柜到她那儿去，她都亲自迎送。连伙房做的菜，她都亲自过问，要是不好，她就不高兴，说吃饭的都是为同仁堂出了大力的人，同仁堂连点儿好菜都舍不得，让人笑话。”

“怪不得同仁堂能逢凶化吉，遇难呈祥呢！”又有人说，“庚子年，义和拳烧‘老德记’洋药房，不想竟引燃了周围的商铺和民房，顿时成了熊熊大火。那大火直奔同仁堂而去，眼看着就烧到了门庭，火苗直向同仁堂的老匾窜去。当时，众人都以为同仁堂的老匾要完了，那可是同仁堂的宝，同仁堂的旗，大旗一倒还不得人心涣散？说时迟，那时快，只见一人抢过一桶水，往衣裳上一浇，头顶着湿衣裳，搬着梯子，顶着浓烟烈火就冲了上去，把那块老匾抢了出来。”

“对，对！有这么回事。”众人连连说，“这事儿当时传遍了正阳门内外，据说连宫里都知道了。但不知这人姓甚名谁？”

“他叫张翊亭！就是同仁堂一个卖药的。和乐家既不沾亲也不带故，可是人家就是忠心耿耿地保同仁堂。”

“还是庚子年，八国联军打进北京城，同仁堂还出了一位义士，名叫刘辅庭。”有人又接茬说，“这位刘辅庭，不但有本事，而且有见识。八国联军还没有打到北京时，他就预见有这一出，于是就劝东家带着一家大小到外省避难，他自个儿和几位伙计留下来守着同仁堂。”

“那多悬啊！”有人惊叹，“那些洋兵杀人就跟宰小鸡一样，砍人头就和掰馒头一样。”

“谁说不是！那会儿同仁堂几乎天天都有洋兵来抢东西，好在有刘辅庭和他们周旋，虽然被抢了些东西，但店铺总算保下来了。”

“这可是用性命护着同仁堂呢！”听的人赞叹道。

“这还不算。”那人接着说，“刘辅庭还把洋兵每天抢了哪儿，抢了什么，以及洋兵干的缺德事都一一记了下来，取名《众难奇闻录》，付梓刊行，让后人记住这国恨家仇。”

“这张翊亭、刘辅庭为同仁堂立下大功了，东家可得好好犒劳他们。”

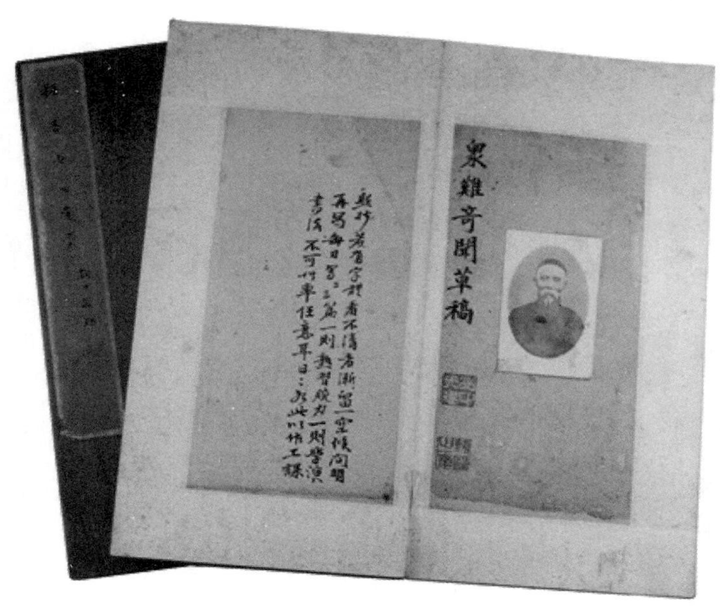

刘辅庭在庚子之乱时写下的日记《众难奇闻录》

“还用你说！这位巾帼慧眼识人、赏罚分明，乐家上上下下没有不佩服的。庚子之乱过后，东家返回北京，凡是坚守同仁堂，和同仁堂共患难的，都论功行赏。有的伙计还提拔成了大头、先生、查柜。”

一位长者感叹道：“要不是她待人宽厚，有仁爱之心，同仁堂能出这些忠臣义士吗？”大伙都连连称是。

现有的史料也证明，他们所言不虚。许叶芬回到北京后，除论功行赏，重整店铺外，还做了一件大事，就是请当时著名的书法家，“铁帽子王爷”克勒郡王爱新觉罗·寿岂，为同仁堂题写了“乐家老铺”的牌匾和“灵兰秘授”“琼藻新栽”的楹联。

老人家为什么要做这件事呢？开始，乐家的人都不明白。许叶芬的四个儿子，也就是“四大房”：乐孟繁、乐仲繁、乐叔繁、乐季繁，他们的后代也都成年，而且有了一定的历练，都想去闯一片自己的天地，开自己的买卖。这就如现在的“80后”“90后”总希望自己创业一样。加之当时正值中国民族工业的起步时期，也给他们提供了创业的机遇。可是同仁堂老乐家祖上有定规，同仁堂不开分店，主要是担心被人盗名欺世，而且他们的老祖母许叶芬又重申过这个族规。因此，四大房的后代只能用别的店名开自己的药铺。

他们前前后后在全国各地开设了乐仁堂、宏仁堂、颐龄堂、永仁堂、恒仁堂、怀仁堂、居仁堂、沛仁堂、宏济堂、乐舜记、宏达堂、继仁堂、达仁堂、树仁堂等药店，林林总总有四十多家。而同仁堂就作为祖遗共有的公共财产，由四房共管，但他们都可以使用老祖宗留下的配本。

既然四大房开的店都不能用同仁堂的招牌，而他们又都想证明自己是正根正枝的同仁堂老乐家的买卖，怎么办？不知是许叶芬有先见之明，因而有所准备，还是四大房心有灵犀一点通，就把“乐家老铺”的匾额和“灵兰秘授”“琼藻新栽”的楹联，当作共同的标识，挂在自家店铺的显要之处。于是“乐家老铺”，也就红遍了大江南北。

既然都开自己的买卖，四大房就有了各自的利益。在他们之间，以及祖遗共有的同仁堂之间就有了冲突。

“兄弟阋于墙，共御外侮”，虽然四大房免不了内斗，但是当他们面临着他人公开的竞争或是暗中的算计时，他们又会主动或被动地合作。为了在商战中取胜，或者只是为了生存下去，他们也会调整相互之间的关系，探索新的合作模式。

乐笃周因为在国外考察过西方现代生产和经营模式，眼界比较开阔，就提出把四大房开的店整合在同仁堂的旗下，建立一个真正的“集团”，那时叫托拉斯。不想，这个建议刚一提出，就遭到各种非议。因此，“同仁堂集团”就没有在清末民初时期出现。

这是乐家的不幸还是乐家的幸事或者只是历史的宿命，现在去考证已经没有必要了。但经过激烈的竞争、痛苦的磨合、沉痛的教训，四大房及其后代们还是找到了能够保证互相间既有竞争又有合作的规则和模式。从这个角度说，当年以“祖遗共有”“四房共管”的同仁堂为旗帜的“乐家老铺”，也可算作“集团化”的雏形了。

乐家老铺的各成员自清末民初，经历了日伪统治和国民党时代，有起有落、有喜有悲、有生有死、有分有合，但总的来说，都是爱国敬业的工商业者。他们当中有的为抗日武装捐药，有的直接参加到抗日斗争中，有的被国民党时代通货膨胀和苛捐杂税搞得焦头烂额、叫苦不迭，有的更直接帮助地下党管理金库，提供秘密活动场所。他们也都传承了同仁堂的三大法宝：一是同仁堂良好的信誉，没有让它染尘；二是祖传的配本，不仅用它造出了良药，而且各有一些创新，丰富了它的内容；三是恪守了“炮制虽繁必不敢省人工，品味虽贵必不敢减物力”的古训。虽然在激烈的商战中，有过各类花样翻新的促销活动，但没有以次充好的行径，更没有制假贩假的劣迹。

不可否认，由于四大房都忙于发展自己的企业，对同仁堂就少了眷顾。因此，一直到1949年，同仁堂就如同一位慈爱的母亲，不仅把儿女抚育长大，帮助他们成家立业，甚至为他们熬尽了心血，自己却年高了、体弱了、步履艰难了、容颜消退了。这时同仁堂的店面仍是那三间下洼子门的平房，制药基本还是碾子碾、筛子筛的手工操作，而新起的乐家老铺，如达仁堂早已经用上电碾了。

中华人民共和国成立后，同仁堂和乐家也经过了风雨的洗刷和磨练。乐家第十三代传人，乐达义的儿子乐松生当了同仁堂的第一任经理。在抗美援朝中，同仁堂经理乐松生带头捐献飞机大炮。在国民经济恢复时期，他又和乐家一些人带头认购公债，投资国家建设。在“三反”“五反”运动中，同仁堂被评为“基本守法户”，乐松生还受到了党和政府的保护。

“三反”“五反”后，党和国家对私人企业的利润，按照所得税、企业公积金、职工福利奖金和留给资本家的利润（包括股息和红利）等四个方面制定了分配原则。其中上交国家的所得税约占利润总额的三分之一左右，资本家的股息和红利约占四分之一左右。人们给这种分配原则起了一个形象、生动的名字——四马分肥。

当时，乐家有不少人都认为，到了自己这儿，别说“分肥”，能喝上一口汤就算不错。可恰恰相反，实行四马分肥之后，同仁堂职工的劳动积极性提高了，同仁堂一改解放前夕停滞不前的状态，营业额猛增，乐氏四大房每年每房竟然能够分得人民币四万二千八百九十元，相当于过去的三倍。这回老乐家的大大小小、老老少少可真是乐坏了。

解放后的新气象和同仁堂的发展，让乐松生和同仁堂的员工都非常振奋。乐松生在彭真市长的直接关怀下，还和北京大学的郑启栋教授一起，实现了中药的剂型改革，将体积大、服用不方便的银翘解毒丸、女金丸等十三种中成药，改造成了携带方便、疗效显著的片剂。以后，郑启栋又试制成功了人工牛黄等药物，为中医药的发展做出了宝贵贡献。

公私合营后的同仁堂药店门脸

要知道，这可是乐家多年想做而未做成的事。

1954年，工商业的资本主义改造开始了。乐松生说服了四房昆季，同仁堂成为公私合营的先行者。1954年8月27日，同仁堂公私合营协议郑重签字。由私方的乐松生任经理，乐益卿任副经理。公方的江勇波、刘景玉任副经理。乐家代表四房在协议书上签字盖章的共有三十六人。当时如果有一位不同意合营，这份协议也无效，可见乐家各房都站在了时代潮流的前面。公私合营后的同仁堂私人资本定为一百二十三万三千一百五十二元二角五分，公股投资二十五万。公私合营后的同仁堂由北京市地方工业局主管。

公私合营前，有人担心同仁堂的销售额会下降，就连乐松生都不放心。没有想到，尽管同仁堂刚刚公私合营，人们对新的规章制度、新的管理程序还不习惯，人员的思想也没有完全稳定下来，但销售额还是比1953年增长了百分之十六还多，而其他没有公私合营的厂商却出现了波动。乐松生高兴了。他乐呵呵地说："别家的流水逐日下降，咱们的流水逐日上升，原来担心合营工作会影响生产，没想到合营后业务发展这么快，这下可放心了。"边说还边揉着他那最有特色的乐家鼻子。

公私合营前，同仁堂的制药，基本还是老祖宗留下的手工生产方式，炒药、煅药、蒸炙、炼蜜都是靠人工，不仅劳动条件差，产量也低，还不易保证质量。合营后，厂里有了电动扇车、电动搅拌机、电动炒药机。煅药用上了反射炉，蒸炙药材用上了蒸汽加热浴罐。劳动条件大大改善。工人们说："过去干活像老牛，如今干活按电钮。"

1955年，在北京市人民代表大会上，乐松生当选为北京市副市长，主管服务业。他在这个岗位上为北京市的发展做出了许多贡献。

1956年1月15日，北京市各界二十多万人在天安门广场举行庆祝社会主义改造胜利大会，毛泽东、周恩来、刘少奇等党和国家领导人一起

同仁堂乐松生向毛主席呈递全国完成工商业改造的喜报

出席大会，并且在天安门城楼上接见了农业、手工业、资本主义工商业的代表。乐松生作为北京市工商界的代表登上天安门，向党中央，毛主席报喜。当时，毛主席对乐松生说："乐松生先生，你好，工商业者好，同仁堂好。"

乐松生因为没有思想准备，又过于激动，一时竟不知如何回答，过了好一会儿才说了一声："毛主席健康。"

由于工商业改造的实施，祖遗共有的同仁堂和乐家老铺其他的成员一样，成了各自经营的经济实体，同仁堂传统的家族管理模式和集团化的雏形——乐家老铺也就结束了。

此后，同仁堂又有了新的发展。到了1966年，公私合营到期，同仁堂转为国营企业的时候，一场突如其来的风暴，打断了同仁堂发展的进程，这就是持续十年之久的"文化大革命"。在"文革"中，同仁堂的老匾被砸碎焚毁，"同仁堂"的品牌也不能再使用，同仁堂药店被迫更名为"北京中药店"，同仁堂制药厂则被改名为"北京中药一厂"和"北京中药二厂"，就连药名都被迫更改，如"安宫牛黄丸"被改为"抗热牛黄丸"，"再造丸"被改为"半身不遂丸"。1968年4月，乐松生也在"文化大革命"的风暴中，因受迫害去世。他在给北京市领导的遗书中写道："解放后党和政府信任我，培养了我，使我的思想有了这样的进步，并成长为副市长，我这样地走了，内心深感对不住党和政府……"

尽管在"文革"中，同仁堂的员工努力维持生产，向群众提供力所能及的服务，但同仁堂的特色却无从体现了。幸好，近三百年积淀下的同仁堂文化仍在影响着同仁堂的员工。不过，那时的老职工只能在私下告诉新职工："咱们同仁堂有一条古训'炮制虽繁必不敢省人工，品味虽贵必不敢减物力'。现在也给砸了，但是这规矩不能改。"

新职工有顾虑，他们说："如今到处都在反对'管''卡'

‘压’，都在砸烂旧的规章制度，咱们要是还照老规矩办，不是和无产阶级‘文化大革命’对着干吗？”

可是老职工斩钉截铁地说：“那不管！咱们同仁堂就是同仁堂，改这改那，‘炮制虽繁必不敢省人工，品味虽贵必不敢减物力’就是不能改。”

在干部下“五七”干校、知识青年上山下乡时，在赤脚医生的培训中，以及唐山地震救灾中，同仁堂的广大职工克服了重重困难，提供所需的各种药物，尽了自己的责任和义务。

在“文化大革命”的后期，由于人民群众的迫切需求和强烈呼吁，李先念等中央领导同志排除极“左”思想的干扰，支持同仁堂，也使同仁堂有了一定的发展。如，1973年，国家就拨款四百零三万元，为同仁堂新建八千八百多平米生产楼。

1976年10月，“四人帮”被打倒，“文化大革命”结束。1978年9月5日，北京市政府在八宝山革命公墓礼堂为乐松生举行了隆重的骨灰安放仪式，他的冤案终于得到了昭雪平反。

1978年，党的十一届三中全会之后，“拨乱反正”“改革开放”“解放思想”成了响遍中国的主旋律，又如甘霖好雨，滋润着神州大地。同仁堂也如沐春风，发生了许多可喜的变化。1979年，名扬大江南北、五湖四海，传续了三百年的同仁堂老字号得以恢复。当时的北京，不仅中医药界为这个喜讯奔走相告，人们街谈巷议，媒体热切追踪的也是这个主题。

由于康熙年间立的老匾已经在“文化大革命”中被毁，同仁堂特请著名书法家启功先生重新题写了匾额。启功先生是清代和硕和亲王弘昼的后裔，正是这位亲王帮助同仁堂成就了供奉御药的大任。这也可算是同仁堂历史上一段佳话吧。

二、老梅欲开三度，新花共生一枝

同仁堂的老字号恢复了。对同仁堂历史有研究的人说："同仁堂有过两度辉煌，一是供奉御药时期，二是公私合营之后。总说是'梅开二度'，不知道同仁堂这株老梅能不能三度绽放啊？"

同仁堂能够"梅开三度"吗？这当然是人们的企盼，可这是海市蜃楼般的幻影，是虚无缥缈中的仙山，还是一个虽然有些遥不可及，却最终能够变成现实的美好愿望？那个时候，人们还无从知晓。

1992年1月18日至2月21日，邓小平发表了著名的"南方谈话"，对中国20世纪90年代的经济改革起到了巨大的推动作用，更促成了同仁堂的一场大改革。这就是"北京同仁堂集团公司"的成立。而这场大变革的主角，竟是一个乍看起来和同仁堂并无关联的"北京市药材公司"。

这"北京市药材公司"是何来历，它为什么能成为同仁堂改革的主角呢？原来，解放后，北京市中药业的管理体制曾经多次发生变化。截至1992年之前的体制是：北京市药材公司、北京同仁堂制药总厂、北京中药总厂等，都由北京市医药总公司管辖。北京市药材公司因为有庞大的原材料采购队伍和四通八达的销售渠道，担负着北京同仁堂制药总厂和北京中药总厂等单位的进货和销售。这种体制在计划经济中，尚能正常运转，但是在从计划经济向市场经济转变的过程中，这种体制就很纠结了。

医药总公司自然是名正言顺的上级领导单位，可是它不直接接触市场，在计划经济体制下，这很正常，但是在由计划经济向社会主义市场经济转变的过程中，不接触市场，却又要决策，就只能像当时的一首流行歌曲唱的那样——跟着感觉走。

同仁堂制药总厂的生产能力很强，有许多知名的产品和宝贵的无形资产——同仁堂品牌。可是它不仅对生产什么、生产多少，没有任何自主权，而且原料要靠药材公司采购，产品要靠药材公司销售，人权、财权都由医药总公司掌握。

北京中药总厂也有相当的生产能力，但是它没有如同仁堂这样过硬的品牌。同时，它和同仁堂制药总厂一样，要接受医药总公司的领导，生产和销售也都要依靠药材公司。

药材公司因为拥有上游和下游渠道，对市场的感受最灵敏，哪些产品好销，哪些产品滞销，它最清楚，但是它又受医药总公司的领导，人权、财权都在医药总公司手中捏着。

如果说，在计划经济体制下，这种关系还能维系生存，那么，在市场经济中，这种关系就只能产生许多纠缠不清的矛盾并徒增内耗。因此，各方都认识到改革是必须的，甚至是不改已经不行了，可是改又如何改呢？

有人提出："搞承包制呀！如今报纸上、电视里都说承包好。把企业分拆开，化大为小，化整为零，船小好掉头嘛。然后再承包出去，又省心，又省事，只要坐在家里点钱就行了。"

可是许多人都不同意。有人说："承包制不能说没有好处。过去计划经济统得太死，搞得企业就像养在大缸里的一群大鱼，谁都懒得动。承包制就像往缸里扔了几条泥鳅，它们一折腾，把大鱼都给搅得动了起来。可您要想让泥鳅去大江大海里翻出浪花来，那就没指望了。"

"说的是。现在一些承包者只顾自己利益，还到处吹'一个人救活了一个厂’，其实尽搞短期行为。承包期一到，承包者赚得盆满钵满，吃的脑满肠肥，丢下的是一个吃了同仁堂的药也救不活的烂摊子。工人抱怨，政府着急。咱们可不能那么干。”

有人还用同仁堂老乐家的例子说：“同仁堂供奉御药一百八十八年，其中自东自掌的时候，就兴旺发达；典给他人时，就经营不善。要不然，乐平泉为什么花那么大力气把同仁堂收回，并且再也不肯典给外姓，甚至连大掌柜也不愿聘呢？同仁堂能成为百年老店，这也是一条经验吧。”

再有，那时的一些经营者片面以为船小好调头，他们认为中国许多企业的弊病是大，中小企业更适合市场经济的需要。于是他们纷纷打起了化整为零的游击战术，把大厂拆成众多小厂，以为这样可以灵活经营。可是当他们驾着这些“小舢舨”驶进了风高浪险的商海中，就遇到了一系列料想不到的困难：融资难、销售难、产品没有竞争力、无力采用新技术、难以提高产品档次，等等。

有人又提出：“要照我看，将来中药企业应当搞规模化经营，最好成立集团公司。”他们还说：“中药行业本来就应当规模化经营。中药的特点是一方吃天下。一服药方中，可能用到南方的杭菊、北方的党参、中部的川贝、西部的云苓，甚至进口的牛黄等，缺一味药就会影响疗效。因此，集团化、规模化经营，更有利于中药业的发展。”

此论一出，犹如一石激起千层浪。因为那时许多人都认为中国企业不适合市场经济的原因是大，应当把大厂拆成小厂，这样才可以灵活经营。现在有人竟然提出要成立集团公司，对这种逆向思维，人们的第一反应自然是感觉有些突然，甚至有些愕然。于是争议又起，有人同意，有人反对。

不过，争论到最后，成立集团公司的意见渐渐占了上风。原因是人们这时已经能够看清楚小企业的利与弊了。而许多实行规模化经营的企业在激烈的竞争中，不仅效益没有滑坡，反而越战越强。活生生的现实让许多人都认识到，片面强调船小好调头是对市场的风险认识不足。相反，船大才能经风浪，规模化、集团化，才是根本出路。

虽然在集团化的问题上，达成了共识，可未来的同仁堂集团公司应当以谁为主体，引起了一番激烈的争议。总公司有人说："集团公司当然要以我们为主，我们是龙头，没有龙头引领，什么事也办不成。而且我们要是没有了制药厂，也没有了药材公司，不就成光杆司令了？国家跟我们要的利税到哪儿找去？"

同仁堂制药总厂有人认为，既然要成立同仁堂集团公司，就应当以同仁堂制药总厂为主，因为他们有同仁堂的三宝：一是同仁堂的注册商标，二是传续三百多年的配本，三是以"两个必不敢"为代表的管理经验。这当然是很充分的理由。

支持以药材公司为主体的人打比方说："秦始皇出巡先修路，叫驰道，就是那时的国道。隋炀帝出行先开河，就是大运河。乾隆皇帝下江南，也得先备下车船舟辇。药材公司有现成的路、现成的河，也就是有现成的渠道。以药材公司为主成立集团公司，就可以利用现成的渠道。而同仁堂制药总厂和大栅栏同仁堂药店，已经不是过去老乐家的同仁堂了，现在它们进货供货都靠药材公司，自己并没有渠道，要是以它们为核心，就必须再去开辟新的渠道，那不和皇上要出巡，还得自己去修路开河一样吗？"

还有人"引经据典"地说："现在许多营销专家都说，渠道为王，可见渠道的重要。要是以药材公司为主，组成集团公司，就好比有了运河，也有了大船。同仁堂这个品牌就像皇上出巡，可以风风光光地巡游五湖四海了。"

经过激烈的争论，更经过详细的论证，以药材公司为主，将同仁堂制药厂和大栅栏的同仁堂门市部吸纳其中，组建同仁堂集团公司的方案，最终还是取得了大多数人的赞同。对于组建同仁堂集团，北京市委、市政府从改革开放的大局出发，从充分发挥老字号的作用出发，给予了大力支持。市委、市政府的领导还亲自搞调研，到现场办公，对同仁堂集团的成立，起了很大的促进作用。1992年7月，经北京市政府常务会议正式批准，以原北京市药材公司所属厂、店、批发等单位为基础，组建中国北京同仁堂集团；同仁堂字号、同仁堂商标的所有权由药厂转移到北京同仁堂集团，在系统内使用。

实事求是地讲，这确实是一个最佳方案。药材公司有进货渠道，能保证同仁堂集团公司的制药厂有“纯洁、地道”的好药材。药材公司有广泛的下游渠道，可以保证集团公司的产品畅销。

但药材公司也有弱项：一没有叫得响的品牌，二管理水平和有着三百多年历史的同仁堂还有比较大的差距。为解决这个问题，药材公司专门组织所属制药二厂的职工去同仁堂制药总厂参观、学习，以提高工

1992年同仁堂集团成立

艺技术水平。

同仁堂集团成立的消息不胫而走，大多数人说好，可也有不了解情况的人带着嘲笑的口气说："不过就是个翻牌公司，换汤不换药。"

所谓"翻牌公司"，就是在改革开放初期，一些衙门已经失去了正能量，但他们还想继续过计划经济时代的日子，就改称某某公司，以遮人耳目。它们既不生产，也不销售，根本不是经济实体，只是向企业搞摊派，用各种名目要钱、要物，在改革大潮中混吃混喝。然而，当这些人了解了同仁堂集团的实际情况后，也心服口服地说："有生产，有销售，又是独立法人，这才是真正的经济实体呢。"

1992年7月3日，以北京药材公司以及同仁堂制药厂和同仁堂药店等二十一个核心单位组成的中国北京同仁堂（集团）有限责任公司正式成立了。田裕民任总经理，罗万芬任党委书记、副总经理，甄郁文任党委副书记，赵爱民任纪委书记，殷顺海、朱连富任副总经理，李世俊任工会主席。1993年增补梅群为副总经理（2001年11月起任公司总经理）、邵刚为副总经理。1994年初田大方接任党委书记。1995年3月殷顺海接任总经理、法定代表人（2001年5月起任董事长，2007年1月起任党委书记）。1996年7月，王泉接任党委副书记、纪委书记（2001年7月起任公司副书记、副总经理），陆建国接任工会主席（2001年7月起任工会主席，2009年8月起任党委副书记）。

客观地说，1992年中国北京同仁堂（集团）公司的成立，是中药行业的一件大事。是年8月19日，庆祝中国北京同仁堂（集团）公司成立大会在人民大会堂隆重举行。党和国家领导人李铁映、李德生、段君毅和中央有关部门及北京市的主要领导陈敏章、钱信忠、崔月犁、刘建章、于若木、焦若愚、白介夫、张建民、何鲁丽、封明为、王大明、孙孚凌等也出席了大会。

这下，坐落在崇文门外的那座四合院可热闹了，这里刚刚挂上了中国北京同仁堂（集团）有限责任公司的新牌匾。道喜的、祝贺的、送花篮的、联系采访的，络绎不绝，穿梭如织，熙来攘往，热闹非凡。这是同仁堂员工们的大喜事，有的人喜笑颜开，说：“咱们现在成了同仁堂集团公司了，过去是单打独斗过日子，现在可是抱团扎堆闯世界了！”

“过去，咱们中药业被人看不起，总觉着是猫在村子里，窝在胡同里，不科学、不现代的行业，现在咱们也成立集团了，还有那么多领导题词祝贺，可给咱们同仁堂撑腰了。”

“人民大会堂，那是什么地方？是党和国家开大会的地方，咱们的大会能在大会堂开，那是多大的荣耀！”

“来了那么多党和国家领导人，可见同仁堂多么受重视！往后同仁堂的兴旺发达就有保证了。”

“那是，您就数数多少党和国家领导人给咱们同仁堂题词，就知道党和国家给咱们同仁堂有多厚重的希望了。”

“可不是，江泽民主席、李鹏总理、李先念主席、彭真委员长、王震副主席都给咱们题过词呢。”

“我记得清清楚楚，江泽民主席的题词是‘发扬同仁堂质量第一的优良传统，为人民保健事业服务’。李鹏总理的题词是‘中医药造福人民，同仁堂渊远流长’。”

此时，中国正处在从计划经济向社会主义市场经济的过渡中。许多国企都已经处在这场大转型的风口浪尖上，同仁堂集团也在改革的大潮中驶入了市场经济的大海汪洋中，那里既能扬帆远航，又有莫测风云。是福，是祸不仅要看风看水看潮流，更得看自己的本事。

第二章
突破篇——先发展后规范

同仁堂集团新领导班子刚接班时，就有专家建议，同仁堂应当“先规范后发展”，可是殷顺海不同意。他和新领导班子的成员都认为，这时的同仁堂只能是“先发展后规范”。

一、两肩担重任，三招破危局
——同仁堂新一届领导班子成立

1995年3月，以田大方、殷顺海为党政一把手的同仁堂集团领导班子上任。不用说，熟悉、热爱同仁堂的人，都对他们寄予厚望，兄弟单位也纷纷祝贺。他们说："同仁堂集团的领导班子，哪个也不软。再说了，有老殷当一把手，同仁堂那还不是如大鹏展翅，扶摇直上了。"

一些离退休的老领导也说："小殷是我们看着一步步干上来的。他当过同仁堂制药二厂的党总支副书记，又当过厂长。他接班，我们放心。"

新一届领导班子成立本是喜事。可谁能看出，这彩霞般的洋洋喜气后面，竟有重重雾霾。因为这时的同仁堂正处在一个非常时期。从宏观方面来讲，中国正处在向市场经济过渡的初期，旧的体制打碎了，新的体制还没有建立起来。那时最普遍的乱象是"全民经商""全民下海"和大规模的三角债。

"全民经商""全民下海"，造成了过度竞争，而大规模的三角债则造成了经济秩序的混乱。所谓三角债，顾名思义就是你欠我的，我欠他的，他又欠你的，而且三方谁都没有偿债的能力，成了一个解不开的怪圈、一个经济生活中的罗生门。

受三角债拖累，当时有许多中小企业和小商户倒闭破产，一些不法分子甚至用绑架、恐吓、扣押私人财物等手段逼债。因为三角债牵扯面广，问题复杂，甚至发展到需要国务院总理亲自出马解决的地步。

在这场大规模的三角债危机中，同仁堂也未能幸免。那时，要问同仁堂创造了多少利润，财务人员会打开账本，告诉你一串辉煌灿烂的数字，那真是羡煞人，乐煞人！可要是让他们拿出现钱来，不要说成千上万，就是块儿八毛的零钱，他们也会眉头紧锁，唉声叹气。

因为受三角债影响，许多货款都收不回来，账面上那些所谓的利润都是空的，是子虚乌有。因此，堂堂的同仁堂不仅没有盈利，连购原料，外加工的钱都付不出，甚至连员工的工资和退休费也有无法支付的危险。那真是愁煞人、恼煞人。同仁堂人形象而又精辟地总结这种情况是“打开账本黄金万两，合上账本分文皆无”，还有人编顺口溜，“银行不予贷款，利润只在账上，囊中分文没有，门前排队要账”。

同仁堂集团公司继承了集团成立前各企业的资产，当然也继承了它们的债权债务。同仁堂集团是一级法人，下面是十个左右的委托法人单位。当时，这些企业加在一起，销售额是十个亿，可是受三角债的拖累，外单位欠的款就有四个多亿，也就是说卖了十个亿的货，竟有四个多亿拿不回来，事实上不单利润，连老本都拿不回来。这么一来，别说赚钱，连维持简单再生产的钱也没有了。

在有难的时候，人们首先想到的当然是亲人了。骨肉亲情在，岂能不出手？同仁堂的人把银行当成了亲人，“银行也是国企呀！既然都是国企，总得有个照应，不能让我们饿死吧？”

可是抱着朝圣拜佛的心、探亲访友的情到了银行之后，银行的人却冷冰冰地说：“想要贷款？行，先把欠我们的利息还上。”

要是能还上利息，还至于急成这样？可也怪不得人家。这时候，金融业也在改革呢，不管你是不是国企，反正不能再发放有去无回的贷款了，也不能再替你当遮羞布，为你遮盖烂账了。银行的人对同仁堂的人说："看你们也不容易，就实话告诉你们吧，你们是3B级企业。"

"什么是3B级企业？"那时，人们对银行的信用分级还不大了解。

银行的人说："按规定，对3B级企业要谨慎贷款。说透了，其实就是不予贷款。"

同仁堂的人还不甘心，对银行的人先晓之以义，又动之以情，说是哪怕无多有少地贷一些也好。不料人家又甩出一句话来："按你们贷款的时间算，不但要付利息，连本都应当还了。你们什么时候还啊？"

怎么？不但贷不到款，还催着还本付息！看来，银行是根本没有指望了。产品卖出收不回钱，向银行贷款又贷不到，资金链一断，企业不就如一位断了血脉的危重病人吗？在这种情况下，人心也乱了。同仁堂的员工和其他国企的员工一样，并不如某些人说的，是抱着铁饭碗混饭吃。他们为国家，也为自己的企业，肯干、想干、能干。只是在那种形势下，实在没有办法干，也不知道怎么干了，既看不到前途，也不知道路在何方，用他们的话说："没亮了！"

新一任领导班子上任之初，不少贺辞中都有"大展宏图""一帆风顺"之类的美好祝愿，可横亘在他们面前的却是"一道道的水来，一道道的山"，而且山是险山，水是恶水，是生产混乱、供销断流、资金匮乏、人心涣散的乱局。那真是"山重水复疑无路"，他们能不能带领同仁堂集团的几千人走出"柳暗花明又一村"呢？

其实，同仁堂的干部和员工，在心里对新领导班子既带着期望，又怀着担忧。期望新领导团队，能引领同仁堂走出困境，但又担忧在如此困难的条件下，谁又能有扭转乾坤之力，妙手回春之功？殷顺海行吗？他只是一位七尺男子汉，并无丈二金刚身；他那双朴实平和的眼睛，能看透路途上的阴霾和航道上的迷雾吗？他不会煽情、不会作秀、不会口吐莲花，用玄妙的言辞蒙人，却善于用老百姓最熟悉的语言讲述最真切的道理。同仁堂的上万名员工的未来，传承了三百多年的民族品牌，都托付给他了。这样的一位总经理能够扭转乾坤，挽救大势吗？

就在新领导班子成立后的第七天，北京同仁堂集团第一次办公会议在崇文门饭店召开了。这会为什么要在崇文门饭店开呢？说来让人唏嘘。当时，同仁堂集团的许多单位都挤在那座四合院中，订货的、结款的、办业务的出入不断，再加上受全民经商和三角债的影响，又添了不少乱象：明明是皮包公司，却来谈合作的；明明没有资金，却想要赊销的；三两个人开个小店，也来谈挂靠的；拿着祖传秘方和稀奇古怪的药材，想让同仁堂高价收购的，应有尽有。把两个本是幽静雅致的四合院变成了乱哄哄的大杂院。在这种环境下，哪有可供定下心来、讨论实际问题的清静之处？没有办法，集团新领导的第一次会议只好选在离办公地点不远的崇文门饭店举行。

对崇文门会议，同仁堂的员工有不少议论。有人说：“唉，同仁堂这状况可不是咱们一家的事。这是事关全局的大问题，才上台七天的新领导能扭转这个危局吗？”

悲观的人甚至说：“现在的同仁堂就似病入心包。除非殷总有能给企业治病的‘安宫牛黄丸’，不然开什么会也没用。”

在这个时候，曾有专家对同仁堂新一届领导班子说：“你们应当‘先规范后发展’。”可是殷顺海不同意，他和领导班子成员都认为，专家的话并非没有道理，可这时的同仁堂刚刚在市场经济的道路上探索，正在寻找出路、寻觅方向、摸索规律。这时谈规范，不仅是纸上谈兵，而且会束缚同仁堂改革和探索的手脚。再说，以当时同仁堂“打开账本分文皆无”的条件，即使规范做得再好，也只能是画饼充饥，或是建空中楼阁，很难实现。从认识论的角度来说，客观规律必须通过实践才能认识，没有实践的积累，就不可能把握规律，也就不可能制定出符合实际的规范来。在从计划经济向社会主义市场经济过渡时期，实践第一的观点尤其重要。因此，新领导班子成员一致认为：发展要分不同的阶段，在现阶段，同仁堂集团只能是“先发展后规范”，也就是在改革开放初期必不可少的“摸着石头过河”。

果然，在崇文门会议上，新领导班子成员没有豪言壮语，没有高谈阔论。面临生死存亡的时刻，讲空话、废话、涂脂抹粉的话都没有用，只有实事求是才有可能求生存、寻活路、谋发展。关于这个会议的宗旨，殷顺海后来讲过这样一段话：“那时，大家都意识到了这些问题和困难，这些问题想躲躲不了，想回避也回避不了。那就坐下来踏踏实实，静下心来，把它们都找出来，搁在桌面上，统一思想，明确责任，找出路。”

殷顺海曾在那个会上讲了一段虽然平和却非常感人的话。他说：“咱们新领导班子要担起三条责任。一要对企业负责任，要保企业生存。同仁堂这么好的牌子不能砸在咱们手里。二要对职工负责，要保证咱们六千上班的员工有饭吃，有活干；还要保证三四千退休职工能拿到养老金。要是连自己的职工都养不活，咱们对得起谁？对不起干部职工，对不起祖宗，谁也对不起！第三条，也是最关键的，咱们一定要解决下一步到底怎么办的问题，一定要给企业找到出路，让职工看到前途，要让大家建立起信心。”殷顺海讲这番话时如往常一样，并不高亢激昂，但是情真、意切、理深。

殷顺海要求参加崇文门会议的领导班子成员，都本着实事求是的精神，讲真话，说实话；按照“先发展后规范”的思路，为同仁堂找出路、定方向。集团新领导班子成员们也确实以知无不言、言无不尽的精神谈了自己的看法。

有人说：“‘打开账本黄金万两，合上账本分文皆无’这已经和破产没有什么区别了，不用回避，同仁堂已经进入了困难时期。”

有人说："资金链和销售链都断了，对一个企业来说，就好比人的血脉阻塞了，必然生命垂危，如果不采取紧急措施，那就真的'没亮了'！"

危难面前，众志成城，与会人员很快达成共识："解放思想，以改革的勇气，杀出一条血路来。"

但是要杀出一条血路，可不是凭着脸发红、头发热、肾上腺素猛增就能实现的。真正的改革家，会冷静客观地审时度势，更会以高度的智慧应对改革中的各类矛盾冲突。新的领导班子认真分析了当前之敌在哪里，同仁堂的生路又在何方？大家达成的共识是：当前，同仁堂最迫切需要解决的问题，也就是燃眉之急，是如何应对三角债，重建销售网络。

本来，集团的销售是由下属的销售公司负责的，但是受"全民经商""全民下海"和三角债的影响，原有的销售渠道被打乱了。正如殷顺海所说的："那时销售体制全社会都打乱了，原来国有供应的渠道没了，瘫痪了。外地许多国有药材公司也变成个体了，都下海了。"

的确，当时许多与同仁堂合作的国营销售单位都发生了惊天逆转。小一些的变成了个体户，或是被承包了，规模大一些的也被拆得七零八落，再被承包、分包或层层转包。他们之间又经常搞恶性竞争。有人形容当时的情况是"发了货找不到，收款不知找谁要。有了好处拼命抢，惹出纠纷各自逃"。

销售渠道断了，资金链当然也就断了。在这种情况下，有的生产厂病急乱投医，就走起了自产自销的路，可是生产厂并不擅长销售，干销售纯粹是"反串"，结果不但不能改变销售的乱局，而且陷入了更加无序的状态：渠道更加混乱、拖欠的货款更多，自己的生产也受到了严重影响。

有的生产厂需要外加工，或是由外单位供应包装材料等辅料。而这些厂因为拿不到回款，无法支付辅料和外加工的费用，又被外单位逼债，处境非常窘迫，厂长甚至不得不四处躲债，惶惶如惊弓之鸟，哪里还有精力领导生产。

由此可见，对同仁堂集团来说，重建销售渠道、加速回款是十分紧迫的，是关系生死存亡的大事。在崇文门会议上，领导班子在研究讨论之后，果断拍板：销售一律由销售公司承担，工厂绝不再自产自销了，为了解燃眉之急，又提出了三项紧急措施，为了强调执行的力度，这三项紧急措施又被称为“三个坚决”：一、没有订单的产品坚决不生产，二、不能回款的单位，坚决不给货，三、应收账款坚决收回来。

下这样的决心很不容易。因为那时一些企业虽然摆脱困境无方，搞公关、拉关系、走门路却很在行。他们会找老领导、老朋友和关系户来求情。如果没有为企业生存发展负责的坚定信念，又如何能从容应对这种局面？那时还是“短缺经济”时期，于是一些欠款单位就用高档宴席、紧俏商品如彩电、冰箱，甚至干脆用行贿的方式以求债权单位的领导“缓期执行”。当然，最好是把欠款一笔勾销。在这种情况下，债权单位的负责人因收受贿赂，让企业受害，国家受损的现象也时有发生。

对这种现象，人们曾经有个形象的比喻——“穷了庙宇，富了方丈”。可见要做到“坚决”，领导者首先就要做到“身正不怕影子歪”“打铁先要自身硬”。同仁堂的领导班子如果风气不正，或是心存私念，怎能痛下这样的决心？

下“三个坚决”的决心不容易，还因为那时考核企业领导人没有统一的标准。有些上级单位还在以“产值”考核企业领导人，这还是计划经济时代的遗物。那时，一个工厂即使生产出一堆因为不符合市场需要，只能在仓库里堆着发霉腐烂，根本卖不出去的产品，“产值”却可以很高，报表和账面上都很好看。不仅可以引来领导的表扬、媒体的赞誉，企业领导者还有可能升迁。因此，这些企业往往不管有没有订单，产品能否销得出去，一味盲目生产，以求增加产值。

而这时，领导班子提出的“三个坚决”，就如止住了重伤员的出血点。什么是出血点？那些没有订单的产品，就是最大的“出血点”。要救治重伤员，不把他的出血点止住，输血也不会有好效果。可是这样做的结果会造成报表上的“产值”下降。这种“止血疗法”虽然是实事求是的做法，是挽救企业的必要举措，但因为账面上不好看，就可能影响企业领导的业绩。那时就有员工担心，“这可坏了，如果影响了殷总的业绩，上级领导再不理解，他的‘顶戴花翎’没准儿就得摘了”。

领导班子不是没有听到过这些议论，也不是不明白这一点。但他只是淡淡地笑笑，因为他对“业绩”二字有自己的看法。

崇文门会议后，“三个坚决”得到了同仁堂广大干部员工的支持，大家都认为，这是把同仁堂从困难中解脱出来的一剂良药，因而都大力贯彻执行。

可制定“三个坚决”不容易，执行起来也不容易。为了讨回欠款，同仁堂的业务人员几乎跑遍了白山黑水、大江南北，甚至急得吃不下饭，睡不着觉。因为当时有的企业无钱还款，有的找不到法人代表，有的就是欠债不还的老赖。同仁堂的业务人员只好用各种办法，挽回企业的损失。

有一天，人们突然发现总经理梅群有了一辆老旧的新坐骑。有人感觉很奇怪，就对梅群开玩笑说：“您要换车也换辆新的，不但增强企业形象，也舒适安全呀。这车看着比咱们同仁堂的岁数也小不了多少。大概除了喇叭和发动机不响，哪儿都响；除了车轮和方向盘不转，哪儿都转。”

梅群只好告诉他们，因为欠款单位无力偿债，只好用这辆旧车来抵债。这还是好的。更多的欠款单位是拖，今天拖明天，这月拖下月，今年拖明年，拖来拖去，就是不还钱。有的甚至摆出一副要钱没有，要命有一条的架势说："怎么着，让我们砸锅卖铁啊？我们是叫花子翻跟头——反正没钱。你们瞧着办吧。"

最难的是如何处理那些多年和同仁堂合作，现在确实由于种种原因还不了款的单位。由于长年的业务往来，这些单位从领导到基层，有许多人都和同仁堂的干部员工成了朋友。现在看着他们陷入困境，还要让他们还钱，就是铁石心肠，也难"坚决"起来。可是"慈不掌兵"，同仁堂的人为了三百多年的民族企业不倒，为着关系无数百姓健康的老字号能继续生存发展，只能"壮士断腕"硬着心肠"坚决"起来。有负责收款的业务人员说："为了同仁堂不倒，我的腿跑断了，嘴磨破了，哥们儿的面子也扯破了。没法子，那个时候只能豁出去了。"

销售归了销售公司，解决了工厂自产自销带来的弊病，但是又出了新问题。那时出过这样的事。某单位的销售部门来了一位不速之客，他自称是同仁堂的人，此行是为了推销同仁堂的药。一听是同仁堂的人，销售部门的经理自然热情接待，双方把价钱都谈好了，就准备签合同。不料此时又来了一位同仁堂的人，也是来推销药的。销售部门的人一看，同样的药，价格还低，就准备进这位的货了。不料，这位还没走，又来了第三位同仁堂的推销人员，给的价更低，低得连销售部门的人都奇怪，这样的价钱，同仁堂还有赚吗？怎么都是同仁堂的人，还互相比着杀价，别是假冒的吧？那位经理越琢磨越不明白，他甚至都在考虑是不是该报警了。

原来，这三位销售人员还都是货真价实的同仁堂推销人员。不过，他们属于同仁堂销售公司的三个不同部门。这些部门有的是负责对外埠销售的，现在却杀了个回马枪，直奔自家后院而来；有的是负责海外销售的，现在却和自家兄弟打起了内战；有的是专司北京地区销售的，现在却冲向了五湖四海。

领导班子吸取了同仁堂在历史上的经验教训，也依据现代企业的管理原则，进一步将市场进行了界定和细分，为销售公司进行了严格的定位，划定了各自的经营范围。负责外埠销售的为一部，专司本地销售的为二部，出口公司则负责专门向海外销售，谁也不准越界，不准犯规！这样就避免了内斗，也为它们各自的发展划出了足够驰骋的广阔天地。

由于领导班子决策正确，干部员工执行“三个坚决”和“三个划分”得力，同仁堂集团逆势而上，短短几年走过了最困难的路程，走出了几乎看不到阳光的幽谷。“三个坚决”和“三个划分”的实施，把同仁堂救活了。对此，上级领导有不错的评价，媒体上有赞扬的文章，专家有正面的论述，干部有由衷的敬佩，员工们也松了一口气说，“得，血脉通了，咱同仁堂有救了。”

可是，不知为什么，殷顺海的笑却并不那么轻松，似乎沉沉的思虑更多于轻松的喜悦。有人说：“这老殷还不知足吗？领着同仁堂从三角债的泥潭中跳出来，多么不易！这会儿许多企业还在水深火热的三角债中苦苦挣扎呢。”

殷顺海在想什么呢？在实行“三个坚决”和“三个划分”后，同仁堂初步走出了困境。要是满足于小富即安，也可算是船到码头车到站了，完全可以欢庆胜利享太平了。然而，在殷顺海看来，这才仅仅是起步，他是想让同仁堂起飞，腾飞，如鸿鹄般高飞！而同仁堂的现状距离他的愿望还差得很远。

原来，在崇文门会议上，目光深远的领导班子不仅看到了同仁堂的当前之敌——三角债，更看到了深层次的问题，那就是人心涣散，看不到希望，对企业失去了信心。而员工对企业的信心，对未来的希望，是企业文化的支柱。给员工以希望的激励作用，有时比增加工资、改善待遇、发放奖金更大。当时任集团党办主任、现在任同仁堂集团党委副书记的陆建国就说过：“希望是金！”

同仁堂的历史也证明过希望和信心的重要。乾隆十八年（1753

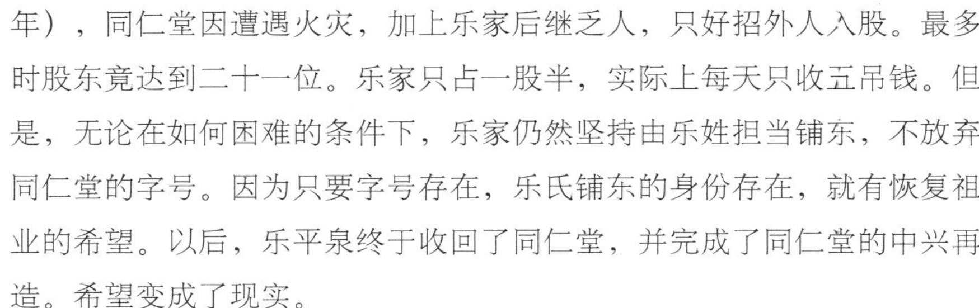

年），同仁堂因遭遇火灾，加上乐家后继乏人，只好招外人入股。最多时股东竟达到二十一位。乐家只占一股半，实际上每天只收五吊钱。但是，无论在如何困难的条件下，乐家仍然坚持由乐姓担当铺东，不放弃同仁堂的字号。因为只要字号存在，乐氏铺东的身份存在，就有恢复祖业的希望。以后，乐平泉终于收回了同仁堂，并完成了同仁堂的中兴再造。希望变成了现实。

许叶芬为什么要奖赏从烈火中抢出老匾的张翊亭?因为她深知，老匾犹如军中的战旗，战旗高扬，士兵就有信心，就有希望，胜利也就有了可能。

那么，领导班子又是怎样让职工看到希望的呢？现在谈希望，也许很轻松，可那个时候，同仁堂还处在“打开账本黄金万两，合上账本分文皆无”的状态。希望在哪里？信心在何方？人们都熟悉“望梅止渴”的典故。曹操率军长途行军，士兵们因口渴难耐，已经无力行走。这时，曹操跃马登上一块高地，挥鞭一指说，前方有一片黑压压的梅子林，那里有咬一咬舌下生津、舔一舔口水横溢，又酸又甜的大青梅。顿时，士兵们兴奋起来，除了因条件反射，舌下有唾液泌出，暂时缓解了口渴外，更重要的是，曹操描述的那片梅林，让他们看到了前途，升起了希望，因而士气大振。

但领导班子成员不会像曹阿瞒一样，只靠“善意的谎言”来提振人心，而是用科学合理，经过努力就能实现的目标，点燃了同仁堂干部员工心中的希望。这就是在崇文门会议上，领导班子结合同仁堂的实际和未来的发展，提出的“四个突破方向”，也称“四条思路”：建立一个完善的、集团自己能控制的销售体系；建立一个多制剂的企业群；整合科研资源，整顿科研力量，研究新产品、新工艺；建立一个多法人制的，符合同仁堂集团实际的现代企业管理制度。

虽然那个时候，同仁堂集团还处在“打开账本黄金万两，合上账本分文皆无”的困难时期，但新领导班子拨开了重重阴霾，让干部和员工们看到了虽然还在远处闪烁着光芒，看似虚无缥缈，但是经过努力就能实现的希望。而从此以后，如何尽快把这“四个突破方向”，变成矗立于眼前的美好现实，也就成了领导班子心中割舍不掉的情节。

回望“四个突破方向”的提出，人们会赞叹，在那样困难的条件下，还能提出这样的愿景，就足以证明殷顺海和他的领导团队有足够的信心在困难中取胜。这是必不可少的前提。

由于同仁堂集团贯彻了“三个坚决”和“三个划分”，建立销售渠道的问题初步得到了缓解，但建设和扩大销售网络，仍是同仁堂的“四个突破方向”之一。因为这时，同仁堂集团的销售渠道还远没有达到四通八达、畅通无阻的地步，规模也远远不能满足需要。同时，由于工厂不再搞自产自销，集中精力抓生产，产量增加了，对销售的压力也就增大了。

再有，随着经济秩序的逐步恢复和顾客对中医药的认识逐步加深，市场对中药的需求也更大了，扩大销售网点的要求也更迫切了。尤其是销售终端，也就是门市店面还不多，而普通的药店又不可能备齐同仁堂的药物，这就使得许多顾客想买同仁堂的药还要南寻北觅、东奔西跑。而同仁堂的传统是一切为病患着想。刚开张时的同仁堂修建下洼子门，用意之一就是便利患者进店。许叶芬等印制发放《同仁堂药目》而不取分文，也是为了方便诸君子取用，让顾客了解同仁堂有哪些药，有何功效。

更重要的是，同仁堂向来以备货全闻名。同仁堂的店规中有“空方不出门”一项，就是不能让顾客拿着药方进了同仁堂，却因为买不到方子上的药，空手而归。

领导班子想建设一个强大的销售网络，想增加销售终端，不仅为了能够增加利润，更着眼于能够给患者带来方便。因此，建设和扩大销售网络，是同仁堂要努力突破的第一个大方向。

同仁堂一向是以生产和销售“参茸饮片、丸散膏丹”闻名，可是随着历史的前进、科学的进步，市场需要新的剂型来代替古老的大药丸子。同仁堂是最早在中药行业中进行剂型改革的，在这方面本来是有优势的，而且集团成立后，也想扩大新剂型的产量，研发新的品种，但这需要增加新设备，改进旧工装，扩建新厂房，这在当时想做却做不到。

那时候发生过这样的事。同仁堂中药二厂是专门生产水丸的，他们的香砂养胃丸等药效好、不含糖、便于携带、宜于服用，很受市场欢迎，于是订货单位要求厂家增加产量。

可厂长却叹着气说：“我们的产量再也增加不上去了。”

订货单位的人说：“你们想法挖潜力啊！你们增产多少，我们要多少。”

手工泛制水丸

“我们已经是超负荷运转了，实在没有潜力可挖了。”厂长的回答一点儿也不提气。

订货单位的人还不信，可是到了中药二厂一看，他们就无言了。那时的中药二厂地处东城区什锦花园胡同，是个典型的胡同工厂。这里四邻都是民居，还有不少闻名九城的文物保护单位，都是些不能碰、不能沾、更不能拆的“宝贝疙瘩”。哪里还有发展的空间！

对方怎么也想不到，大

名鼎鼎的同仁堂中药二厂，竟蛰伏在这么一块“风水宝地”中，在如此简陋逼仄的厂房里生产这么好的药。当然他们也明白了，为什么中药二厂的产量难以增长了！

不光是中药二厂，那时同仁堂的许多厂子都在胡同里“猫着”。那些在文人笔下富有诗情画意、让老北京人深深眷恋的胡同，实在是太不适合工厂的存在了。不但机器的轰鸣，怪异的味道惹得环保意识越来越强的左邻右舍不高兴，就连送原料、拉成品也很不方便。狭窄的胡同甚至连运货的汽车都开不进去。有的厂子因为院小路窄房又矮，送料运货只能用平板三轮或是小推车。

再有，社会上对中药的需要在迅速增长，同仁堂的销售渠道越来越通畅了，对产品的需要量也大为增加，但那时同仁堂的许多厂子还是半机械化，甚至是纯手工生产。如果不改造这种落后的生产方式，不但不能保证供应，也不能满足国家越来越严格的质量标准。可见这些“胡同工厂”，已经到了急需发展的时候。

而这时，第三次产业革命的浪潮正冲击着中国。其实，领导班子早就意识到中药产业要是跟不上这股汹涌澎湃的浪潮，很可能要被淘汰。因为同仁堂的历史就有这方面的记载。

早在19世纪初，乐家四房的乐达仁从德国游学归来，就感叹过，如果中药再不改进，顶多只能再撑二十年。这是因为他看到西方工业国家是如何制药的。大房的乐笃周也感到，中药有自己的独特优势，如用于催产的中药兔脑丸，就比法国从羊脑中提取的同类药物疗效更好。但是现代大工业能保质保量地大规模生产西药，并且成本低廉，就能在和中药的竞争中占尽上风。

从同仁堂悠久的历史中，从世界制药业的发展中，从浩浩荡荡的国际发展潮流中，集团领导班子清清楚楚地看到了同仁堂在制药方面的前进方向。那就是，改进和提高工装设备，建立多剂型的工业群，这是领导班子选择的第二个突破方向。

领导班子提出的第三个突破方向是整合科研资源，整顿科研力量，研究新产品、新工艺。那时同仁堂虽然有一批科研人员，但大都分散在下属各企业的研究室中。由于基层企业往往更关心解决生产中最紧迫、最现实的问题，对科研工作没有长远规划，即使有科研立项也没有资金投入，当然也就很少有能拿得出来的成果。当时中国的科研人员收入普遍偏低，社会上甚至有这样的说法——“搞导弹的不如卖茶叶蛋的”。

再加上受“全民下海”的影响，无事可做的科研人员就去接私活，也就是用本单位的仪器设备，为外单位测些数据，做些实验，私下赚些劳务费，为自己增收。这也成了一种风气。因为当时企业的经济效益普遍不好，给员工发工资都困难，科研人员也得养家糊口，所以，对接私活这种行为，领导也就睁一只眼闭一只眼。

同仁堂科研人员在检查试验结果

同仁堂不可能脱离社会，自然也免不了出现这种现象。但如此一来，真正的科研工作就根本排不上号了。集团虽然有一个从医药公司接收过来的药物研究所，但是受三角债的拖累，想在科研方面增加投入，也是心有余力不足。

尽管在这种情况下，一些敬业的科研人员，尽自己的所能开展了一些对国家、对企业有益的科研工作。例如，同仁堂的科研人员和中国科学院等单位合作，解决了中成药生虫的问题，完成了牛黄清心丸八种微量重金属检测方法研究。在集团领导的关心下解决了中药丸到南方爆皮、在北方干裂的问题。但同仁堂的新领导班子并不甘心于此。

同仁堂有许多名药，如安宫牛黄丸、乌鸡白凤丸、牛黄清心丸、大活络丸，大都来自于老祖宗留下来的《同仁堂乐氏世代祖传丸散膏丹下料配方》。在1949年之后，同仁堂虽然也有自创的名药如骨刺消痛液等，但数量还比较少。同时，由于社会经济状况的改变和进步，中国人的疾病谱也改变了，过去因为卫生条件差、生活水平低引起的常见病，如营养不良和一些恶性传染病大大减少了，但有些病，如“三高”、抑郁症等增多了。领导班子希望能研制更多的新药，以满足社会的需要。

过去，老乐家的同仁堂收藏有这样一幅布制对联“但愿世上人无病，哪怕架上药生尘”，现在仍悬挂在同仁堂博物馆中。其实，这更是集团领导班子的愿望。但要让世上人无病，首先还得有疗效好、剂型全、适合广大人民群众需要的良药。同仁堂有许多宝贵的非物质文化遗产，乐家的配本中，有八百多种配方，对这些宝贵的配方，以及相应的生产工艺，还要深入开发。集团领导班子还期望有更多、更丰硕的科研成果。

不过，从现实出发，殷顺海提出，当前是要让科研人员的思想情绪稳定下来，调整和明确一些主要的科研项目，而且是生产上用得着的，科研人员也愿意干的，以发挥科研人员的积极作用。但是从长远看，还是要整合科研资源，整顿科研力量，研究新产品、新工艺。这就是殷顺海提出的第三个突破方向。

同仁堂集团的成立，无疑是一件好事。它整合了各方的优势资源，但是它诞生之初就存在一个问题，它只有一级法人，集团直属的二十一个企业只是委托法人，并不具有真正的法人资格。另有几十家中小企业又分为“紧密层”“半紧密层”和“协约层”等，名目繁多、错综复杂、纠缠不清。其中既有海外企业，也有农村小厂，还有那个时代独有的“知青社”。这些大大小小、林林总总的成员，都不具有法人资格，只能依托集团的一级法人，结果就是无论大事小事，都得由一级法人，也就是集团领导出面。

集团化本来是好事，是适合发展生产力要求的。但由于只有一级法人，就形成了这种尾大不掉的“一大坨”企业，不仅很难管理，而且也有违集团化的初衷。领导团队一直想改变这种状况，他们希望建立一种多法人制的、科学的层级管理制度。这就是集团领导班子提出的第四个突破方向。

现在，殷顺海这样回顾那段往事：“应该说崇文门会议这四条线，或是四个突破方向，还是比较清晰的。一直到今天，这四个大方向的思路都仍然在发挥着作用。”

不过，在当时的条件下，要完全实现这四个突破方向，同仁堂领导团队却面临着重重困难，他们还“力不从心”。这“力”并非是能力，个个都是真刀真枪干出来的，一级一级升上来的，他们有实践经验，有相当的学历，都是为群众信任的干部，能力是不容置疑的；这“力”也非精力，此时，他们都是年富力强，敢打硬仗，不畏艰难的猛将。那么这“力”是什么“力”呢？

二、抓住机遇闯股市，不惧风险破难关——股改上市

同仁堂要在四个大方向上有所突破，最缺乏的“力”是财力，是资金。殷顺海形象地把它比喻为企业的“血液”。“三个坚决”贯彻后，同仁堂集团的财务情况虽然大有好转，银行也把同仁堂3B级的帽子摘了，但问题并没有从根本上解决，这就是“血液”从哪里来？

殷顺海把那些收不回资金的，卖不出产品的，总之，资金只出不进的企业称为“出血点”。他认为，“三个坚决”执行后，这些“出血点”被止住了，能够喘口气了，但“来血比较慢”，也就是缺乏输入的血液。因此，这时的同仁堂仍然如一位还需调养的体虚病人，提笼遛鸟还可以，去赛场上拼搏，到奥运会上夺金，那是根本不可能的。也就是说，这时的同仁堂还远不够健壮，更谈不上突破和发展。

“发展是硬道理”，对这句名言，领导团队比任何时候都有更深的体会，但是要发展，“血液”从哪里来？怎么破解资金缺乏这个难题？仅仅靠企业自己一点一滴、一分一厘的积累，那可太慢了。在激烈竞争的市场经济中，发展的脚步太慢，就意味着被淘汰。向银行借贷吗？当时中国的经济发展很快，银行的资金也很紧张，企业想要贷款很难。

对于这种局面，干部和员工们都很清楚，也有不少议论。有的说：“‘钱不是万能的，没钱却是万万不能的’，这话不能说是真理，可也挺有道理。咱们同仁堂要实现四个突破，需要的资金多，可咱们又不是

银行，又不能印钞票。到哪儿去找这么多钱呢？”

“唉，咱同仁堂什么药都有，就是没有能治这病的药。”

集团领导团队认为，企业的发展需要有适当的契机。现在的同仁堂只是“不挨饿了”。要想进一步发展，就要寻求更高层次的思路，寻找新的机遇。

企业的发展需要机遇，这也是同仁堂历史给人们的启迪。当年乐平泉接手同仁堂时，同仁堂已经成了多股经营的店铺，而且乐家已经丧失了经营权。乐平泉立志要把同仁堂收回，做到自东自掌。但乐平泉又很明白，那时，他还没有收回同仁堂的资本。因为此时的同仁堂已经多次转手，而每一位接手的人都不善经营，也没有长久的打算，因此造成同仁堂负债累累。

在这种情况下，乐平泉一方面等待恰当的时机，一方面努力去创造收回同仁堂的条件。他开了广仁堂药室，用自创新药占领市场，排挤对手。同时又从大局出发，在市价暴涨时，多次出面，请朝廷增调药价，以保证同仁堂的金字招牌不倒。此外，他还通过各种渠道筹集资金，充实自己的实力。直到当时经营同仁堂的董启泰无力再经营下去，乐平泉才出手，将同仁堂收回，终于圆了乐家自东自掌的梦想。这时，乐家已经失去同仁堂掌门人的资格达九十年了。

终于，改革开放给同仁堂带来了千载难逢的大好机遇。1992年1月18日至2月21日，在中国发生了一件大事，邓小平先后到武昌、深圳、珠海、上海等地视察，并发表了一系列重要讲话。不久，在中国初步形成了资本市场。广东、上海有了股市。但在那时，股市的水有多深？会有什么风险？许多人心里都没有底，年轻人甚至都没有听说过股市这个名词。

闯股市，可不是公子小姐在后花园吟诗赏月。做出决策的人，要对企业的命运负责，要对同仁堂这个三百多年的民族品牌负责，要对同仁堂近万名员工负责。这些对集团领导团队成员是很大的考验，考验他们的眼光、魄力。

领导班子如一位经验丰富的船长，能在大潮将至、风云变幻的时候，适时调整航向，乘风破浪。他们敏锐地意识到，闯股海有风险，但机不可失，时不再来，这是唯一一条能保生存、求发展的路。殷顺海回忆说："那时候是背水一战，我现在体会，那也是一种倒逼机制。因为当时没别的办法，没活路了。只有这条路是光明正大的，是国家支持、鼓励、提倡的。"

在企业的发展中，时机或称机遇，是非常重要的，而一旦有了机遇，能不能抓住就更重要。机遇会降临到许多人头上，而能看准机遇，抓住机遇的却往往只是少数。以同仁堂的历史为例，永乐年间，朱棣为了制造盛世景象，除了将山西等地的富户迁京外，更召集了二十余万工匠和士兵扩建北京城。因为异地生活的不适和繁重的劳动，这些人难免有病痛伤疾，北京乐家的肇始之祖乐良才，就是抓住这个机遇，不顾家人亲友的反对，"北漂"到京城的。

正因为乐良才善于抓住机遇，他才得以在北京扎下了根，为乐家后世的发展打下了基础。乐凤鸣正是在大栅栏商业区处于上升时期，善于抓住机遇，毅然在这里开设了药铺，才有了同仁堂日后的兴旺。同样，正是乐家抓住了清朝宫廷需要供奉御药的机遇，才有了同仁堂过硬的质量、良好的声誉和绵延三百余年的不衰盛名。也正因为乐松生不失时机地完成了剂型改革，才在二十世纪五十年代为同仁堂取得了良好的社会和经济效益。

但是，要抓住机遇就必须勇于承担风险，乐良才闯北京，就承担着背离家园、流离失所的风险。乐凤鸣在大商巨贾集中的大栅栏开店，就承担着激烈竞争中生死浮沉的风险，而供奉御药承担的风险甚至是身家性命。古来多少沙场决战，双方领军的都是勇将，敌我对阵的都是雄兵，能否取胜的关键，往往就是看主帅能不能抓住战机，敢不敢于承担

风险。

同仁堂能否顺利上市，还得看同仁堂有没有上市的条件。殷顺海广泛听取各方意见，分析上市的有利和不利条件。有人担心地说：“现在成功上市的，大都是高新技术企业，什么做电脑的、造音响的、炼化工的。咱们这些‘草根树皮大药丸’，能被股民接受吗？”

也有人鼓劲说：“最早上市的企业中，高新科技企业是多，可老字号也不是没有。拿沪市来说吧，上海豫园不就成功上市了吗？咱们同仁堂一贯坚持‘炮制虽繁必不敢省人工，品味虽贵必不敢减物力’，坚持药材的地道、纯正、上等，品牌知名度高，上市是有一定把握的。”

经过缜密的考虑，领导班子决定：摸着石头过河，可能呛水，可能湿了衣裳，但不下河，不去摸石头，就永远过不了河。不入虎穴，焉得虎子？就到这股市里闯一闯！

当时有一些干部职工不理解，他们认为：“我们是民族企业，是老字号企业，怎么能上市？怎么能成为公众公司？”

为解除干部员工的顾虑，集团领导请北京市经委和证监会的领导来同仁堂讲课，解答问题，取得了很好的效果。员工们思想通了，他们认识到，上市不是卖掉企业，而是让企业可以更快、更好地发展。有人说：“咱们这老字号，也得学新东西，才能跟上时代。”

还有人说：“咱们股改上市就好比是老牛吃嫩草，吃了嫩草，老牛才能壮实嘛。”

闯股市不是没有担忧，殷顺海说：“我们当时的担心有这么几方面。第一，上市就要按上市的规则办，你的一切都是透明的，是‘裸体’的。特别是财务，就是你的那些烂账啊，不规范的地方，就‘掀屁帘’了。这是大家比较担心的！”

“屁帘”是中国民间用来给幼儿遮挡臀部的布制品，用作比喻时，和遮羞布是同义语。也就是说，上市讲的是公开、透明。要上市就要按上市的规则办，不能遮遮掩掩，不怕因为掀了屁帘而露丑。所以从1996年开始，殷顺海一方面任命得力人员披挂上阵，集团成立了上市工作领导小组，主持筹备同仁堂的上市事宜。对企业按上市要求，进行优化重组；一方面对不符合上市要求的烂账和不规范之处进行清理整顿。

一年之后，由同仁堂集团公司独家发起，以所属北京同仁堂制药厂、北京同仁堂制药二厂、北京同仁堂中药提炼厂、北京同仁堂药店等六家绩优资产单位，组建了北京同仁堂股份有限公司。1997年6月25日，随着殷顺海董事长的一声锣响，同仁堂在上海证交所成功上市。同仁堂股份公司以两亿股本，首次募集资金即达到3.54亿元。同仁堂的股票在市面上流通五千万股，走势稳健，定期分红，深得广大股民青睐。有股民说它是“民族的品牌，牛股的摇篮”。同仁堂的上市成功，标志

同仁堂股份公司在上海证券交易所上市

着同仁堂这个老字号向现代企业制度的转变迈出了重要一步。

在上交所上市成功了！同仁堂的员工高兴，干部高兴。可是殷顺海的笑却是淡淡的，沉沉的思虑更多于轻松的喜悦。有人不禁奇怪："怎么着殷总？咱同仁堂不但活过来了，而且身健了、气壮了、血旺了，您还不乐呵啊？"

此时，作为董事长的殷顺海又在想什么呢？他在和领导班子的成员讨论起一个新的话题："咱们能不能到香港去上市？"

有人听到这个主意，先是一愣，然后就充满疑惑地问："咱们能在上海证交所成功上市就不错了，到香港上市，那能行吗？香港的股市发展了多少年？人家的门坎高，能认咱同仁堂吗？"

其实，殷顺海和相关人员已经对这个问题进行了充分的调研。的确，香港联交所号称"伦敦的落日""纽约的日出"。因为香港正好处于两者之间，受到两个证券市场的影响，所以香港联交所的参考价值是最高的。同仁堂在这里上市，具有天时、地利、人和的优势。在许多国家，主板和创业板的地位不一样。可是在香港，两者的地位却是相同的。只不过它们的规则有一些不同，主板是规模大、基础雄厚、历史悠久、经营状况好的公司。创业板更适合新起的、增长率比较高、有潜力的公司。

在创业板上市有两个特点，一是要聘用保荐人，二是因为风险比较高，要给投资者更多的信息，让投资者决定是否买创业板的股票。因此，香港联交所对在创业板上市的公司管制得分外严格，要详细记录上市公司拟定的目标、市场的定位，以及准备通过什么手段达到这些目标等，季要有季报，年要有年报，为的是向投资者进行详细解释。

为什么同仁堂想到要在香港上市呢？仅仅是为了筹集资金吗？殷顺海曾经谈过自己的想法，原来，在同仁堂股份公司在上交所上市后的两三年时间里，又出现了一个新问题，就是上市公司的业务面越来越大，绩优的部分都在里边。

殷顺海说："然后托管的一大堆单位又进去了，坨儿也越来越大。上市公司本身也要有一个适应过程，也有一个继续向前推进的过程。它过大以后，各个方面的管理也顾不过来了。有时一个企业，特别是一个班子，它驾驭一小块时非常优秀，面积一大就成问题了，倒不优秀了，因为管理它的班子已经驾驭不了啦。这样呢，只得又往前闯。怎么闯呢？你用行政命令还不成，股民也不干，这是可以理解的。所以在这种时候呢，我们就想出来一个新东西，就叫'分拆'。按上市的规则，允许分拆，分拆本身就是化小了，但资产没化小，反而扩大了。从管理的角度来说是化小了，因为你分拆出了一块嘛。新的上市公司资产链还是那一个，但分拆出去的这块，他就不用操心了。新的公司再运作，虽然资产面扩大了，利润增大了，汇总的口径、所有财务的指标都有大幅度增长，管理方面却化小了，由一个团队变成了两个团队。这都是按上市的规则办，严格执行上市的规则。这样，我们在2000年分拆到香港上市，这就是科技公司。"

2000年3月，同仁堂集团将已经在上海证交所上市的北京同仁堂股份有限公司中的制药二厂等绩优资产分拆出来，组建成北京同仁堂科技发展股份有限公司，于同年10月底在香港联交所创业板挂牌上市成功。开盘第一天，科技公司的H股就从每股发行价港元三元二角八分，升到五元以上，共发行七千二百八十万股新股，集资额约两亿三千九百万港元。同仁堂科技在香港创业板上市这个过程并不轻松，香港联交所创业板上市规则就是厚厚的一大叠，要把它们弄清楚、吃透、消化，需要花费很大的精力，更不要说按照那些要求，改造上市公司了。但是这一切，在集团公司领导层带领下，在有限的时间里，顺利地完成了。不仅受到了股民、基民、券商的欢迎，而且受到了联交所专家的好评。这个以一笔国有资产两次上市的成功经验，被称为"同仁堂模式"，有的股民甚至将其称为"同仁堂奇迹"。

同仁堂科技公司香港联合交易所上市

同仁堂科技发展股份有限公司在香港募集到的资金，主要用于建设香港生产基地、投资研发中心、建设中药材原料生产基地、建立海外销售网络、新药开发、投资合资公司等。同仁堂科技在香港上市，打通了同仁堂产品、中医服务、品牌走向国际市场的通道，也让同仁堂人认识到了传统中医药市场的海阔天空。在匡桂申、毕界平和王煜炜三任总经理的努力下，同仁堂科技获得了快速发展，并于2010年在香港联交所成功转入主板，同仁堂与世界知名企业站在了同一起跑线上。

在两次上市的过程中，人们欣喜地发现，当初集团领导班子提出的“四个突破方向”，完全符合证监会和香港联交所的相关要求。尤其是“建立多机制的企业群”和“加强科研，开发新药”，更为同仁堂顺利上市创造了有利条件，得到了证监会和联交所的支持。有人语气中透着敬佩说：“殷总老是高看一步，咱们都觉着企业没亮了，他却提出了‘四个突破方向’，让咱们看到了希望。更没想到的是，‘四个突破方向’又成为上市的有利条件。现在上市成功，资金不足的问题也就迎刃而解了。”

可是同仁堂集团领导班子成员，看的比这些员工感受到的更远、更高、更深刻。上市当然是为了解决资金不足的问题，但集团领导班子更看重的是上市公司的现代企业运行机制——规范、透明、公正。时任同仁堂股份有限公司总经理的梅群就曾经说过：“我们更看重的是：作为上市公司，也就是比较先进的法人治理结构公司，它更具有公开、公正、透明的属性，这样，不只是对你内部产生机制的制约，包括社会对你也有监督的制约。对于同仁堂这个老字号，一个非常传统的企业，完成了这个股份制改造以后，不光是能够上市发展，更重要的是转变了机制和观念。可以说这是企业体制上一个质的飞跃。”

的确，企业的机制是企业的生命。一个企业有了好的运行机制，就如一个人有了健康的体魄，又何愁不能翻山过海、走遍天下？从同仁堂的发展历史看，供奉御药就是当时最严格的管理机制，它有一套严格、繁琐的程序。每次进药，都要由御药房的两名官员负责验收。有时，所进的药材还要由皇帝御览后，才交御药房保管。制药全过程质量监督有多位御药房的官员签字，稍不符宫廷苛刻的要求，就会被打回。从交药、入库到最后“赴广储司领银”，所形成的“粘单”（类似于今天的质量保证书与领款凭证），有的竟长达数尺。一旦出了事故，供奉御药者甚至会惹来杀身灭门之祸。

有人就曾看到，在同仁堂乐氏祠堂中，供奉着一个无头小布人，据说，那是一位亲王服药后暴亡，朝廷硬说是同仁堂的药出了毛病，一位乐氏的后人因此被斩于市。因为乐家族规中有“死于非命者不得立牌位”的规定，所以只能以无头小布人代替。这个无头小布人究竟是谁，一直是个谜。

当年乐凤鸣和乐礼毅然接受了供奉御药那些严格到严酷的制度，

也就成了一种“倒逼机制”，逼得同仁堂乐家的子孙后代，在制药和经营活动中，兢兢业业、汲汲小心，从而得以造就同仁堂供奉御药一百八十八年的名望，得以成就了一个传续了十余代的家族企业，也为今日续写辉煌的同仁堂奠定了基础。

二十世纪九十年代的中国正处在由计划经济体制向社会主义市场经济过渡的关键时期。同仁堂借上市之机，引入规范、透明、公正的现代企业制度，正是为了企业能在阳光下运行。在阳光下，草木才能够茁壮成长；在阳光下，万物才不会发霉腐烂。而证券市场相关的法律法规、证监会和股民，都放射着保证和监督企业健康运行的“阳光”。

当时有很多企业都争先恐后地上市，但是同样也有很多企业只看到从股市上可以圈钱，而不是着眼于利用上市的机会，建设现代化企业制度，让企业在阳光下运行，从而可以生命长青，可以持续发展。而建设多法人制的、科学合理的现代企业集团，正是殷顺海当初提出的“四个突破方向”之一。

其实，殷顺海心里一直有一个结，就是如何让自己承接过来的这个三百余年的老字号、一个闪光的民族品牌，能够传续辉煌。为此，他一直在苦苦思考，努力探索，不断实践。

通过股改上市，困扰同仁堂发展的资金问题终于得到了解决。同仁堂具备了实现“四个突破方向”的条件，由心有余而力不足，变成了可以“从心所欲，不逾矩”。那时，一些上市公司利用当时监管还不够严密的空档，把股市当成“圈钱机”，把股民的钱拿来盲目投资，甚至任意挥霍。同仁堂集团却是严格按照上市公司的要求，把资金用于四大方向的突破。

那些蜷缩在胡同里的小厂，终于有了出头之日。它们从城区搬迁至昌平、大兴等更有发展空间的天地中，并且开始进行技术改造。

位于什锦花园胡同的中药二厂，不仅迁出了那块仄逼的寸土寸金之地，而且同仁堂集团公司和香港泉昌集团在中药二厂的基础上合资在大兴建起了新厂，现在的名称是中国北京同仁堂（集团）公司制药有限公司。

中药五厂原设在宣武区烂漫胡同，这条胡同在北京也颇有名气。在清代，烂漫胡同西有水月庵，东有广仁堂，还有济南会馆等多处会馆。清末民初，这里有湖南会馆、东莞会馆、常熟会馆。民国时期，毛泽东和罗荣桓曾在这里的湖南会馆参与革命活动。因此，这里的许多建筑都是文物保护单位眼中的宝贝疙瘩。因为烂漫胡同幼儿园就设在湖南会馆旧址，所以这里还有许多娇小可爱的花朵，儿童的成长对环境的要求更高。中药五厂待在这里处境十分尴尬，居民和文保单位总把他们当成另类，和当时地处什锦花园胡同的中药二厂的处境一样。

同仁堂曾经在当时的大兴县（现为大兴区）找了一块地方，想把中药五厂搬过去，扩大规模，重打鼓另开张。谁知，新厂盖到半截，就因为三角债困境难解，资金短缺，只好停工。这一停就是好几年，成了在当地有名的“胡子工程”。改制上市后，财源滚滚的同仁堂集团，终于顺利完成了中药五厂的新建和搬迁，成了北京同仁堂股份有限公司制药厂南分厂。而当年在昌平的北京中药三厂，经过上市集资，引进技术进行改造，成为同仁堂股份公司制药厂北分厂。

位于打磨厂胡同的同仁堂制药厂是乐家留下的老厂，可谓青史有名、功高盖世。在城市不断发展的情况下，这位功臣元老在闹市区里也无法发展了，但同样是苦于没有资金，想迁址也不可能。有了从股市上筹集的资金，这个老厂才顺利地搬迁到了大兴、亦庄和昌平，建成了厂房高大明亮、设备先进的现代化企业。

股份制改造后，不仅那些原来蛰伏在胡同里的制药厂，全部迁到了开发区，实现了“进村”“进庄”，也就是中关村开发区和亦庄开发区，有了更大的发展空间和先进的设备，那些不适合市场需要的厂子也得以进行改造。

上市集资建成的北京同仁堂股份有限公司的亦庄分厂

当时在通州有个饮片厂，地理位置不错，生产设备也好，可惜生不逢时，它刚一建成，就赶上乡镇企业蓬勃发展的时候。雨后春笋般冒出来的各色乡镇企业，依靠人工成本低廉和几乎不受制约、不讲规则的"竞争优势"，让同仁堂饮片厂在市场上无法立足，成了一建成就亏本的厂子。上级想让它转产适合市场需要的产品，可是没有资金。股改上市后，同仁堂股份公司有了资金，终于挽救了这个生不逢时的厂子，把它改建成了漂亮的同仁堂股份公司通州分厂，这个厂生产的小儿清脾丸、清音丸等成了在市场上很受欢迎的拳头产品。同仁堂上市后，基本完成了同仁堂的产业布局和技术改造。

同仁堂科技公司的新产品研发也结出了硕果。不仅实现了多年一直想实现却没有能够实现的产品更新换代，还开发了新剂型，研制了新药。在世纪之交的2000年，科技公司旗下的北京同仁堂麦尔海生物技术有限公司成立。公司从德国引进先进的脂质体专利技术，致力于现代科技成果与传统中药相结合的创新。它的成立，标志着同仁堂集团在生物工程领域的探索开始起步。

这家公司生产的美容护肤品，使用的原料绿色、天然，不仅效果好，又方便使用，因而很受时尚女孩的欢迎，同时也为同仁堂产品开辟了新领域。与此同时，同仁堂自己的销售终端也得以进一步扩大和发展。

这时的同仁堂，形成了同仁堂股份公司、同仁堂科技公司两大上市公司齐集于同仁堂集团大旗之下的格局。股改上市，给同仁堂带来了巨大变化，对同仁堂来说，具有划时代的意义。

殷顺海曾经这样总结两大股份公司的上市。他说："现在回过头再看就非常清晰了，同仁堂的上市是非常规范的。扩大融资，面向海外，这是目的之一。目的之二呢，是提高经营管理水平。目的之三，是提高资产质量和获利的能力，要对股民负责嘛。你有了资产质量，才会有获利能力，要没有资产质量，怎么会有获利能力？现在这两个上市公司，不管是股份公司，还是科技公司，资产质量都是非常好的，非常精良，甚至可以说几乎没有不良资产。很少有这样的上市公司。"

同仁堂股份公司亦庄分厂的现代化生产线

三、三三见“久”，一一归位

就在同仁堂趁股改上市的大好机会，乘风破浪般地实现“四个突破方向”时，同仁堂又根据证监会关于上市公司的要求，于2000年7月提出，对三大公司即同仁堂集团公司、同仁堂股份公司、同仁堂科技公司要进一步定位，将三个公司的经济分开、生产经营分开、人员分开。这项举措又叫“三分开”。

为什么要在这个时候做这件事呢？是突发奇想？是心血来潮？自然都不是。有人说，殷顺海是一位能“下棋看三步”的高手。“三分开”的实行，不仅能在逆境中看到希望，在阴霾中看到阳光，而且能在顺境中看到哪里有暗礁，哪里有旋涡。从某种角度来说，在顺境时能看到潜在的困难和风险，比在逆境中能够看到光明更需要智慧。

原来，自从1997年上市之后，集团领导班子首先思考的问题，就是上市后怎么发展。因为上市以后要解决的现实问题是：一、上市部分一定要按规范处理；二、是对这些规则，上市公司的管理层都还需要一个适应过程。“一不能违反规范，二要让上市公司适应。然而上市公司本身并不是健全的”。也就是说，上市公司并非上了市就大功告成，而是要不断完善，不断发展。

股份制改造后，同仁堂集团虽然已经组成了股份公司和科技公司两大上市公司，但计划经济体制的影响可不是短时间有就能消除的。

那时的一些管理者还不适应上市公司的管理制度，他们习惯于按计划经济时期的工厂进行管理，因而出现了不少问题。他们不明白控股股东与上市公司的关系，不了解上市公司彼此之间的关系，不熟悉有形资产和无形资产的管理，不清楚自己要承担的责任和风险。有时为了争取利润最大化，两家公司都生产同一种药，造成了产品同质化。同时，在资产管理、品牌管理、财务管理上也有重叠、交叉等混乱的情况。

这种情况任其下去，不仅不符合上市公司的要求，也会让集团内部徒生内耗和乱象。这样的企业当然不可能长久，而如何让同仁堂这块民族品牌能如松柏长青，是领导班子成员心中不变的情结，也是领导团队追求的目标，所以才下决心实行“三分开”。实行“三分开”是对上市公司的要求，也是积淀深厚的同仁堂文化对今人的启示。

当年，“四大房”都有了自己的药铺后，各房和同仁堂之间因为经济、人员、经营没有实行必要的分割，曾经一度出现了混乱。那时，各房都派人到同仁堂来寄卖自家的药。他们往往对派去卖药的人说：“甭管是我二大叔还是三大爷，只要是在同仁堂和咱们戗着干，就把他们挤兑出去！给你们的提成可不少，你们要是干好了，还给你们加薪水。”

1920年的一天，同仁堂来了两位气度不凡的顾客。这两位一进同仁堂可就惨了，不知从哪儿冒出来一群卖药的，一涌而上。这个拉胳膊，那个抱腰，有的扯着驴叫天的大嗓门吆喝着：“牛黄清心丸，牛黄清心丸，加料的牛黄清心丸。药到病除。”

有的梗着脖子吼着：“买我的，买我的，我这是双加料的牛黄清心丸。吃了保您百毒不侵，福寿两全！”

这边的人俯在客人的耳边嘀咕：“我这药是专给达仁堂大老板乐达仁配的，用的是御药房的配方。我偷偷拿出来卖的，价钱好商量。”

那边的人就趴在客人的肩上小声嘟哝：“我这牛黄清心丸是用最好的细料配的，还是双加料。本来是给京师警察厅督查长乐达义做的，因

为下料多了点儿，才多做了几丸。您可莫失良机。”

两位客人听了很奇怪，就说：“噢，还是双加料，加的是什么料啊？”

“这可不能说，这是按祖传秘方配的。有人花大价钱买我们东家的秘方，我们都不卖。”

话没说完，又拥上来几个卖药的，都吹嘘自己的药好，甚至好到神仙也要吃，佛祖也想要。

两位客人忍无可忍了，不由得大吼起来。

“你们这还像话吗？都给我滚！”

“你们要干吗？想毁同仁堂啊！”

原来，这两位客人就是乐达仁和乐达义。

看到这般乱象，兄弟俩去找管同仁堂的乐佑申论理。

乐达仁愤慨地说：“同仁堂怎么这么乱？这样下去，祖上的脸面不就都丢尽了吗！”

“这是要败家，哪儿还是同仁堂！”乐达义也说。

乐佑申解释说：“嗨，他们都是为了给自个儿多捞点儿钱。”

“他们是想照着爷爷夺回同仁堂的法子，把同仁堂变成自个儿的。”乐达义气得脸都涨红了。

乐达仁也说：“现在各房为了在同仁堂寄卖自个儿的药，互相之间你争我夺，砸了同仁堂的牌子，还伤了自家的和气。这么下去可不成！”

“可这是四大房一起定的规矩，我就是想改也做不了主。”乐佑申说，“各房的人还擅自到细料库拿参茸犀角。到底拿了多少，是谁拿的，查都没法查。”

乐达义一听，更火了：“管库的是干什么吃的！”

乐佑申说：“也不能怪他，都是东家，都有细料库的钥匙，他能管谁？”

万般无奈，乐达义只好利用京师警察厅督查长的身份，派警察来看守自家的细料库。这件事一时竟成了京城一个不大不小的新闻，有人就告乐达义公权私用。最后，不知是谁开了个“偏方”，就是用五把锁把细料库锁起来，四大房各用一把锁，管库的另用一把，只有四大房的人都在场，五把锁同时打开，细料库的门才能开启。同时规定，各房不准再派人在同仁堂寄售自己的药物。这其实就是人员分开、经济分开、经营分开的“三分开”。

只不过乐氏同仁堂的人员分开、经济分开、经营分开，是为形势所迫，被倒逼出来的，没有上升到殷顺海他们这样的认识高度，更没有上升到理论层面。不管怎样，当时采用人员、经济、经营分开的做法保证了同仁堂的持续发展，同时也保证了四大房的利益。

领导团队根据集团发展的实际情况，根据同仁堂文化的启示，根据《上市公司治理准则》的要求，大力推进“三分开”的实行，为三大公司划分了“势力范围”。集团公司作为全系统资产的控股公司，所属单位逐步转变为独立法人，无形资产归集团公司所有。集团公司主要管资产运行、发展，还要管主要经营者、专业人员的选派。三个公司在社会上是法人平等的关系；在资产上，是投资、控股的关系；在管理上，股份公司和科技公司是董事会领导下的总经理负责制；在经济上，是平等交易的关系。这样就有利于同仁堂集团的长久发展，人称“三个公司三分开”。这种做法不仅符合现代企业管理的要求，符合上市公司规则的要求，也比当年同仁堂前辈的管理更加合理、更加细致、更加严格。

“三分开”是个非常重要的举措。在当时初步形成的中国股市上，因为没有实现“三分开”而造成的悲剧并不少见。当年曾经红极一时的“猴王”，因为其大股东猴王集团利用“三不分开”，通过合伙炒股、资产套现、往来挂账、借款担保乃至盗用“猴王”名义向银行借款等手段，套走了大笔资金，“猴王”几乎被掏空，最后不得不于2005年黯然退市。“南华西”也因为没有实行“三分开”，被第一大股东占用大量资金，造成利润直线下滑，最终也不得不退市。因为没有实行“三分开”，这些上市公司不仅给企业造成损失，给员工造成损失，也给投资者包括大量股民造成了损失。

由此可见，实现“三分开”非常必要，但要真正实现“三分开”并不是件容易事。有专家撰文说：“我国上市公司由于特殊的历史地位，决定了其公司治理的难度，其中‘三分开’这一看似容易的制度在许多上市公司中都难以实现，并由此导致许多恶果。”

然而，“三分开”在同仁堂实现了。落实了“三分开”之后，使得三大公司产权明晰，分工明确，责权利分明，市场界定清楚。不仅免除了互相干扰，互相倾轧，而且还做到了各有分工，互相配合，能够共同培育主打产品、亿元产品。

同仁堂集团不断推进现代企业制度的建设，2001年按照《公司法》设立了董事会和和经理层，国资委派驻了监事会。2002年组建了新一届党委会。制定了党委议事规则、董事会议事规则和总经理议事规则，明确了董事会事权范围和决策程序，明确了党委会的政治核心作用和有效行使监督保障权，明确了监事会的监督职能，明确了经理层的工作职责，基本上形成了科学、高效、权责结合的决策机制。

党委会、董事会、经理层主要人员交叉任职，双向进入，一岗双责，构建了董事会、监事会、经理层相互制衡、相互促进的完善的法人治理结构，充分发挥党委会有效保障监督和工会的民主管理作用，使集团公司的“三重一大”决策符合法律和企业有关规定，议事决策流程顺畅，企业的经济运行更加规范。同仁堂品牌的长久传续也就更有了希望。

同仁堂的历史和发展告诉我们：股改上市的目的不仅是募集发展需要的资金，更是为了建立现代企业制度。因此，上市公司就必须遵守相关的规则。同仁堂三百四十余年发展的历史证明，守法经营，依规行事，是同仁堂长盛不衰的重要原因。“炮制虽繁必不敢省人工，品味虽贵必不敢减物力”就是遵守制药规则的典范。企业上市后，对新的运行规则会有一个适应的过程。因此，上市企业必须解放思想、打破陈规旧俗，尽快适应现代企业制度的要求，严格依照上市公司的法规运行。

第三章

探索篇——边发展边规范

从2001年开始，同仁堂领导团队，在“先发展后规范”的阶段基本完成之后，把同仁堂引入了“边发展边规范”的阶段。他们总结了前一阶段发展中得来的经验，并上升到理性的高度，用以指导新的实践，使得同仁堂集团向更大的规模、更高的层次发展。

一、术业有专攻，撤小并大

实现了“三分开”，上市公司果然如所料想的那样，如虎添翼，健康发展。干部们高兴，员工们满意。不过，当初同仁堂集团为了保证上市成功，以优质资产组成了两大上市公司：同仁堂股份公司和同仁堂科技公司。可是同仁堂集团还有许多体制落后、设备陈旧、又小又杂、被称为“杂八凑”的企业。这些企业大都设施落后，产能不足，效益不佳。因为缺乏资金，一直得不到更新改造。此外，同仁堂还有不少“三产”企业。它们源自于二十世纪八十年代开办的劳动服务公司。那时候为缓解就业压力，搞活经济，许多单位和企业都建立了劳动服务公司。因为服务业属于第三产业，因此又统称为“三产”。

这些“三产”小企业在当时的形势下，确有一定的积极作用。因此，同仁堂也比着葫芦画瓢，开办了不少“三产”企业，它们经营的项目可谓五花八门：卖水泥、卖建材、办出租汽车公司、开小旅店，几乎什么都干。但是在进入二十一世纪之后，这些“三产”企业因为规模小、人员少、设备差、管理落后、效益低下，已经成了明日黄花。再加上当时同行业已经有了许多成规模、专业化的企业，这些小打小闹的劳服公司和“杂八凑”企业就更没有发展的余地了。

况且，它们的经营项目不仅与同仁堂的主业没有任何关系，还要分散同仁堂的财力、人力、精力。集团领导团队早就有心解决这个问题。

也正在此时，时任北京市市长的王岐山同志在视察同仁堂时，问领导班子："你们搞没搞房地产呀？"

那时北京的房地产业正如日中天，有"寸金不抵寸土"的说法。于是有一些企业就"兼职"搞起了房地产，但是同仁堂没有。王岐山对同仁堂的做法表示了肯定，并且鼓励他们要"术业有专攻"。

国内外都有不少企业本来经营得有声有色，可是经营者却被变化纷纭的市场迷住了眼，更迷住了心，为了追逐超额利润，把精力转而投向自己不熟悉的行业。结果不仅没有斩获，反而被市场的利刃无情地斩杀。

史玉柱的"巨人"，曾经一度是名声赫赫的IT行业的领军者，最早在中国大陆经营笔记本电脑的企业之一，但是后来投资于房地产，因为资金链断裂，不但房地产的投资失败，连原来已经攻城拔地、占领了相当一部分市场份额的IT业，也不得不放弃。虽然史玉柱凭着越挫越勇、屡败屡战的顽强精神，靠着脑白金等适合市场的产品，终于站立了起来。但投资房地产的失败，却是他终生难忘的教训。

他曾经这样总结："给企业造成最大的损失就是它做了不该做的事，不该投资去投资，这种投资是最大的失误，这是我们过去亲身经历过的。作为投资，企业应进行大量的论证，国外企业投资的话，只是总投资的百分之几，不然就会给企业造成资金周转不灵的状态。如'巨人'，它不该盖楼却去盖楼，一下耗掉这么多钱。假若'巨人'当时不去盖楼的话，光靠脑黄金、巨人汉卡、笔记本电脑等，它也死不了，也不会一下子陷入这么大的困境。即使你的员工或干部中间有一半人心术不正，如吃回扣等，但实际上加在一起，总量很有限。一年内耗加起来几百万，了不起上千万元。但是你一个投资几个亿下去血本无归，你的浪费比它的还大。所以我认为一个企业最后倒下了，陷入困境了，大部分还都是因为它做了它不该做的事。"

同仁堂之所以能延续三百余年，其中一个很重要的原因，就是坚持“术业有专攻”，即一心经营中药业。那时乐家的族规中有铁律，乐家后代不得经营与医药业无关的业务，尤其是餐饮业、博彩业（当时叫赌业）。这不仅因为餐饮业难免要杀生，与乐家笃信佛教的传统相悖，更是担心从事餐饮业，会让后代陷入酒色之中，误了主业，也误了自己。至于赌业，那更是害人害己。乐家的后人也确实遵守着族规。

四房共管之后，各房虽都从事药业，但也有定位不同的地方。最有代表性的是三房的乐敬宇，也就是电视连续剧《大宅门》中七爷白景琦的原型。他一度曾经想走仕途，但最后还是回归了中药业，他在山东利用当地的资源发展阿胶，干得风生水起，就是成功的例子，其实也是坚持了“术业有专攻”。

美国著名管理学家德鲁克就认为，一个企业的多元化经营程度越高，协调活动和可能造成的决策延误就越多，因而会极大地增加企业的管理成本。多元化投资还将迫使企业从主业中撤出相当部分资金投向外围业务，这对长期培养起来的主业无疑是场“浩劫”，会破坏核心竞争力，酿成主业“空洞化”。而且，多元化经营不一定会减弱风险，全面出击不如重点突破。提高专业化水平，把主业做大，巩固基础，形成自身的竞争优势，才有可能经受住国内和国际市场的竞争考验。这是国际市场上成功企业一贯遵循的准则。

为了坚持“术业有专攻”，领导团队决心让同仁堂向专业化、规模化、集团化发展的道路更加明晰、顺畅。为此，他们一举撤销了四十三家“三产”小企业。这在当时是一个具有震撼力的举措，也颇有一些争议。但事实证明，他们做对了，同仁堂因此能在资金、管理、人力上形成拳头。同仁堂集团各企业也因此能形成合力，形成正能量，成为中药业的“航空母舰”，在市场经济的汪洋大海中乘风破浪。

同仁堂的历史和发展告诉我们，同仁堂三百四十余年不倒，其中很重要的原因就是坚持了“术业有专攻”的原则。同仁堂专攻医药，不为其他行业一时的涨落盛衰所动，因而可以集中精力、集中财力、集中人力发展自己。坚持术业专攻，才能成功，否则很可能失败。这一点已经为中外的企业所证明，也为许多管理学专家所肯定。

二、变消极为积极，化腐朽为神奇

“三产”小企业可以撤销，但是还有一些“老大难”企业怎么办？这些企业大都有几百号人，因为设备落后、人员老化，未能上市，如南城批发部、北城批发部。集团公司在股改上市时，把这些企业收到自己名下，为的是让员工有归属感，企业有缓冲的余地。但是这些企业就像一群偎在母亲身边迟迟不能断奶的孩子，不仅会让母亲的奶汁枯竭，也不利于孩子的发展。

如何让集团母体摆脱困境，不再如一位疲惫不堪的母亲一样，总是无休无止地给这些孩子喂奶，就成了同仁堂集团能否继续发展的关键。人们称之为“母体脱困”。如何能让“母体脱困”？殷顺海为此可以说是食不甘味，睡不安枕。集团领导班子的成员们也在苦思冥想。他们搞调研、做论证，花费了不少心血。

其实，解决这类问题，当时社会上有一种通用的模式：或是将厂子承包出去，或是干脆卖掉；员工或是下岗，或是“买断工龄”“提前退休”。对领导层来说，这样做省事省力省心，甚至有可能从中得到一笔“红利”。而且这种做法在当时不会有任何风险，不少媒体还在宣扬这样的经验。有人甚至鼓吹对国企“一卖了之”，但是集团领导团队不这么看。

殷顺海认为，作为一个民族品牌的传承者，就要对这个老字号负责；作为一家国企的领导者，就要对国家的资产负责，对职工负责。这些“杂八凑”，也是国有资产的一部分，在这里工作的也是自己的兄弟。他不能让这些国有资产流失，不能对不起自己的穷兄弟。让效益不好的企业倒闭很容易，就如同对一个重症病人放弃治疗一样。让自己领导的国企早日脱困，使它能继续发展才是自己的责任。

殷顺海有一句名言：“拆庙不算本事。建新庙，请真神，这才是领导的水平。”

因此，他不仅不干那种“穷了寺庙，富了方丈”的事，还要把穷庙变富庙，旧庙变新庙。其中一个办法就是把“旧庙”翻建成“新庙”。

同仁堂的北城批发部是多年来一直亏损的企业。集团领导团队经过对市场的调研后认为，同仁堂虽然以丸散膏丹名闻遐迩，可是参茸饮片也是蜚声四海。参茸饮片正在市场上看好，处于上升的趋势，同仁堂需要加强这方面的投入。于是他们决定把北城批发部撤销，成立北京同仁堂参茸药材公司，主要经营原材料药材和饮片。这个企业可不是换块牌子就了事，而是既换面子又换里子，采用了新的适合市场经济的新体制。

公司一成立，就大力抓了品种开发，抢占市场份额。他们还扩大了仓储设施，并利用电脑网络平台等新技术，实行了货卡核对、账卡核对的人机对话。这在当时是非常先进的技术，也是非常先进的管理机制。

在“母体脱困”的过程中，最有创意的，也是最有同仁堂特色的，就是托管。什么是托管呢？就是按照上市公司的规则，把母体的资源托管给上市公司，按照规范操作。资产、财务、人员按“三分开”的原则，该怎样处理就怎样处理。

这个创新可不是平白无故产生的。原来，集团领导团队成员们一向反对用僵硬的眼光看问题，他们经过认真的分析，发现那些看起来垂垂老矣的企业，其实有它们的长处；而那些红红火火的上市公司，也有它

们的短板。

上市公司虽然体制新、观念新、设备新、人员新，但因为年纪轻，“腿”还没有长全，也就是没有成熟可靠的销售渠道和销售人员，也没有仓储设备。那时往往是原料进来后，只能用苫布一盖凑合着存放，因此，“消灭露天活动”竟成了上市公司的奋斗目标。而那些老企业却相反，比如那时的供应储运站有仓储和销售人员，只是缺乏更新设备的资金，人员知识比较陈旧，不会操作电脑，需要进行培训。如果把两者结合起来不就可以取长补短，成为一股合力了吗？

这虽然是很好的思路，可是领导班子不愿把自己的想法强加于人，何况在这个问题上，还要尊重上市公司的自主经营权，要按上市公司的规则办。

捆绑不成夫妻，不是用简单的行政命令，而是用耐心的说服和形象的比喻，以对方的实际利益当作切入点，做对方的工作。殷顺海问股份公司的人说：“你们的效益还能再提高一步吧？”

“要是再提高，就得让我们长出‘腿’来，也就是解决储运和销售的问题。这可不是一年半载能办到的。”

“我倒有个法子，既能让你们很快长出腿来，还能帮助‘母体脱困’。”

一听这话，股份公司的人来精神了：“您有什么好法子？”

“咱们有个南城批发部，那里有几百号人，他们都是熟悉业务，掌握着现成渠道的老员工。把他们的长处发挥出来，你们的腿不就长出来了吗？另外，通县还有个大仓库，把它也给你们，你们的仓储问题不也就解决了？”

“可那是老企业，人员年纪偏大，设备老旧，效益也不好。”股份公司的人有些犹豫。

殷顺海说：“这些企业的人员虽然偏大，可是也有他们的长处。他们有现成的销售渠道，又在同仁堂干了那么多年，受同仁堂文化熏陶最深，品质好、作风好，有专业技能。虽说知识有些老化，你们可以培训呀。你们投点儿钱把通县的仓库改造一下，比新建要省钱多了。我这个主意准保让你事半功倍，还愁效益上不去？”

因为担心股份公司的人还有顾虑，殷顺海又细细地给他们解释集团领导关于托管的新政：“要不这样，这些企业还算是集团的，人还是原单位的人，不算上市公司的。你们反正要用人，用谁不是用，用自己的人不是更顺手吗？将来计算效益的时候，不算在你们头上行不行？再打个比方：马是我的，先让你骑着，当然你也得喂。要是你觉得这马不错，就卖给你。你要是不喜欢，对你们没有什么用，可以再还给我。”

“有这么好的事？”股份公司的人乐了，“那敢情好！既然这马归我们使，我们就好好使，好好喂，而且尽量把它喂得膘满体壮。它壮了，不是对我们也有好处吗？”

南城批发部被托管后，效果不错，股份公司有了快马，发展得更快了。集团又用同样的办法把供应储运站交给科技公司托管，也收到了很好的效果。

同仁堂创新的并不只是托管的一种模式。中医药讲究一人一方，因人而异。集团领导团队也是根据不同企业的不同情况，通过撤并、重组、托管等方式，化消极因素为积极因素，使母体资产逐步优化，最终把它们变新、变富。

集团领导班子不仅让这些企业得以脱离母体，化消极因素为积极因素，也让母体能够从重负中解脱出来，得以健康快速地发展。

三、定位健康产业，兼治“已病”“未病”

股改上市之后，同仁堂集团内部正在进行撤小并大、托管、母体脱困的改革时，同仁堂又在2001年迎来了一批专家。专家莅临，对同仁堂的干部和员工并不是新鲜事。中外专家到同仁堂来参观指导的很多，但是这次来的专家却非同一般，他们是顶级的发展研究机构——国务院发展研究中心的专家，是应同仁堂集团领导的邀请，来为同仁堂的发展制定十年长远发展规划，为同仁堂的未来定位的。

国务院发展研究中心是由国务院领导的，国内外知名的政策研究咨询机构，他们的主要任务是围绕国民经济、社会发展和改革开放中的全局性、综合性、战略性、长期性问题开展跟踪研究和超前研究，为党中央、国务院提供政策建议和咨询意见，为制定国家中长期发展规划和区域发展政策提出建议；接受委托参与或组织对有关部门和地区拟定的发展规划进行研究和论证，提出意见和建议。

因此，员工们有许多议论。有的说：“国务院的专家到同仁堂是参观考察，还是检查工作？”

“都不是，人家是来帮助咱们制定十年发展规划，为企业未来定位的。”

“能做规划的单位多了，怎么就想到要请他们来做规划呢？”

“听说国务院发展研究中心是专为部级以上单位做发展规划的。这可是党和国家对咱们同仁堂的重视。”

的确，能够提供咨询的机构很多，许多科研院所、大专院校、各类咨询公司，都可以承担此项任务。同仁堂自己也有深谙同仁堂发展史，对现代企业管理颇有研究的专家。同仁堂为什么偏偏要请国务院发展研究中心的专家来担当此项任务呢？这是因为领导班子深知，一个企业的战略定位非常重要。定位准确，不仅会少走弯路，而且会有光明的前途；反之，定位错误，企业的发展就难免走弯路，甚至走绝路。同仁堂能有三百余年的历史，其中的一个重要原因，就是乐显扬不仅为同仁堂立下了店名，更给了同仁堂一个极好的定位。

乐家世代为医，乐显扬本人又是太医院的吏目。本来应当由他传续的是医术，或开诊所，或建医馆。但是他看到许多医生明明辨症准确，开的方子也对症，却因为卖药者贪图小利，或制药者不“遵肘后”，所制售的药不仅不见效果，有的还导致患者伤残死亡，便敏锐地意识到，无论病患还是医者，更急迫需要地道、纯正、依法炮制的良药。没有良药，即使华佗再世，扁鹊重生，也不可能救治病患，普济苍生。因此，他才想要开一家“炮制虽繁必不敢省人工，品味虽贵必不敢减物力”的药铺。历史证明了他的定位准确，也证明了他的远见卓识。

而同仁堂之所以要请国务院发展研究中心为同仁堂定位，做规划，谋发展，还有一个原因，那就是从全局出发，从长远着眼，占据高端，也就是谋取新的战略高度。

“不畏浮云遮望眼，只缘身在最高层。”在历史上，同仁堂就深知占据高端的重要性。同仁堂开业不久，为提高品牌知名度，树立同仁堂的信誉，即延请著名御用宫廷书法家孙岳颁题写堂名，并制成匾额，这就是著名的“老匾”。在当时，和宫廷有密切来往的许多大商巨贾，都不敢奢望孙岳颁题匾，这不仅是因为孙岳颁作为礼部侍郎、宫廷书法家的地位很高，难以接触到，更因为他一向清廉。康熙称他“室无媵妾，

家绝管弦，政事之暇，唯焚香读书及临池选韵，笔歌墨舞而已”。

因此，商家没有过硬的质量、良好的信誉，岂能求到他的墨宝？但同仁堂却做到了。孙岳颁题写的这块“老匾”，确实为同仁堂提高知名度，树立诚信的形象，发挥了不小的作用。

供奉御药，更使得同仁堂能够占据战略高端。因为供奉御药，同仁堂和宫廷，尤其是御药房、太医院甚至内务府的官员，建立了密切的关系。凭借着这种优势，全国各地哪里遭灾遇难，造成药材减产；哪里交通阻断，引起价格波动；哪里药材丰收，对药市有所影响；直至何处有战争或疫病发生，急需瘟病药或金疮药，都可以在第一时间得知，因而可以及早应对。

占据战略高端并非攀附权贵，而是因为站在高端，看得远、看得全面，有利于持久经营，长远发展。2001年，正是进入新世纪之初，中国的改革开放正处于“乱花渐欲迷人眼”的阶段。在向社会主义市场经济过渡的过程中，各种各样的模式，各种各样的理论，各种各样的政策纷纷闪亮登场，让人目不暇接。在这种情况下，如何从企业的实际出发，与国家发展的大局同步而行，是中国每一个有眼光、有胸怀、有担当、有谋略的企业家必须认真考虑的问题。因为作为一家国有企业，一个老字号，同仁堂的长远发展规划，只有与国家发展的大局同步，才真正具有前瞻性；只有与国家发展的大局同步，才会符合客观实际，也才有前途。

“吾尝跂而望矣，不如登高之博见也”。正是考虑到国务院发展研究中心处于国家发展研究决策的最高端，是为国家发展制定长期规划的单位，同仁堂才请他们为同仁堂制定十年发展规划，为同仁堂的发展定位。也只有这样处于高端的单位做出的规划，才能使同仁堂取得更高的战略地位。

在这项工作中，同仁堂组织了相应的工作小组，配合国务院发展研究中心的专家们工作。工作小组向国务院派来的专家提供文字资料一百五十七份，召开二十多次座谈会和访谈会，参加交流的同仁堂干部职工一百五十多人次。还接待和组织了国务院发展研究中心的专家及相关人员，共七十多人次的参观考察。这项工作于2002年11月底完成，研究结果汇编成近百万字，共十个分册的文案，提出了同仁堂未来十年发展的定位、目标、战略及创新思路和观点，为同仁堂未来的发展勾画了宏伟的蓝图。

由于研究结果建立在充分调查研究和严密论证的基础上，十年规划定得既高瞻远瞩，又切合同仁堂的实际。国务院发展研究中心的专家还为同仁堂今后十年的发展明确定位——以现代中药为核心，发展生命健康产业，使同仁堂成为国际知名的现代中医药集团。

这个战略定位包括四层含义：首先是以现代中药为核心。同仁堂要围绕现代中药，生产高科技含量、高文化附加值、高市场占有率，符合现代市场要求的绿色名牌产品，加快中药现代化的步伐。第二是发展生命健康产业，做到“术业有专攻”，不脱离主业。第三是在发展中药产业的同时还要发展医疗服务业，为同仁堂新产品开发和临床搭建科研平台，为向海内外药店派驻医师，培养同仁堂自己的医师队伍，构筑人才培养基地。第四是成为国际知名的中医药集团。

同仁堂集团的领导看了这部规划之后，都连声叫好：“发展研究中心给咱们搞了这么十大本规划，真是下了大功夫了，更重要的是给咱们提出了发展生命健康产业的概念。”

“可不是！中医向来讲究‘治未病’。《黄帝内经》说得明白，‘是故圣人不治已病治未病，不治已乱治未乱’。现在国务院的专家提出的‘生命健康产业’，不仅包含了‘治未病’的概念，而且更全面、更明确、更系统了。好！”

同仁堂的员工也对这一定位赞不绝口，他们说：“到底是国务院研究机构的专家，既符合国家发展的需要，又符合人民群众的要求，也符合同仁堂的实际。”在殷顺海的带领下，同仁堂集团决定根据国务院发展研究中心制定的战略定位，以大手笔、大气魄，花大力气落实发展十年规划。

四、新工程高屋建瓴，老字号更上一层天

为了落实“以现代中药为核心，发展生命健康产业，使同仁堂成为国际知名的现代中医药集团”发展定位，同仁堂集团董事会在殷顺海的领导下，决定从2002年10月开始，实施“1032”工程。

这个计划刚刚出炉，就引起了企业内外的高度关注。不仅媒体纷纷报道，员工们也热烈议论。

“咱们这个工程为什么叫‘1032工程’？”

“其实就是一个‘10’，三组‘2’。‘10’就是建设十大公司，三组‘2’就是两个基地、两个中心、两个院。”

“您能不能细说说？”

“十大公司是：北京同仁堂股份有限公司、北京同仁堂科技发展股份有限公司、北京同仁堂健康药业股份有限公司、北京同仁堂商业投资发展有限公司、北京同仁堂国际公司、北京同仁堂（香港）国药有限公司、北京同仁堂制药有限公司、北京同仁堂药材有限责任公司、北京同仁堂参茸有限公司、北京同仁堂生物制品有限公司。”

“那我知道了，可是这三组‘2’具体又是什么？”

“两个基地是股份公司的亦庄生产基地和科技公司的亦庄生产基地；两个中心是培训中心和信息中心；两个院是同仁堂研究院和同仁堂中医医院。”

“唷，这‘1032’工程要是实现了，咱同仁堂就更上一层天了。这可真是宏图大略！”

“可不是！咱们同仁堂上市后，资金不愁了，又有了国务院发展研究中心制定的发展规划，再加上这‘1032’工程，大家都觉着有奔头了。过去是‘今儿不知明儿’，如今是‘今儿就盼着明儿’。”

“谁说不是！”

“1032”工程虽然是个整体，但它们又各有特点，各有侧重，充分展示了集团领导团队不仅有创新的精神、开放的胸怀、改革的气魄，而且有科学的态度、求实的作风和缜密的思维。

在“1032”工程中，同仁堂股份公司和同仁堂科技公司是两大上市公司。

不过，这两大上市公司又各有侧重。股份公司主要是传承经典，发扬传统。因此，股份公司生产的主要是安宫牛黄丸、牛黄清心丸、乌鸡白凤丸等同仁堂传统、经典名药，这些药多次获得各类奖项，广受人民群众欢迎。

说到同仁堂股份公司，毕界平是个不能不提的人物。现北京同仁堂研究院党支部书记毕界平在担任同仁堂股份公司总经理期间，带领三千多名干部职工以产业为依托，以市场为导向，以经济效益为中心，脚踏实地地练好内功，强化基础管理工作，公司经济运行效益稳步提升。他提出了“要用制度管人，用制度管事，要向管理要效益”的工作目标。

出台的《绩效考核管理办法》等规章制度，理顺了股份公司各岗位、各工序的工作流程，进一步夯实了股份公司的基础管理工作。他围绕集团提出“降五高”工作要求，带领股份公司从全面预算控制入手，完善组织保障体系，建立管控网络，在树立全员成本意识的基础上，开展了卓有成效的降成本措施，推动了“降五高”长效机制的建立。

在他的带领下，同仁堂股份经营分公司建立起品种目标与区域责任相结合的新的经营管理组织体系，做到人人有责任、人人有指标、人人有考核的组织保证体系，从而激发员工活力，达到促进销售增长的目标。

而同仁堂科技发展公司更多的是体现了中药剂型的创新。因此，公司不仅能生产片剂、胶囊、丸剂等，还试制成功多种软胶囊和薄膜包衣片。为了适应现代社会的需要，公司还试制了无糖型、浓缩型药物。他们把六味地黄丸制成浓缩丸，几粒小小的浓缩丸，就能抵得上一到两颗传统的大蜜丸；清火良药牛黄解毒片，是塑封的小药片，精致小巧，玲珑可爱，正如有人所说，“看见这包装，还没吃药呢，心火已经去了一半”。

这些新剂型既方便服用，又方便携带，而且药效不减。无糖型药物不仅适合糖尿病患者和老年人，而且也受到把减肥当作人生最高目标的爱美女孩的欢迎，不仅能够满足现在顾客的需要，还能够应对未来市场的需求。

开发多种剂型，一直是领导团队的愿望。早在提出“四个突破方向”的时期，他们就把“开发多种剂型”当作努力方向之一。现在经过改革开放和股改上市的风浪，他们的夙愿终于实现了。截至2009年末，同仁堂科技发展公司上市十年，总资产已经达到18.9亿元，是上市之初的3.8倍；实现年利润2.2亿元，是上市之初的4.4倍，被称为生长在北京城，开放在香江畔的一朵新花。

北京亦庄经济技术开发区是国家级经济技术开发区，又是国家高新技术产业园。这里是一派现代化氛围，许多国际知名的大企业都在这里安营扎寨，或研发或制造或营销。同仁堂股份有限公司和同仁堂科技发展有限公司都在亦庄建立了现代化的生产基地。这就是“1032”工程中的“两个基地”。

在不少人的印象中，中药的生产无非就是用筛子筛、用笸箩簸、用碾子碾、用石磨磨，是和高科技不沾边的古老行业。可是这一切都发生了根本性的变化。

从外部看，股份公司和科技公司的生产基地与那些挂着洋文LOGO的厂房没有什么不同，但内部却大有玄妙。如果走进同仁堂股份公司生产基地的厂房，就会觉得眼前豁然开朗，因为展现在眼前的，不是轰鸣的机器，也不是浑身油渍的工人，而是一道靓丽的风景线，是小桥、流水、亭台和栽满花草的绿化带。这里还有一座座栩栩如生、表现中医在号脉诊病、药工在用传统工艺制药的雕塑。这一切不像厂房，倒更像一座深藏在玻璃宫殿中的花园。只有看到在这道风景线的两侧，一排排巨大的玻璃隔窗后面，崭新的现代化机器设备在运转，穿着白衣白帽的员工在忙碌时，才能让人意识到这里是制药厂的超净生产车间。

人们记忆中那些筛、簸、煅、磨的中药传统制药工艺，只能保存在那些药工的雕像上了。而那些小桥流水，花草亭台，不仅是供参观者使用的通道，更生动地表现了中医药“师法自然”“天人合一”的哲学理念。

这里还有一个看点，一个中药业宝贵的藏品，就是在这里仍然保留着一个用传统手工方式生产安宫牛黄丸的演示区，目的是为了让前来参观的人了解中药传统制作工艺。同仁堂在现代化的进程中，仍不忘保存可贵的中国传统医药文化遗产。

自然，天上不会掉馅饼，天上更不会掉现代化。这一切的取得，离不开先进的观念和勇于创新的实践。殷顺海董事长就明确提出“从工艺、工装、技术入手，多用机器少用人，降低‘五高’成本，提高管理质量”。

集团领导有与时俱进的先进理念，各公司领导也以新观念、新思想指导自己的工作。同仁堂股份公司现任总经理高振坤就非常强调技术进步的作用。的确，技术进步能够大大推进经济的发展和社会的进步。蒸汽动力代替了人力畜力，引发了第一次工业革命。电力和内燃机的广泛采用，引发了第二次工业革命。以电脑、网络、绿色能源和绿色产业为代表的第三次工业革命，更将极大地推进人类社会的可持续发展。具体到同仁堂这个三百四十多年的老字号来说，也是如此。中药业一直是传统的手工制造，但是随着技术的进步、社会的发展，中药业也要与时俱进。

同仁堂的乐家是最早开眼看世界的家族之一。早在许叶芬掌门时期，她就让乐达仁等人跟随清朝政府派驻德国的外交官，自费去游学，乐家三房的乐笃周等人曾在法国游学考察。这些乐家的子弟了解资本主义现代化大生产的情况，了解技术进步给产业带来的巨大推动作用。因此，达仁堂就首先采用了电碾等机械，以后四房共管的同仁堂也跟进，虽然当时只采用了一些简单机械，数量也不多，同仁堂的整体生产仍是手工状态，但总归标志着同仁堂在技术方面的进步，证明同仁堂的制药正在努力向现代化发展。

中华人民共和国成立后，同仁堂发生了巨变，在党和政府的号召和鼓励下，领导重视机械化生产，在可能的条件下，添置了一些机器设备。与此同时，同仁堂的员工也多次进行技术革新，自制了一些制药机械，不但节省了人工，改善了劳动条件，降低了劳动强度，而且提高了产品的数量和质量。但是由于当时中国的整体工业基础比较薄弱，同仁堂的资金、技术和人才也有限，这些机械设备的水平还不高，同仁堂的制药基本还处于半机械化半手工的状态。

同仁堂集团成立后，尤其是股改上市后，同仁堂重视技术进步，顺应以电脑、互联网、绿色能源和绿色产业为代表的第三次工业革命的兴起，更是借改革开放的好风劲吹，在集团领导的支持下，股份公司和科技公司都采用了大量先进的机械设备，除了国产的，还有从德国、日本、法国等地引进的多条电脑控制的自动化生产线。

科技公司位于北京亦庄开发区建设的生产基地，总面积达5万平方米，建筑面积3.5万平方米，有员工四百余人，共三个生产车间，即：片胶车间、丸剂车间、颗粒车间。公司为亦庄生产基地引进了现代化、自动化生产设备，以及现代化检测手段。其中最有特色的是科技公司的丸剂车间，它以生产六味地黄丸为主。这个车间采用的“丸药一次成型法”，其技术在国内处于领先地位。它的优势是工序少、用时短、噪音低、丸形好，通过对传统工艺的大胆变革，在降低人工成本和改善生产环境方面都取得了革命性的突破，同时也实现了生产能力的大幅提升。这是同仁堂突破传统、勇于创新的最好证明。它的另一个优点就是物料传送非常先进，它自始至终采用全自动输送，衔接紧密，损耗低，无污染。物料传送采用流水作业，这在同行业也处于领先地位。

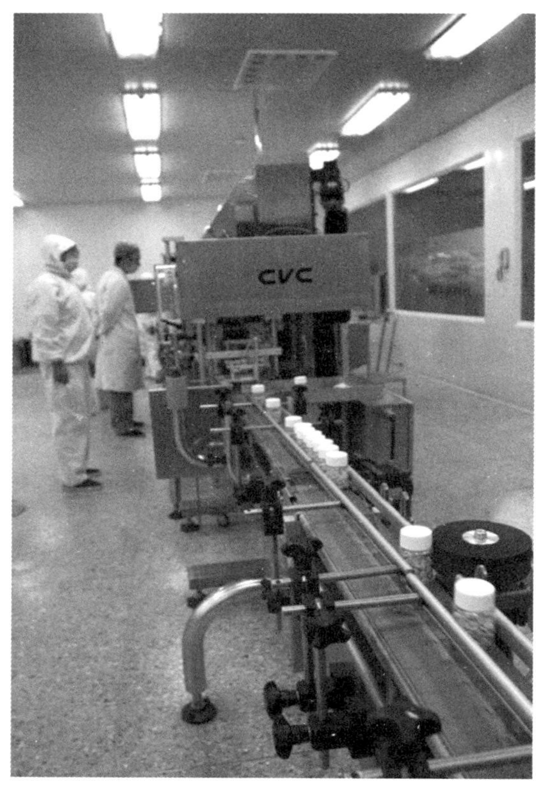

科技公司亦庄生产基地包装车间

自2011年4月1日起，国家规定，基本药物目录品种全部上电子监管码，科技公司的片胶车间是安装电子监管码的试点之一。根据国家要求，科技公司在亦庄分厂的生产线上配备了电子监管码设备，自此以后所有药品都会有一个条形码，这个条形码将会作为它的唯一身份证明，百姓们可以通过网络查到药品的相关信息，增加了药品的安全性。同仁堂为电子监管码的普及，为百姓的安全用药做出了应有的贡献。

由于中药生产有许多独特的工艺和要求，因此，有一些设备国外不生产，国内也买不到。那就只能发扬创新精神，与相关厂家联合试制。

股份公司（现为股份集团）在高振坤总经理为首的领导班子带领下，充分领会殷顺海董事长和集团领导关于多用机器少用人，和“降五高”的精神，解放思想，创新思维，把“降五高”从只是简单地节约一度电、一张纸、一个工时的一般认识提升到向技术创新、技术改造、技术进步发展，努力提高机械化、自动化水平以达到降低成本、减少消耗、节省人工、提高工效、保证质量的要求。最为突出的例子，就是蜜丸蘸蜡机的试制和推广。

蘸蜡是中药蜜丸包装的重要工序。药丸制成后，通常被用玻璃纸包好，再装进塑料壳中，然后在塑料壳上蘸一层蜡，目的是密封、防腐、防污染。过去是人工蘸蜡，劳动条件差，工人要在高温高湿环境中工作，原材料的消耗也大，还容易出事故。因此，蘸蜡如果能实现机械化，不仅会节省大量人工，而且会大大改善劳动环境，提高质量。因此，实现蘸蜡机械化、自动化，是同仁堂制药员工，尤其是蘸蜡工人的梦。

为了实现这个梦想，股份公司的领导、员工、科技人员敢于创新，配合厂家自主开发蘸蜡机。他们克服了重重困难，发挥自己的聪明才智，以坚忍不拔的精神先后开发了三代蘸蜡机，每一代都比上一代有进步、有改进、有创新。2009年第三代蘸蜡机最终试车成功，这样的一台蘸蜡机的产量可替代三台半手工蘸蜡锅的产量或总和五台手工蘸蜡锅的产量，而且产品质量更加稳定。从此，中药行业中的蘸蜡工序终于用上了先进的机器，并很快在系统内进行了推广。

截止到2012年底，同仁堂股份集团各分厂已安装蘸蜡机十四台，在生产中发挥了重大作用，提高了劳动生产率、减轻了职工劳动强度、降低了生产成本，产品质量有了更可靠的保障。殷顺海董事长“多用机器少用人”的指导思想也落到了实处。

现在，股份公司和科技公司都用上了“大孔树脂吸附”“超微粉碎”“流化床造粒”“喷雾干燥”等先进技术。仅这两大公司就有二十五条电脑控制的自动生产线，而且都通过了GMP论证，有的通过了伊斯兰教协会的清真哈拉认证，有的还通过了澳大利亚TGA、日本厚生省认证，这意味着这里的产品不仅可以畅销国内，还可以远销海外。

回望同仁堂股份公司和同仁堂科技发展公司的道路，从上交所的鸣锣上市，到在香港创造的“同仁堂模式”；从多种现代化设备的引进和创新，到多种新剂型的成功开发，尤其是在亦庄国家级高科技开发区建立生产基地，这表明中药业已经进入了高科技领域。

如果说股份公司主要是发扬传统，继承经典；科技公司更多的是体现了产品，尤其是剂型的创新。那么“1032”工程中的北京同仁堂健康药业有限公司体现的就是观念创新。

中医向来主张“治未病”。《黄帝内经·素问》中就有“是故圣人不治已病治未病，不治已乱治未乱，此之谓也”的论述。在老乐家的时代，广大人民群众生活贫困，许多人挣扎在生死线上，连温饱都不能保障，生了病是能扛就扛，不得已才去求医问药，哪里顾得上“治未病”？解放后，人民生活水平有了很大提高，医疗条件也有了极大改善。但是由于经济发展水平的限制，老百姓还没有更多的能力“治未病”，也就是说没有形成保健品的市场。

改革开放后，人民生活水平有了很大提高，加上社会形态的转型，以及人们思想观念的变化、医疗制度的变革等因素，“治未病”的保健类药品，有了很大需求。国务院发展研究中心的专家们正是根据这些变化，为同仁堂拟定了“发展生命健康产业”的战略定位。同仁堂集团领导根据这一战略定位，决定把建立同仁堂健康药业公司列入“1032”工程。

“北京同仁堂健康药业公司”是由同仁堂集团和香港商人俞俊先生合资经营的公司。公司坚持同仁堂集团“独立运行、各有侧重、资源共享、整体发展”的原则，以高新技术为主导，进行产品开发。产品涉及传统中成药、参茸饮片、滋补类保健食品、普通营养食品在内的完备产品品种，而且许多产品都有所提高，有所创新，如公司开发的短肽类产品，不仅营养丰富，而且易于吸收，有利于病人康复。即使是传统产品，健康药业公司也秉持着同仁堂的传统，坚持用地道的药材。如西洋参用美国威斯康辛州的产品，并且与那里的参农组织签订了世界上最大单的西洋参供货协议。

北京同仁堂健康药业公司不仅在产品线上体现了健康产业的新概念，它的管理也体现了先进的理念。可能很少有人想得到，一家中国传统色彩浓郁的国药公司居然与世界顶级的IT业巨头IBM结缘了。他们共同合作，建立了一套先进的ERP系统，ERP系统是建立在信息技术基础上，以系统化的管理思想，为企业提供决策运行手段的管理平台。它对于改善企业业务流程、提高企业核心竞争力具有显著作用。

健康药业的生产、仓储、物流、交易信息都交由这套系统进行处理。不管哪一个终端店的销售员用POS机售出的药品、数量、价格都自动输入到系统中进行处理。不管这位销售员是在健康药业在广州的门店，还是在成都的旗舰店，管理层都可以在北京的办公室里，通过电脑看到这笔交易。这与老中药铺用戥子称药、用算盘算账的情景，真可谓是天壤之别。

ERP项目不仅是庞大的系统工程，更体现了先进的管理思想。同仁堂健康药业股份公司已经成为同仁堂效益最好的企业之一。

而促成这种建立在高科技基础上的现代管理体制，却是当初的尴尬。2002年，同仁堂南洋药业改制为北京同仁堂健康药业有限责任公司，主打健康产品。凭着同仁堂良好的信誉，健康药业公司很快在市场上占有了一席之地。为了进一步发展，公司需要建立起稳定的销售渠道和网络。于是他们就按照当时的通行做法，找代理商经销。经销商们一听是同仁堂麾下的公司，个个都劲头十足，大有不拔头筹不回头的劲头。可是和健康药业细谈之后，他们又一个个如霜打过的茄子一样，没有一点儿精神气了，对代理一事连提都不愿提了。这是为什么？健康药业公司的人弄不明白，就向经销商请教："是不是我们同仁堂的名气还不够大？"

"同仁堂的名气还不大吗？要不是冲着你们名气大，我干吗起大早地往你们这儿跑呢？"

"那是我们的药质量不好？"

"质量没得说！搁在一百年前，皇上都吃你们的药。现在好些顾客也是非同仁堂的药不买。"

"要不然就是价钱不合适？可我们是货真价实。"

没想到经销商竟说："就因为你们是货真价实才不好卖呢。"看到健康药业的人一脸迷茫，经销商又说："你们的药倒是货真价实，可是留给我的利润空间有多大？别看有的药厂货不怎么样，有的甚至是货虚价高，可是留给我的利润空间大啊！我们推销人家的药能赚五分、七分甚至成倍的利，推销你们的药只能赚两三分利。你们说，我会推销哪家的药？还别怪我们见钱眼开，我们是企业，企业就得追求利益最大化。"

那个经销商说的还真是实情。一些经销商以"追求利益最大化"为最高信仰，哪个品种利润大，就会在哪个品种上下功夫，哪个厂家给的所谓"好处"多，就努力推销哪个厂家的产品。而同仁堂讲的是"义利共生，以义为上"，绝不能乱加价，也不能乱给"好处"，这是同仁堂的根本，关系到同仁堂的品牌、信誉。不管是独资的还是合资的，不管是内地的还是外地的，只要是挂同仁堂的金字招牌，就得遵守这条金不换的经营理念。因此，同仁堂的药不能胡乱加价，利润空间没有人家大，经销商也就不会把同仁堂的产品当作重点推销了。

健康药业的人经过调研，还发现了代理制度存在着难以避免的四大弊端：一是回款难，有的经销商甚至千方百计拖欠货款；二是市场信息反馈慢，因为市场信息要经过代理商这个“二传手”，因此反馈自然就慢了，况且有些经销商反馈信息时常常有意无意地延误，在激烈的市场竞争中，这可是关系到胜负存亡的大事；三是市场难控制，如果经销商不遵守规则，做虚假广告等，最终损害的是同仁堂的信誉，而同仁堂是视信誉为生命的；四是很难甄别假药，经销商销售许多厂家的药，有些商家进药的渠道又很复杂，个别的甚至故意制假贩假。

经过这么一分析，他们得出结论：“自己的孩子自己养，自己的货物自己卖。”靠别人是靠不住的。路在哪里？路在脚下。于是他们决定：千条渠自己凿，万条河自己开，万丈高楼自己盖。也就是说，通过自己的努力，扎扎实实地建自己的销售网络。于是紧跟现代科技的健康药业公司，依托信息技术和网络技术创立了别具特色的直营终端销售。

这种销售模式是由上游向终端店直接供货，没有或很少有中间层，不仅有效地控制了销售成本，还可以杜绝假货的进入。由于这种销售模式没有中间商，不须给中间商留任何利润空间，因而不仅价格合理，而且能够保证药品质量。在开设终端店时，他们既积极又谨慎，既有发展的热情又有科学的方法，每开一个店都要进行认真的调研：市场前途如何，顾客流量如何，顾客购买力怎样等，都有详细的数据，并且实现了“统一形象、统一模式、统一价格、统一管理、统一服务”，因而成功率很高。

目前，同仁堂健康药业公司已经在全国拥有统一规范管理的专营店、店中店五百多家。这些店都装修得既有同仁堂的共性，又有自己的个性。既有让高端顾客感到满意的购物环境，又能让普通消费者感受到亲和力。健康药业公司在大型综合店（旗舰店）中还增加了中医坐堂等项目。这些做法使得同仁堂的品牌形象得到进一步提升，也让消费者可以方便、放心地购买到货真价实的产品。

一滴水可以反映太阳的光芒，从健康药业的发展中，人们不仅可以看到俞俊这种让传统借着现代科技翅膀高飞的新一代企业家，更可以清晰地看到同仁堂集团领导对未来的追求，和中医药健康产业如朝阳一般的前景。

当年同仁堂提出“四个突破方向”，其中很重要的一个方向就是开拓畅通无阻、四通八达的销售渠道。北京同仁堂商业投资集团就掌控

同仁堂大栅栏药店夜景

着同仁堂集团的主要销售渠道，连接着各门店，其中最有名的就是位于北京大栅栏的同仁堂药店。它就是传承了三百四十余年，挂过同仁堂老匾，曾是乐家祖遗共有的同仁堂老药铺。不过，它已经不再是那个下洼子门的平房，而是在旧址上建起的具有中国传统风格的商厦，美轮美奂，真正是旧貌换新颜了。

人们只要走近这富有民族传统色彩的大厦，就能看到悬挂着同仁堂广为使用的圆形“双龙戏珠”的店徽。这个店徽是同仁堂员工自己设计的。设计者为同仁堂制药厂美术设计师庄书英女士，她的设计灵感源自于同仁堂那圆圆的大蜜丸。圆，在中国传统文化中有团圆、圆满的喜庆含意。那包围在外面的圆形子母线，又如中国火漆印章。蜜丸蜡封是世界上最早的安瓿，在这里寓意同仁堂是健康、安全、精致的保障。

“同仁堂”三个端庄的正楷字，系出自著名书法家、国学大师启功先生之手。启功的祖上和硕和亲王曾经主政内务府，帮助同仁堂获得了供奉御药的资质。因此，由启功先生为同仁堂题写店名是再合适不过的了。

用“卷草纹”设计的“二龙戏珠”图案，表现了同仁堂与宫廷的深厚渊源和中药以动植物入药的特性，还有药到病除的意思，隐喻着同仁堂的药，配方独特、选料上乘、工艺精湛、疗效显著。那矫健、刚毅、威武、勇猛的双龙腾飞，象征着中医药“天人合一”的观念和中华民族蒸蒸日上、不断进取的精神。

现在，同仁堂的这个店徽不仅作为同仁堂的注册商标，为国人所熟悉，而且第一个被认定为中国驰名商标，受到《巴黎公约》《马德里协定》等国际条约的承认和保护。

北京同仁堂商业投资集团是于2003年成立的，2004年8月重组后，采用新的体制运行，也就是由商业公司收购连锁，用连锁的模式整合商业集团。集团由此得到了快速发展。没有多久，即有两亿以上的注册资金。商业集团门店的数量已经达三百七十五家，在全国二十四个省市自治区，九十五个地级市都有同仁堂商业集团的门店、精品店和旗舰店。此外，集团还有配送中心、物流中心等。商业公司不仅保证了同仁堂的血脉通畅，保证了顾客可以及时得到同仁堂配方独特、选料上乘、工艺精湛、疗效显著的药品，并且能够享受到善待顾客的同仁堂文化。

中医药能否走向世界，不仅关系中医药本身的发展，也是国家软实力的体现。中医药“天人合一”的整体观念、未病先防的保健养生理念、个性化的辨证论治、求衡性的防治原则、人性化的治疗方法、多样化的干预手段、天然化的用药取向，正逐步得到国际的认可。

现在，中医药已传播到一百六十多个国家和地区，中医药学术交流活跃，中医药文化逐步得到传播。但不可否认的是，由于文化、历史、医学传统的不同，中医药走向世界还面临着许多困难，还有漫长曲折的道路要走。

同仁堂作为中医药的代表，从来没有放弃过为中医药走向世界的努力。同仁堂集团领导，更是关注中医药走向世界，并且大力推动这项关系中国软实力的工作。为此，他们在“1032”工程中，组建了北京同仁堂国际公司和北京同仁堂（香港）国药有限公司。

同仁堂在海外的门店既有经典的同仁堂的产品，包括成药、饮片、参茸制品和保健品，又体现中医药“医药一体”的传统。各店都派有专业医生，这些精挑细选的名医，以精湛的医术和热情周到的服务在当地留下了许多佳话。

民间有一种传说“汤剂饮片鹤年堂，丸散膏丹同仁堂”，意思是说鹤年堂的汤剂饮片好，同仁堂的丸散膏丹好。其实，这样说很片面。鹤年堂的汤剂饮片固然不错，它的丸散膏丹也有自己的特色。传说当年戚继光抗击倭寇，鹤年堂专门赶制了一大批白鹤保命丹送给戚家军。戚继光为表示感谢，特为鹤年堂题写了“调元气”“养太和”，并被制成匾额悬挂店中。

而同仁堂的丸散膏丹有名，汤剂饮片也同样精良。同仁堂的古训“炮制虽繁必不敢省人工，品味虽贵必不敢减物力”几乎家喻户晓。从广义来说，“炮制虽繁必不敢省人工，品味虽贵必不敢减物力”是强调诚信为要，质量为上；从狭义来说，这“炮制虽繁必不敢省人工”是对饮片而言，“品味虽贵必不敢减物力”是指成药而说。也就是说，同仁堂无论饮片还是成药，质量都非常好。同仁堂供奉御药，既有成药，也有饮片。这在清宫廷档案中多有记载。

随着中医药的发展和人民生活水平的提高，饮片，尤其是精制参茸饮片，市场需求量越来越大。“1032”工程中的同仁堂参茸有限公司以参茸类贵细饮片及精包装类产品为特色，成为批发与零售结合，采用多种方式经营为特色的中医药企业。

安徽有个著名的古城亳州市，这里文化底蕴深厚，名人辈出，有许多文物引人流连，有许多传说引人入胜。更因为这里是华佗的故乡，中医药文化的传统非常深厚，不仅有许多有关中医药的文物，而且种植、经营中药材已经有两千多年的历史，所以又有人称其为“药都”。

这天，亳州来了一批北京同仁堂的客人。亳州的药农知道了这个消息，纷纷议论说：“从前祁州药市，也就是现在的安国药市有个规矩，同仁堂不到不开市，因为他们进货的量很大，资本雄厚。现在同仁堂又到亳州来了，咱们的药就不愁卖不出去了。”

“亳州自古是兵家必争之地，现在又是药厂必争之地。那些大客户把药价压一压，我们这些种药的、卖药的，就要亏很多；要是稍微往上抬一抬，我们又可以赚不少，不知同仁堂来了，咱们是赔还是赚？”

同仁堂到亳州不是来压价或抬价的，他们是到几个著名的药材种植地和交易市场进行考察的，而亳州只是他们考察的目的地之一。

此时在亳州，有一位叫徐广友的人，正翘首企盼着同仁堂的人到来呢。不过，他的心里也在打鼓。原来，徐广友开着一家药材企业，因为

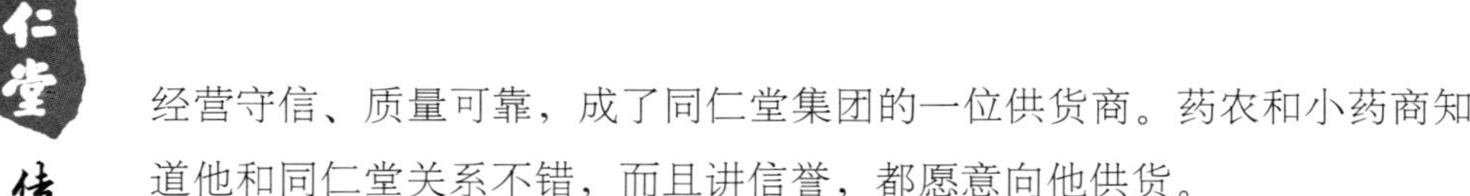

经营守信、质量可靠，成了同仁堂集团的一位供货商。药农和小药商知道他和同仁堂关系不错，而且讲信誉，都愿意向他供货。

徐广友是一个有经营头脑的人，看到与同仁堂的合作优势很大，饮片生意的前景又很好，就想扩大经营规模。可那时，徐广友的本钱不足，经营规模也太小，连“十几个人，七八条枪”都算不上，只能算散兵游勇。贷款吧，少了不顶用，多了拿什么做抵押？他深感自己力量单薄、资金不足。

想来想去，他想到了同仁堂，于是，他带着试试看的心理，壮起胆子向同仁堂集团领导提出了自己的想法：双方合作，利用亳州的优势，扩展在饮片方面的生产和经营。让他没有想到的是，同仁堂集团领导竟然很爽快地表示，要到亳州来考察。这个考察会有什么结果呢？同仁堂同意合作吗？想和国字号大药企合作，不会是异想天开吧？他心里难免打鼓。

同仁堂集团在亳州进行了认真、细致、深入的考察。他们看到这里中医药文化底蕴深厚，历史传承悠久。这里的道德中宫，又称老子行宫，始建于东汉延熹八年（165年）。《史记》记载：“老子者，楚苦县历乡曲仁里人也，姓李，名耳，字伯阳，又字聃。”苦县，即属古亳州境。老子创立的道家思想对中医药的形成和发展影响极大，“天人合一”的思想、“治未病”的理念，都与道教有关。据说，唐玄宗、宋真宗等皇帝都曾经在道德中宫祭祀过老子。

在亳州市区西南的陈庄，有道教大师陈抟旧居。陈抟，号扶摇子，生活在五代和宋初时期，亳州陈营（今属亳州市）人。据说曾先后在武当山、华山修炼。后唐、后周的当朝者曾给他封官许愿，可是陈抟不愿走仕途，拒不当官，而是潜心修行炼道，研究学问。同仁堂有一成药，名为“打老儿丸”，就和陈抟有关。

传说有一次，陈抟走过青城山下，看见一位三十来岁的妇人，快步如飞，手持木棒，在追打一位百岁老人。陈抟气愤不过，质问妇人说：“你为什么打老人？真乃大逆不道！”

不想，那位妇人说：“他是我的重孙，我五百多岁，他才一百多岁。因为他不肯吃我们祖传的仙药，老态龙钟，成了这副样子，所以我要打他。”

陈抟一听，赶忙跪拜求药。此药从此就被命名为“打老儿丸”。当然，“打老儿丸”并无返老还童、永葆青春的功效。它的主要功能是治五痨七伤、阳气不举、小便频数、眼目昏花、腰膝疼痛，又名“延寿丹”，因为它的功效不错，才被传神了。

亳州的“华佗庵”，远近驰名，香火久远。相传曹操杀了自己的同乡、名医华佗后，头疼病愈发严重，无人能治，他悔恨不已，才建了这座庵堂，一来是痛悼华佗，二来也想为自己洗刷罪过。现存建筑主体是清嘉庆二年（1797年）遗物。二十世纪五六十年代，著名历史学家、中国科学院院长郭沫若曾经为其题名“华佗纪念馆”。

因为亳州既是华佗故乡，也是曹操的桑梓之地。关于他们，这里有许多故事在民间流传。有一则传说是，曹操写了一首诗，要考考华佗，那诗是：“胸中荷花，西湖秋英。晴空夜珠，初入其境。长生不老，永远康宁。慈母获利，提防家人。五除三十，假满临期。胸有大路，军师难混。接骨妙手，忠诚老实。不能缺枝，药店倒闭。”

华佗看后微微一笑，一口气道出了曹操诗中隐含的十六味中药的名称，它们是：“穿心莲、杭菊、满天星、生地、万年青、千年健、益母、防己、商六、当归、远志、苦参、续断、厚朴、白术、没药。”曹操一听，大为赞叹，连说：“华佗真乃奇才也。”这虽然只是传说，但也从一个方面印证了中医药文化在亳州民间有着深厚的传统。

对同仁堂的考察者来说，更为重要的是，这里种植的药材质量好、数量大，又是全国闻名的药市，在这里可以大有可为。当然，此时的亳

亳州普通饮片产品配货区

州也有不足。主要是：药材大都是生药，没有经过加工，附加值低，缺少过硬的品牌。如果和这里的企业合作建立饮片厂，再凭借着同仁堂的品牌，不仅会带来可观的效益，还可以提高当地药材的附加值。

与亳州的合作，对同仁堂也是有益的。同仁堂集团在通县有个饮片厂，可是这个饮片厂刚建成，就面临着亏损的局面。因为当时乡镇企业如雨后春笋般发展起来，通县饮片厂虽然设备好、工艺先进、产品质量好，却难以和那些劳动力低廉、且几乎不受任何规则约束的乡镇企业争夺市场。因此，在股改上市后，便转产小儿清脾丸、小儿清肺丸、清音丸等成药了。

不过，同仁堂集团的领导非常清楚，饮片市场前景看好，因为药厂、顾客都需要它。虽然通县的饮片厂转产了，但无论是为了尽自己的社会责任，还是为了企业盈利，同仁堂都要加强饮片的生产和销售。他们考察亳州的目的之一，也是要了解亳州是否适合同仁堂开展饮片的生产，其中也包括考察与徐广友合作的前途。

经过认真的考察和论证，同仁堂集团领导决定，就在亳州这个“药都”做文章。亳州是著名的药材产地和市场，在这里建饮片厂不仅可以充分利用当地的优势，还可以发挥同仁堂在饮片炮制方面的长处，提高产品的质量和档次。而同仁堂的品牌，将大大提高产品的知名度和信誉，对当地发展经济也有很大好处。

同仁堂经过考察后认为，这里的民营企业家徐广友和同仁堂有着长期稳定的合作关系。他守诚信、讲信誉，是可以信赖的合作伙伴，加强彼此之间的合作是会有前途的。徐广友更是激动，他虽然提出和同仁堂合作的要求，但并没有抱多大希望。和同仁堂这个药业龙头老大比，自己不过是小打小闹而已。

再说，亳州有不少经营中药材的商家，有实力的、成规模的也不只

北京同仁堂（集团）有限责任公司总经理梅群为中国亳州药市开市鸣锣

是他徐广友一家。怎么同仁堂就选定了自己？当他明白了同仁堂集团领导更看中的是他讲诚信、讲质量时，他表示，一定要按同仁堂文化的要求去做，把企业经营好。

由此，同仁堂开辟了与一个地方民营企业合作的新路，这不仅是一个互利双赢的合作，更是同仁堂在体制和机制创新中，开创出的一个崭新的模式。这种合作对同仁堂以及地方经济的发展都起到了促进作用，受到了亳州药农、企业和地方政府的欢迎。

这一年，亳州新建的药市上人如潮、车如流，各方客商都聚集在这里，人们好像都在等待着什么，期望着什么。

突然，一声锣响，如春雷惊世，亳州药市立刻欢腾起来。原来，是同仁堂集团总经理梅群代表同仁堂敲响了亳州药市开市的铜锣。因为同仁堂的名望、影响和对亳州经济的贡献，亳州药市立了一个新规矩：同仁堂不到不开市，开市必由同仁堂鸣锣，并且还专门建起了鸣锣开市的亭子。

现在，亳州药市年交易额都在100亿元以上，成为当地富民强市的重要支柱。有人赞誉亳州“数天下药都，药材天地，岐黄事业，此城最古；量人间风采，神医故里，医药文化，吾地独优”，从中也可以看到同仁堂集团做出了一个正确的决策。

与亳州合作的是同仁堂药材公司，总经理叫王志举。

同仁堂药材公司的前身是北京市药材公司北城批发部，二十世纪九十年代末，随着市场经济的兴起，以国营为特色的京城药材批发部已十之八九亏损，并逐步退出药材批发行业。在2003年年底同仁堂药材公司成立时，北城批发部已停业三年多。重新开张的药材公司如何在市场中谋得一席之地？同仁堂集团公司决定率先在药材公司创新机制，建立股份制公司，引进民间资本。这是一个相当大胆的举措。2003年7月，同仁堂药材公司正式注册成立，同仁堂集团公司占股80%，同时还引进四个自然人投资，别小看了这四个人，他们都是在安徽亳州长期从事饮片生产和销售的行家。

北京同仁堂中医医院外景

销售是一个公司的核心。激活销售的积极性就等于激活了公司的“心脏”。2004年3月，多年从事药材销售的北京同仁堂股份有限公司副总经理王志举被调到药材公司任总经理。

一到公司，他发现销售部门的工作人员都在办公室里坐着待着，等着客户上门订货。王志举一了解，发现主要问题还是销售人员收入实行大锅饭，完不完成任务都是这么多工资，因此大家积极性不高。公司立刻制定了新的销售制度，对销售人员实行岗位工资，让他们的收入完全与销售额挂钩，多销多得。

总经理还与每位销售员签订了销售任务合同，每月考核，每季评议一次。三个月完不成任务，总经理就要给办学习班，进行为期两周的培训，培训内容包括营销技巧、原因分析等，培训合格后才能重新上岗。如果培训后仍然完不成任务，公司就会实行末位淘汰。这种奖得高、罚得狠的制度极大地调动了销售人员的积极性。一位曾经因完不成任务而接受培训的销售员去年成了销售探花，超额完成任务。2008年，公司销售人员年收入多的超过十万元，少的只有三四万元。

2008年12月29日10时32分，在一片洋洋喜气中，殷顺海董事长、梅群总经理以及匡桂申院长，共同启动了北京同仁堂中医医院的正式开业活动。以此为标志，“1032”工程宣告全部胜利完成。北京司仁堂中医医院是由同仁堂集团全额投资、独家创办的一所中医院，具有鲜明的同仁堂中医药文化特色。

“1032”工程的完成，标志着同仁堂集团基本上完成了从传统企业向现代企业的转变，从前店后厂的手工操作向现代化大生产的转变，从生产经营型向资本经营型与生产经营型相结合的方向转变，从粗放管理向集约化管理的转变，基本形成了跨地区、跨国界、跨所有制的开放经营的新格局。

但是家大业大了，如何管这个家就成了对集团领导团队的考验。管理一个三四口人的小康人家和管理人口众多的钟鸣鼎食之家是大不一样的，又像骑着一匹骏马飞奔和赶着一群烈马前进也是大不一样的。

集团领导经过实践和探索，为“1032”工程内的各企业制定了“独立运行、各有侧重、资源共享、整体发展”的原则。也就是说“1032”工程的各企业和单位，各有发展特点和空间。其中的十大公司不分大小，地位平等。在集团的领导下，同仁堂品牌的无形资产可以共享，领导干部可以互相交流。

这个原则既顾及到各企业的个性，又保证了集团的整体发展，在运行中取得了良好效果。它的实施是符合同仁堂自身发展特点和规律的，是同仁堂保持长期稳定发展的基础和平台，同仁堂因而实现了质的飞跃。十大公司如十条金龙，而两个基地、两个中心、两个院犹如六只彩凤，真可谓“十金龙同闯深海，六彩凤共展双翼”！

五、战“非典”众志成城，抗病魔凸现爱心

世上没有平坦的路，同仁堂在实施“1032”工程中，也遇到过种种考验。最让人难忘的是2003年突来的“非典”。这年春天，一场突如其来的疾病，袭击了中国内地一些城市和我国香港、台湾地区。因为此病没有“前科”也就没有“案底”，就是说，它是一个新冒出来的“妖孽”，人们对它的前世今生还很不了解。于是有医生称它为“非典型性肺炎”，简称“非典”，国际医学界则将它定名为SARS。

这是一种传染性强、死亡率高的呼吸道传染疾病，且没有特效药防治。更为严重的是，因为它的传染性强，所以对与病人接触密切的亲属和医护人员的威胁很严重。因此，在“非典”初起的一段时间，群众几乎到了谈虎色变的程度。

医学界虽然对传染病、细菌和病毒有相当的了解，但“非典”爆发突然，现代医学甚至来不及查出“真凶”，是细菌作恶，是衣原体捣乱，还是病毒行凶？一时竟陷入了迷茫中，自然也就御敌乏术了。而“非典”的症状以中医的理论来看，是明显的“热毒”，可以用清热解毒、芳香化湿、补气生津的药物进行防治。

根据这一认识，北京中医药大学东直门医院的姜良铎大夫开了一服预防“非典”的药，它们是：苍术、藿香、银花、贯众、黄芪、沙参、防风、白术，中医药界当时称为“姜八味”，又称“八味方”。

中医药是有效的，这是中国的老百姓祖祖辈辈从亲身经历中得出的结论。他们信任中医药，对中医药有着深厚的感情，也因此把预防“非典”的希望和家人的平安寄托在中医中药上。于是，社会上就形成了争相购买“八味方”的高潮。同仁堂获得了北京市药监局批准，开始出售“八味方”的饮片，并且生产“八味方”代煎液。为了让人民群众得到效力好、方便服用的抗“非典”药，殷顺海董事长决定，动用集团最好的设备生产“八味方”代煎液。

那是2003年4月份的一天，正在生产国公酒的同仁堂药酒厂突然被告知，集团领导决定，停产国公酒。药酒厂的员工们刚听到这个通知，不免一愣。要知道，国公酒有散风祛湿、舒筋活络的功能，可用于风寒湿邪闭阻所致的痹病，治疗关节疼痛、沉重、屈伸不利、手足麻木、腰腿疼痛。而且它的经济效益也非常好，是同仁堂的主打产品，一年就有上亿元的销售额。为什么突然要停产了呢?

国公酒又称史国公浸酒，关于它有这样一段传说。明崇祯十七年（1644年）冬天，清兵大举进军，占领北京。明福王朱由崧在南京建立南明王朝，兵部尚书史可法率军开往江北御敌。当时正值冬日，雨雪交加，寒风刺骨，由于长时间驻扎在阴冷潮湿的环境中，许多将士都感到筋骨疼痛、腰膝酸麻、行动吃力。以这样的状况，怎能抵抗清军?

虽然史可法也曾遍请名医，也用了不少药物，却不见效果。史可法心中万分焦急。正在此时，一位鹤发童颜的老人，求见史可法。老人道：“老朽虽只是一走方郎中，医术平平，但也通晓保国护民的道理。听说大人和众将士因风寒招致腰腿疼痛，特来献个单方，可以驱风散寒，强身健骨。”说着便从怀中掏出一张药方来。其中有：当归、羌活、防风、独活、玉竹、鳖甲、白术、牛膝、藿香等药物。老人还将这些药物的炮制方法一五一十地告知了史可法，并叮嘱说，一定要制成药酒，效果才好。

史可法照老人所嘱，依方抓药，制成药酒，让将士们服用，果然大见神效。人们便把这种酒称为史国公浸酒，以纪念史可法。

不过，这只是传说而已。史国公浸酒在明朝的医书《证治准绳》中即有收载。《证治准绳》于明朝万历三十年（1602年）出版。较史可法抗清的年代要早约四十年。史国公浸酒在宫廷贵族和人民群众中广为饮用。到了清朝又经太医院将此方整理加工，道光年间转到御药房，并由同仁堂专行配制，定名为国公酒，估计原因是史可法乃抗清英雄，对文字管制甚严的大清王朝岂能容得？同仁堂后来又将此方多次改进，成为同仁堂的名药之一。现在，同仁堂的国公酒严格按照国家药典配方生产，但又运用自己独到的工艺，因而药效更佳。

就在大家正为停产国公酒感到困惑时，同仁堂集团公司总经理梅群告诉大家，停产国公酒，是为了扩大抗“非典”药的生产。看到有的员工还在犹豫，梅群总经理就开导他们：“现在是抗击‘非典’时期，为老百姓排忧解难，防病治病，不就是‘同修仁德，济世养生’吗？这可是咱们的企业精神。”员工们一听此言，二话不说，不仅迅速投入到“八味方”代煎液的生产中，而且加班加点地干。

由于抗“非典”形势严峻，即使把国公酒停产，改产抗“非典”药，仍然不能满足需要。怎么办？集团领导班子成员商议后决定，停产科技公司的“财源”——生脉饮，转而生产“八味方”代煎液，而且一停就是两个月。生脉饮有益气、养阴生津的功效。常用于气阴两亏、心悸气短、自汗等症，效果好，服用方便，深受患者欢迎，给同仁堂科技公司带来了可观的效益。但是，为了帮助人民群众抗击“非典”，同仁堂集团领导和科技公司的干部、员工毅然停掉了生脉饮生产线，转为生产抗“非典”口服液“八味方”。

在抗击“非典”的那些日子里，同仁堂各门市部从早晨四五点钟开始，顾客就大排长龙。最典型的是大栅栏的同仁堂门市部，也就是同仁

2003年春天，顾客在大栅栏门店排长龙购买预防“非典”中药

堂最古老的门店，购药的队伍蜿蜒不断，一直排出了大栅栏东口，粗算一下足有五百米长，总人数在千人以上。

为了满足顾客的需要，同仁堂的职工们不顾劳累，加班加点。有人甚至因此累得旧病复发、腰背酸痛、双腿发肿。几乎所有人都顾不上吃饭睡觉，还要千方百计打消顾客的各种疑虑，甚至要忍受某些带有偏见、相信传言的顾客对他们的冷嘲热讽。

在北京的某个门市部，曾经出了这样一件事。

顾客排着长队，神色急迫地等着买药。突然经理对大家宣布说：“对不起，现在这药不卖了。”

一石激起千层浪，顾客一下子就“炸锅了”。

“怎么能说不卖就不卖了？现在‘非典’这么厉害，你们有药不卖，是不是想等着涨价？”有眼睛尖、心眼多，却有失稳重的顾客指着柜台里成堆的药，像是有了什么发现似的大喊。

这下，顾客们情绪更加激动，有人开始了“合理想象”：

“肯定是要巴结哪个当官的！”

“要不就是想倒卖给哪个大户，又赚钱又省事，还能拿回扣！”

更甚的是，有人竟说：“他们当然不着急了，他们是近水楼台先得月，自己早吃了药了。”

这话可是太冤枉同仁堂的职工了。当时无论在哪家门店，同仁堂的员工都恪守一条原则——先大家再小家。所以他们虽然守着堆积如山的抗“非典”药，却是坚持优先满足顾客的需要，根本顾不上为家人买药，自己也没有吃过一服药。

虽然这位顾客的话深深刺痛了同仁堂的职工，可是经理和员工还是千方百计地抚慰顾客。直到他们的情绪缓和了一些，经理才解释：“真是对不起，现在抗‘非典’的药材供不应求，有人送来一批藿香，可是经过查验，不符合我们同仁堂的质量要求。藿香是抗‘非典’的主药，不能以次充好。我们集团领导有指示，抗‘非典’药物，不仅要保证供应，更要保证质量。因此，我们才决定停售。我们已经另外去调符合标准的藿香了，马上就能送到，耽误了大家的时间，我向各位道歉。同时我也再一次向大家保证，我们同仁堂保质保量供药，而且绝不加价。”

听了这样的解释，顾客的态度立刻就变了，他们都说：“您这么一解释，我们就明白了。”

不过，顾客并不知道，这“绝不加价”背后，却是同仁堂集团领导一系列感人的决策和举措。

在“非典”时期，与抗“非典”有关的药品销量大幅增长。一些不法商贩趁机哄抬物价。有人不了解同仁堂，也议论说：“一闹‘非典’，这药价哪怕涨一分、两分，同仁堂也能赚大发了。”

“对呀，市场经济嘛，就得抓住‘商机’，过了这村可就没这店了。”

可殷顺海他们是怎么对待“商机”的呢？那时，采购人员打来紧急电话说：“抗‘非典’的药材都涨疯了，金银花平常每公斤不超过二十块，现在涨到了300块。我们到一个县级市采购，就因为这儿是抗‘非典’药材的集散地，一天就出一个百万元户。我们请示一下，药材涨成这样，咱们买还是不买？”

这位采购人员说的确实是真实情况，金银花后来竟涨到每公斤四百元。但是集团领导的回答斩钉截铁：“买！涨价也买。保证供应是咱们对社会的承诺，既然是承诺，就一定要兑现。”

这时，销售部门的负责人又来请示了：“药材涨成这样，咱们的药怎么办？‘八味方’代煎液每瓶售价是12块。如果不涨价，咱们卖一瓶就得赔两块。根据这情况，市场需要量怎么也得上百万瓶。那咱们可赔得太多了。”

情况确实是这样。当时确有一些商家，或者因为药材涨价，成本增加，实力不足，难以为继；或者本来就是想趁机“发国难财”，于是就明明暗暗地涨价。这种行为被政府制止后，他们就停产停售，顾客对此非常不满。

而集团领导却斩钉截铁地回答：“咱们同仁堂不能涨价，一分钱也不能涨！”同时还要求：“不仅不能涨价，还要保证供应，不能断货。”

在这场抗“非典”的战斗中，同仁堂销售“八味方”199万服，代煎液100万瓶，而且自始至终保证供货，没有涨价。当时，全市“八味方”的供应量是800万服，同仁堂就占了三分之一。为了人民群众的健康，同仁堂非但没有利用“非典”这个“商机”大赚一笔，反而净赔了600万元。如果加上停产、停售其他利润高的产品的亏损，还远不止这个数目。

同仁堂能赚到的没有赚，反而赔了钱，有人问殷顺海，你们为什么要这样做。殷顺海说：“同仁堂虽然没赚到钱，但在这场抗‘非典’大战中，同仁堂的社会责任感得到了广泛认同，这是用多少钱都换不来的。”

同仁堂抗击“非典”的表现，也得到了广大人民群众的认同。他们说：“到底是同仁堂，保质保量，还不加价，如今是市场经济，能这么做可真不容易，到底是国有企业，又是老字号。”

“现在有人老说国企这么不好，那么不好。可是到了关键时刻还是得看国企的。”

抗击“非典”时期，同仁堂员工的付出是巨大的，而且他们甘当无名英雄，除了默默奉献，没有讲条件，没有摆困难，更没有任何抱怨。有的人家里还有即将奔赴抗击“非典”第一线的医护人员。在当时，这是十分危险的工作。北京曾有多名医务人员牺牲在抗击“非典”第一线。因此，和即将奔赴第一线的亲人见一面，很可能就是生离死别。可是，这些同仁堂的员工却坚持在第一线工作。

集团领导班子成员们深深地知道，员工们为企业，为社会做出了贡献，甚至做出了牺牲。于是他们亲自登门去慰问自己的员工，还给他们送去了营养品。过去，都是同仁堂的员工为他人生产、销售营养品，现在，他们看到集团领导和公司领导带着营养品登门慰问自己，既感到激动，更感到亲切。而领导看到员工在抗“非典”中，因为站立时间过长而肿胀的双腿，因为劳累过度而难以挺起的腰板，因为打包捆药被磨破的双手，也被深深地感动了，提出了一个口号：“善待员工！”

“这个口号好！”同仁堂集团领导团队的成员们都赞同这个口号，“它提醒咱们办企业要继承同仁堂文化的核心，发扬仁爱精神，以人为本。”

“这个口号好！”同仁堂的专家们也赞同这个口号，“同仁堂在历史上讲的就是一个‘仁’字，仁者爱人，爱就是善嘛。”

“这个口号好！”同仁堂的员工也赞同这个口号，“其实这些年，集团领导就是这么做的，咱们不是都有切身体会吗？”

口号，它可以指明奋斗的目标和方向，也可以激励斗志，鼓舞人心。但是到某些人那里，也可以是一种只喊不做的装饰品，或是脱离实际，头脑发烧的“导火索”。但是在同仁堂，“善待员工”的口号却是来自于集团领导成员们对员工们的真情。

六、一个决定振聋发聩，三项承诺感人至深

说到“善待员工”，同仁堂的员工更是难忘当年“母体脱困”时期的那一幕幕场景。那时，为了让同仁堂“母体脱困”，集团领导团队可称得上是大刀阔斧，他们解散了四十三个“三产”小企业，又将南城批发部、北城批发部等进行了托管。有人说，这是集团领导敢于挥刀断腕，大胆改革才能结出的硕果；有人说，慈不掌兵，必须有铁石心肠，才能写出这样的成功篇章。他们说的不无道理。可是他们一定不知道，在这个过程中，领导团队曾经做过一个非常感人的决定。

原来，无论是解散四十三个“三产”小企业，还是托管那些老大难的企业，都要遇到一个躲不过、绕不开的问题——这些企业的员工怎么办？这些企业加起来有两千多名员工，相当于一个中型企业的人数，企业要改制了，要解散了，这些员工的饭碗怎么办？当时在社会上有一个处理这种问题的通用模式，就是减员增效。虽然减员的名目不一样，有的是买断工龄，有的是提前退休，有的干脆只用一张辞退通知书，就把人打发了，但不管哪种方式，其实都一样，就是让员工下岗，说好听些，叫自谋生路；说不好听的，就是推出了之。

如果同仁堂也这样做，不会有人对他们说三道四。因为在当时的媒体上，肯定减员增效的报道甚多，并称之为改革的新举措。

那时，有可能下岗的员工都在担心自己的命运，有人回忆当时的情

况说："我们哪儿有心思工作啊！觉得真是有今儿没明儿了。"

他们当中有不少人甚至开始琢磨下岗后的出路。有人想去卖包子，因为媒体上曾有下岗工人卖包子谋生的报道。可是他们又担心，自己又不是"狗不理"出来的，做的包子有人要吗？再说，那么多下岗工人，要是都去卖包子，也不可能有那么多顾客呀！

有人说："不就下海吗？人家能下海，咱们就不能？要是下了岗，咱们也开公司去，现在好些公司不就是'一间屋、挂个牌儿、一个总经理、两个小屁孩'吗？这有什么难的！"

"您还别这么说，那些皮包公司都是天桥的把式，靠耍嘴皮子蒙人的。咱同仁堂的人从来都是讲诚信的，哪儿干得了那种忽悠人的事！"

也有人说："要是条龙或是条鱼，下海当然好了。可咱是属兔子的，一辈子就是和草根树皮打交道，别的也不会。下海还不淹死！"

"要不，咱学点儿本事，比如电脑打字什么的，那可是高科技呢！"

"您这主意不错。可是现在干这个的都是小姑娘，心灵手巧。您都奔五十去的人了，就是学会了，您也拼不过她们呀。"

其实，这些员工着急，集团领导比他们还着急。殷顺海说，那时他天天都为这个问题困惑："这些穷兄弟们怎么办？"他认为："让员工下岗就证明你这领导没有本事！要是一个企业领导者连职工都养活不了，让人家到社会上找工作去，这一点从哪儿都说不过去。首先说明你这领导不成，你没有把企业领导好。"

领导团队成员们认为，改革的目标是不能保留大锅饭，但是更不能让愿意劳动的人没有饭。员工稳，企业才能稳；员工稳，社会才能稳；员工和企业都稳，社会才能和谐。

在当时，还有一个很重要的因素需要考虑：那时的失业保险、医疗保险都很不健全，这些员工年纪都比较大，不仅拖家带口，有许多人还有这样那样的疾病，把他们推向社会，叫他们自谋生路，他们能有安全感吗？社会能安定吗？

在殷顺海的建议和主持下，同仁堂集团领导经过缜密的调研和论证后，做出了一个惊人而又感人的决定：不让一位员工下岗！

当这个决定在职代会上宣布后，那些原本以为自己要被下岗的员工心情激动，有的甚至热泪盈眶。

这个决定是很不容易做出的，在当时的形势下，这可是“逆袭”。要知道，有一个上级单位还给他们定了一个二百人的下岗指标，可集团领导硬是顶住了。有一位领导在视察同仁堂时，既是爱惜又是责备地对他们说：“你们怎么也得下岗二百个，现在给你们这么好的条件你们不用，以后要后悔的。”

那时，同仁堂集团领导还有一个无形的巨大压力：不让一位员工下岗，就要保证这些员工有工作，同时企业还要做到既不减员，又要增效。领导团队又创新了一个政策，这就是“转岗不下岗”。

同仁堂集团顶住各种压力，以大胸怀、大气魄、大手笔做出一个决定，拨巨款对转岗职工进行培训，让他们学电脑，学在新岗位上需要的新技术、新本领。经过一段时间的培训，那些需要转岗的员工都胜任了自己的新工作。同仁堂没有让一位员工下岗，没有把一个职工推向社会。

同仁堂的领导对员工好，员工们也知道用工作中的业绩回报企业。转岗职工孙丽平就激动地说：“企业扛了下岗职工的债，我们必须拼了命干，回报企业的不弃之恩。”

她不仅这样说，更是努力去做。到2011年，她已经成了同仁堂某公司的北京区域主管。她负责的地区，销售额从刚刚改制时的两千万元增加到2011年的四亿元。

老职工邹本诚已经五十七岁了，原来是装卸工、汽车司机。2005年转岗到同仁堂科技公司物流配送中心后，担任巷道设备维修工。他虽然只有初中文化，但是他肯钻研，善学习。他年轻时喜欢琢磨半导体，什么晶体二极管、晶体三极管，都搞得门儿清。转岗后，为回报企业，他在原有知识的基础上，又努力学习新技术，并且自己垫付材料费，发明了仓储堆垛机自动遥控装置。

堆垛机原本是人工开动，物流中心有十三台堆垛机，这十三台堆垛机的直线距离为一百五十米，人工开机需要走十三个来回，花费二十分钟，还要横跨输送机和货架。堆垛机开机时会进行自检，如果自检通不过，操作人员还要返回，进行检测，费时、费力还不安全。因此，这十三台堆垛机就二十四小时不断电。可是这样一来，一是不符合设备要求，二是增加了不安全因素，三是每年要多耗费一千五百度电。而设备的寿命要减少五到六年。

现在有了邹本诚发明的自动遥控装置，只要跑一趟来回，花费三分钟就行了。不仅大大减轻了劳动强度，提高了效率，还降低了电耗，延长了设备寿命，消除了安全隐患。

这样的实例还有很多。其实，同仁堂创新推出的托管方案，最主要的考虑，也就是因为这个方案既能让企业增效，又不会让员工下岗。

同仁堂集团领导不仅没有让一位职工下岗，而且由于企业发展壮大了，也就是殷顺海说的“建新庙”，还为社会解决了八百多个就业岗位。那位曾经说同仁堂不让员工下岗，将来会后悔的领导，看到这一切，心悦诚服地对同仁堂集团领导们说：“现在看来，你们是对的。”

有人说，集团领导不仅有霹雳手段，更有慈悲心肠；有人说，他们不但有雄心壮志，更有似水柔情。有人说，这才真是改革中的大手笔。可是领导班子成员却认为，这都是共产党员应有的眼光和胸怀。

同仁堂提出的善待员工，还远不止于“转岗不下岗”，而是全方位的“善待”；更不是头脑一热，或灵机一动的产物，而是有理论、成体系、全方位的“善待”。也就是说，从经济上、文化上、物质上、精神上等多方面善待员工。

殷顺海曾经这样阐述善待员工，他说：“真正地善待员工有几个方面，第一，你得让他就业踏实，这是最大的善待。他连就业都不踏实，今儿成明儿就不成了，还得找工作去，这不叫善待。他心理压力太大呀！因此，第一个善待就是让人家就业很踏实。第二，就是他的经济利益，工资也好、福利待遇也好，要逐步提高，逐步改善。这才叫善待。这不是空话，这是最基本的东西！最后就是要更上一个层次，让他干每件事都觉得有奔头，有前途。这才叫真正地善待职工。所以我们的干部职工相对来说还是比较满意的，比较稳定的。”

同仁堂集团是从三个方面去做的。在减员增效被某些人认为是国企改革通用的模式、不二法门时，同仁堂领导班子却坚持不让一名员工下岗，同时还为社会解决了八百多个工作岗位，企业效益也得到了增长。这种增员增效的发展方式，才是人间正道。

善待员工的另一方面，就是要让员工得到实际的经济利益。同仁堂集团自从走出困境，状况稍一好转，就给员工涨工资。自从股改上市后，集团领导团队提出工资年年涨。因此，同仁堂几乎年年给员工涨工资，而且幅度还不低。现在同仁堂员工的工资水平，在同行业中处于高端，在整体上处于中上水平。

这么做，绝不是为了讨好员工，为了标榜政绩，更不是为了自己的乌纱帽，而是根据社会主义的分配原则——多劳多得而制定的。同仁堂能够走出困难时期，股改上市，快速发展，效益一年更比一年好，固然离不开领导团队的正确决策，但同样离不开员工们的拼搏和奉献。企业发展了，效益好了，就是他们多劳的结果，既然多劳，就应当多得。而且，同仁堂关心员工的经济利益，还不只是工资年年涨。

善良勤劳的中国老百姓尊崇安居乐业，也就是有一个小康之家，有一份稳定而又喜爱的工作。这也就是他们心目中和谐社会的标准了。同仁堂集团的领导层深深懂得这个道理——只有安居才能乐业。要让员工以企业为家，能够安心地发挥他们的聪明才智，为企业和国家创造财富，就要让他们有一个温暖的家，而能够在炎夏给这个家遮雨，在严冬给这个家温暖的就是一所坚固而适用的住房。因此，同仁堂集团投入了大量人力、财力、物力还有精力，为员工解决住房问题。他们还提出了一个响亮的口号“住房逐年有改善”。

在国家实行住房改革前，同仁堂曾经自酬资金，为职工建了许多住宅。房改后，虽然不能无偿分配住房了，但是同仁堂集团还是想方设法建住宅，并根据相关政策，按房改价把房子卖给职工。后来又组织职工集资建房，不赚职工一分钱，仅按成本价出售。这些房不仅质量好，地段也很不错。如同仁园小区位于北京繁华地段，而且在地铁五号线附近。同仁堂还在位于北京中轴线附近的什锦花园、后海一带改建了一批老北京四合院式的住房。这里原来曾经是同仁堂所属的一些厂子，它们有的迁走了，有的就是为建住宅而停掉的。

熟悉北京的人都知道，这里可是北京城内难得的黄金地段。不明就里的人看到了，会说：“唷，过去是皇亲贵胄住的地方，不远就是大名鼎鼎的和珅住的恭亲王府，还有乐家四房的老宅。您这房的面积虽然不大，可这是寸土寸金、上风上水的宝地，是北京房价最高的地段。您不就是同仁堂的一位普通员工吗？哪儿来这么多钱？”

同仁堂的人乐呵呵地告诉他：“我当然没那么些钱了，这是我们同仁堂让员工集资盖的房，卖给我们的价，还不到市场价格的三分之一呢！”

“唉，你们同仁堂对员工多好！”对方又半开玩笑半认真地说，“下辈子说什么也得投胎到同仁堂。”

经过长期的努力，现在同仁堂自建房的面积，已经达到了人均二十五平方米。员工们深深感受到，企业发展了，自己就会得到实惠。他们的劳动积极性和对企业的忠诚度怎么会不高？

同仁堂善待员工，并非滥发善心。所有的善待措施，都是在企业发展的基础上，在充分调查研究的基础上，在和集团领导班子或专业人员充分协商的基础上制定的。

殷顺海曾经找到总会计师，和他商量："医改之后，咱们那些老职工看病报销有困难，他们的退休工资又普遍偏低，能不能想办法给他们把医药费报了？"

有人听到这个想法，觉得太离谱了。这不是要恢复计划经济时代的老办法吗？再说，同仁堂虽然有了发展，可是要包下那么多退休职工的医疗费用，负担是不是也太大了？他们说："现在好多企业都不管职工的医疗费用了，都推给医保了。同仁堂这不是逆势而上吗？"

也有人表示理解，他们说："过去老乐家对老职工可真是不错。老职工死了，家属还能按他在同仁堂干了多少年，有多大贡献，年年拿钱呢。"

可是又有人反驳说："乐家那会儿，同仁堂最多不到二百人，现在同仁堂集团上万人，那能比吗？"

但总会计师和相关人员明白，这样做是体现善待员工。老有所养，不正是古人追求的仁吗？不正是体现了同仁堂文化中的仁吗？如果真的能这样做，就会激发职工的归属感，从而更大地调动他们的积极性，职工们有了积极性，还怕产生不了效益吗？于是，总会计师带领财务人员精打细算了一番，他们得出的结论是，同仁堂完全有财力执行殷顺海董事长的美好愿望。不久，这个措施就落实了。

同仁堂的老职工自然高兴，年轻人也高兴。他们说，虽然这政策是照顾老职工的，但是从这儿就可以看出，同仁堂集团领导会关心员工一辈子，而不是像某些企业那样，只用员工的黄金年龄段，一旦超过黄金年龄段，就用种种借口把人辞退、撵走。在同仁堂，只要努力，就可以踏踏实实干一辈子。对于同仁堂集团领导的这项举措，有人认为，这是又一个“同仁堂奇迹”。

鲁迅曾经这样论述人生的需要：一要求生存，二要求温饱，三要求发展。汉代大史学家、文学家司马迁曾经引用管仲的话“仓廪实则知礼节，衣食足则知荣辱”，也就是强调物质和精神的关系。著名的行为主义理论家马斯洛曾经把人的需求分成若干层次，依次是从物质上的需求到精神上的需求，也就是从低层次到高层次的需求。由此可见，殷顺海的善待员工是从实践出发，同时又是有着深厚理论基础为指导的。

七、同仁堂人才迭出，金字塔硕果累累

工资年年有增长，住房逐年有改善还只是物质层面的善待，同仁堂集团领导看得更深、想得更远。他们不仅要让职工在物质方面有丰厚的收入，而且要让他们能够成才，能够在企业发展的基础上，实现自我发展，也就是在文化和精神层面善待员工。

为此，领导团队采取了许多措施。交响乐团有首席小提琴手、企业有首席执行官、报社有首席记者、科研机构有首席科学家、有的国家设有首席大法官，而同仁堂设有首席员工。这就缘于同仁堂集团在内部实行的“金字塔人才工程”。

这项工程就是鼓励员工学业务，学技术，在岗位上成才。这个工程本着“待遇留人、感情留人、事业留人”的用人观，把每一位员工都纳入到“金字塔工程”中来，把每一位员工的积极性都调动起来，把每一位员工的潜能都挖掘出来，把每一位员工的才能都发挥出来。让每一位员工都看到自己有光明的前途，企业有光明的未来。

殷顺海曾经这样谈及“金字塔工程”，他说：“我们也搞了职工的金字塔，让他们在每一个岗位都有奔头。从普通的工人到优秀人才到首席技师到专家，内部提出叫岗位成才，这也是善待的第三个层次——让员工有奔头，所以我们的干部职工相对来说还是比较满意，比较稳定的。”

在“金字塔工程”中，塔底是首席员工，依次向上有不同的层次，

而金字塔的塔尖则是专家、大师。从2005年开始，同仁堂集团每两年开展一次评选活动，评比由董事会授权，由各级工会组织全权负责，任何领导不得干预。工会组织可以放手发动职工，发挥工会组织的群众优势和民主管理的优势，保证公平、公正地实行。这项工程评出的各类人才，不仅有职称，而且有待遇。首席员工的评选标准是技术好、贡献大，凡是评上首席员工的，企业给予每月五百元岗位津贴；首席员工成绩突出，可以晋升为首席技师，享受每月一千元的岗位津贴。

“金字塔”的中间部分是同仁堂优秀中青年人才，每月每人发一千元津贴。而“金字塔”的塔尖是同仁堂专家，评选的标准有两条，一是精通业务，二是有突出贡献。同仁堂的专家不仅有职称，而且每月有六千至七千元的税后收入。

金字塔人才工程的实施，极大地调动了员工的积极性。过去，企业

金字塔人才工程推动了职工学业务、比技术的活动普遍展开

提拔一位车间主任，许多人都争抢，其实他们当中的一些人并非对当官感兴趣，也未必适合当官，只是想提高物质待遇，或是为了实现自我。自从有了“金字塔工程”，争着当官的人少了，员工们说：“这个‘金字塔人才工程’，就是人才成长的绿色通道。有了它，咱们普通员工一样有前途、有待遇、有荣誉，何必都争着当官呢。”

在这种氛围下，职工们学习技术，利用各种机会充电，在岗位上成才，在工作中学习，已经蔚然成风。因此，在中药行业进行的专业技术比赛中，同仁堂的职工屡屡夺冠，已经不是新闻了。

实施“金字塔人才工程”后，由于有了雄厚的人才基础，企业的发展也就有了保障。蜜丸蘸蜡是中药大蜜丸生产不可缺少的工艺，但过去一直是手工生产，劳动条件差，效率也低。同仁堂一直想解决蜜丸蘸蜡自动化技术。过去也曾经请过国内一流的科研院所帮助解决，但都不理想。最后，由同仁堂一线科技人员和技术工人组成的攻关组，历经四年苦战，终于在2010年初解决了蜜丸自动蘸蜡技术和移印打金戳技术。

同仁堂集团领导班子深深地知道，一个企业能不能发展、进步，取决于这个企业的员工能不能发展、进步。因此，他们非常重视对员工的培训。为此，特意在“1032”工程中，列入了培训中心的建设，目的就是为了提高干部和员工的素质。

培训中心自成立之后，为提高干部员工对党和政府相关政策的理解，提高干部员工对集团和上级领导决策的执行力，提高干部和员工对同仁堂文化的理解和干部员工的专业技术水平，做了大量工作，起到了重要作用。例如：2008年，同仁堂集团董事会提出，要将这一年作为同仁堂品牌管理年。培训中心紧紧围绕着集团提出的这一要求，做了大量工作，并且组织了各种类型的培训班，落实品牌培训内容，其中有：品牌管理制度培训班，品牌危机处理培训班，品牌维护与管理培训班，经营销售人员培训班，零售药店经理培训班，零售药店营业员培训班，财务、审计干部培训班。

在零售药店经理、经营销售人员参加的培训班中，培训中心聘请律师用自己的亲身感受，结合违法广告、违反药品生产案例讲授“从典型案例看如何加强品牌管理与保护”。这些案例给品牌形象造成的恶劣影响和给企业带来的深刻教训，让参加培训的人员深感震动，纷纷表示，要从自身做起，爱护同仁堂品牌。培训中心还聘请了社科院的有关专家讲授了“企业品牌维护、管理与战略思维”。参加培训的人员都感到受益匪浅。

在进行品牌培训的同时，培训中心还融入了产品知识和服务规范培训，进一步提升零售窗口的整体形象，规范零售药店营业员服务行为，教育和引导员工认识到“我的行为举止代表着同仁堂，要用高质量的服务树立良好的品牌形象”。

针对营业员的服务行为，培训中心不仅安排了“礼仪服务、销售服务、售后服务”等内容的培训，而且增设了商品知识鉴别课程，请专家讲授重点品种鉴别常识，通过实物教学，增强学员掌握药品销售知识、鉴别常识的能力，提高服务质量。

培训工作中还有重要的一环，就是技术工人队伍的培训。鉴于中药材质量、中药炮制、传统制剂技术是关系中药制剂质量的关键，这些技术工人的素质高低至关重要。但是随着同仁堂的发展，这部分技术工人的数量和技能水平已满足不了企业的需求。因此，对中药材采购、药材前处理、传统中药制剂等岗位的操作工进行培训，就成了技术工人培训的重点。

培训中心为此聘请了同仁堂专家、有实践经验的老药工担任理论和实际操作的授课任务。培训的内容主要是：中药材质量鉴别，中药炮制的蒸、炒、制、煅，中药制剂的粗料粉碎、研配、泛丸等。教学采取脱产面授和实际操作相结合的方式，获得了理想的效果。

培训中心也遇到过难题。同仁堂和亳州合资成立饮片厂后，亳州的新企业进了大批新的技术骨干和新员工。让他们接受同仁堂文化，严格按照同仁堂的管理制度开展工作，是保证产品质量、保护同仁堂品牌所必需的。可是要把这么多人都请到北京来培训，不仅劳民伤财，而且影响生产，很不现实。怎么办？培训中心的人想来想去，有人想出了一个好办法："既然医院和药店可以送医送药上门，为什么我们不可以送培训上门？"

这个主意立刻得到了大家的赞同。于是培训中心派出精干人员，不怕路途迢迢，奔赴亳州，把培训送上门。不仅节省了培训经费，而且可以让更多的人得到培训。同时，在亳州授课，可以结合当地的实际情况培训，因而效果更佳，学员也更容易接受，更容易理解。

培训中心不仅管培训，还参与了制定技术标准、人才管理、编辑教材图书等工作，突显了同仁堂集团培训中心在发展和改革中不可或缺的作用。中药行业有许多自己独特的技术工种，而同仁堂作为具有三百四十余年历史，曾经供奉御药的老字号，有一些工艺至今仍为国家承认的技术秘密。

时至今日，随着现代工业的发展、科学技术的进步、中医药本身的变化，一些工种已经不再需要了，而有一些工艺和技术却成了急需传承下去的非物质文化遗产。因此，哪些工种仍不可或缺，哪些工种将会随着时代的前进而最终被舍弃？那些必不可少的工艺和技术，又当用何种标准来考核员工，都需要摸排了解，并拟定相应的规范和标准。

培训中心在集团领导的授意下，以"传承同仁堂非物质文化遗产"为切入点，以培养高素质技能人才为目的，对同仁堂中药传统工种中技术含量高、传统技艺强的关键岗位，进行了深入调研，规范了职业技能鉴定标准，并进行了技术工种职业技能鉴定，重新修定了中药行业技能鉴定所认定的标准，针对目前的九个职业、四十六个工种，提出了处理意见。

最后确定同仁堂系统的技术工种中共有五个职业，即中药购销员、中药炮制与配制工、中药液体制剂工、中药固体制剂工和中药包装工，属于关键技术工种和关键岗位，它们涵盖十个工种、三十一个关键岗位。中药调剂员、中药购销员这两个职业下设有七个工种，因为国家有相关标准，都被保留了下来。中药固体制剂工这一职业有三十九个工种，经过调研，保留下十七个，取消了一个，停止了十一个，归并了八个，调整了两个。

通过清理整顿和重新修定中药行业技能认定标准，为今后规范运作职业技能鉴定工作和员工的技能考核、职称评定等打下了基础。

培训中心是学院式教学，而中医药的传统教育是师带徒的形式。培训中心不仅不排斥师带徒式的教育，还积极组织调研，提出了《同仁堂系统师带徒工作实施意见》《师带徒管理办法》和《师徒协议书》，明确提出了师带徒工作的培训目标是把“掌握中药传统鉴别技艺及原药材、饮片真伪的鉴别；继承同仁堂传统特色中药炮制工艺加工方法；发扬同仁堂医药结合的传统特色、培养医药复合型人才；传承同仁堂文化，挖掘传统配本”作为理论培训内容；把中药材鉴定、中药炮制、中医作为实际操作内容，实施培训，并且对理论和实际操作都要进行考核。

同仁堂于第二年就举办了隆重的拜师大会，引起社会和媒体的广泛关注。师带徒对传承同仁堂文化和制药技艺，让同仁堂这块金灿灿的招牌永远放光，起到了重要作用。这其中当然有培训中心的一份贡献。

同仁堂有一批热爱同仁堂、热爱中医药事业、技术过硬的骨干。他们有的是年逾半百的老技工，有的是青春焕发的年轻人。在北京市组织的“中药调剂员和医药商品购销员技能大赛”中，同仁堂的选手夺冠，早已经不是新鲜事。这其中也有培训中心的奉献。因为培训中心不仅培训和考核同仁堂员工的专业技艺，而且本着以赛促学、以赛促技能水平提高和营造浓厚的学习知识、学习业务技术的氛围为目的，动员、鼓励和组织集团所属各企业的相关技术人员参加技能大赛。因此闪闪发光的金牌虽然没有镌刻，但也不能抹去培训中心的那份贡献。

八、大爱无疆上善若水，“四个善待”惠及各方

新时期的同仁堂的仁爱文化不仅有继承，更有发展，并且把这种仁爱文化推及到更广处、更深层；同时也更博大、更细微。就在抗击“非典”期间，同仁堂领导正式提出了“四个善待”——善待员工，善待社会，善待合作伙伴，善待投资者。“四个善待”不仅已经超越了个人的感情，更是达到了中国传统文化中所说的大爱无疆的层次。

因为善待社会，在殷顺海董事长的领导下，同仁堂才会有在抗击“非典”时期，宁可赔钱也要保证为人民群众供药的善行义举。同样，因为善待社会，在殷顺海董事长的带领下，同仁堂曾经多次在自然灾害面前，在人民群众被病患困扰时，或捐药，或捐款，更多的是又捐药又捐款。

2008年年初，我国南方19个省区遭遇了罕见的冰雪灾害。许多地方的输电线、运输线，甚至城市的供水网线都中断了，许多人患上了感冒、肺炎等疾病。

为了帮助南方的人民群众抗击冰雪灾害，殷顺海董事长多次下达指示给各地的同仁堂分公司，要求他们一定要紧密配合当地的救灾工作。接到殷顺海的指示，相关地区的同仁堂分公司立刻投入到救灾当中。

由于受冰雪灾害的影响，铁路电力网断电，电力机车不能行驶，在广州火车站滞留着大批等待返乡的民工和其他乘客。虽然当地政府和铁

路、公安、民政部门想了许多办法解决滞留旅客的防寒保暖问题，但还是有许多人患了感冒等疾病。就在这时，北京同仁堂广州公司为他们送来了一千三百八十盒感冒软胶囊、感冒清热颗粒、板蓝根颗粒、安胃胶囊、香砂养胃颗粒等药品。旅客们感动地说："天有不测风云，造成了这么大的灾害，可是你们同仁堂却如及时雨，在关键时候给我们送来了这么好的药。"

同年2月4日，在北京首都体育馆举行的"爱心融化冰雪"大型赈灾慈善义演活动中，当主持人宣布，同仁堂集团商业公司捐献一百万元时，与会者向同仁堂集团公司的领导陆建国等人报以热烈的掌声。从2月3日到2月5日，短短的三天，同仁堂就捐赠了五百六十万元。

2009年5月12日14时28分，发生了震惊世界的汶川大地震。同仁堂立即组织同仁堂集团领导讨论帮助灾区人民抗震救灾的事宜，并且立刻决定，首先由北京同仁堂健康药业公司代表同仁堂集团，拿出一百万元人民币及十万元港币作为第一笔捐款支援灾区人民。同时，又号召广大党员、干部、职工迅速行动起来，踊跃为灾区捐款。殷顺海董事长带头捐献，同仁堂的员工纷纷慷慨解囊，有人甚至捐了一次又一次。短短一天半的时间，就募集到捐款近三十四万元。加上同仁堂集团各公司的捐款，同仁堂集团共捐款二百六十九万元。同时，还向灾区捐赠了大批药物。同仁堂在海外的公司，也纷纷在当地举行义诊等活动，以支援灾区抗震。

汶川大地震造成震区药品需求量猛增，北京同仁堂的皮肤病血毒丸是治疗皮肤病的名药，疗效显著，震区非常需要。经销商请求同仁堂紧急调货，可此时震区地面交通已经中断，无法把药送进去。经销商着急，震区的患者更着急。就在这时，一个消息传来，同仁堂决定采用空运的方式运送这批药品。经销商得知这个消息，不是喜而是惊。有了药，他们当然高兴，可是想到药是空运来的，又叹气说："这下完了，运输成本不知要增加多少！原来这药的零售价就抵不上空运费，现在再把空运费加上去，老百姓哪里买得起呀！”可是让经销商想不到的是，同仁堂对这批空运到震区的药，一分钱也没有加，仍按原价卖。经销商高兴了，患者高兴了，震区人民高兴了，而同仁堂亏了二十万元。

有人不理解，说：“你们同仁堂不发‘国难财’当然好，可赔本总不是企业经营之道吧？”

同仁堂怎么算这笔账呢？同仁堂的领导如是说：“咱们虽然赔了些钱，却挽救了多少人的生命？为国家减轻了多少负担？让多少个家庭免遭不幸？这种社会效益是金钱能够衡量的吗？再说，咱们虽然赔了些钱，可是百姓心中有杆秤，他们明白，同仁堂放着能赚的钱都不赚，还会贪图小利，用假冒伪劣产品欺骗顾客吗？咱们同仁堂还愁药卖不出去吗？”

同仁堂大栅栏药店的贾文生经理也曾这样说：“从经济上讲，我们亏了，但我们没让老百姓买不到、买不起同仁堂的药。所以从信誉上说，我们赢了，赢在老百姓感受到企业的心诚、心善、心仁，对我们更信任了。”

同仁堂历史最悠久、接待顾客最多、知名度最高的窗口，就是同仁堂大栅栏药店。因此，这里也最能体现同仁堂的善待社会。走进这个在下洼子门平房的基础上建起的大厦，就是宽敞明亮的营业厅，这里是最标准的同仁堂门店布置，悬有“乐家老铺”的匾额和“灵兰秘授，琼藻新裁”的楹联。营业厅的楼上，则是参茸柜和医馆。这一切都不失老同仁堂的风格特色。

随着时代的前进，越来越多的人都慕名到大栅栏同仁堂药店购药，也有许多药厂希望能进入这里销售自己的产品。可以说，这里的每寸店面都能产生巨大的经济效益。可是很少有人知道，这里却有很大一块面积是“不务正业”的。这就是在二楼有一个面积超过实际需要的卫生间。

这是铺张浪费还是设计失误？都不是！而是同仁堂善待社会的一个举措。原来，大栅栏药店的领导在扩建改造同仁堂药店时，看到这条大名鼎鼎、热闹非凡的商业街上，虽有不少商店卖场，可是公用卫生间却很少，给群众带来很大的不方便。于是，药店的领导就决定舍弃一笔收入，建一个面积比较大的卫生间，不仅方便来店诊病购药的顾客，也方便整个大栅栏的顾客。

善待社会，更多的时候是体现在常态服务上，体现在平常的生产、销售中。同仁堂的顾客中，既有高收入的白领，甚至金领，也有普通工薪阶层和低保人员，无论他们属于哪个阶层，也无论他们买的是名贵的人参鹿茸，还是钱少利薄的小药；也无论他们是登门治病购药，还是进店求解疑难，同仁堂的员工都全心全意地为他们服务。

在大栅栏同仁堂药店，有一位顾客买了一味动物药——海狗肾，因为里面有骨头，他认为这是假药。大栅栏门店的领导和员工们又是查资料，又是请专家，又是当着顾客的面对药材进行解剖。解剖其实就是一种破坏性实验，要知道一支海狗肾两千多块，破坏性实验做完了，药材也受到了伤害，但最终让那位顾客信服了，海狗肾是有骨头的，那确是真药。虽然药店为此花费了不少时间和精力，还赔了钱，但维护了同仁堂的信誉，也得到了顾客的信任。

在同仁堂，这只是无数桩小事中的一件，而正是这些小事，积累起来，就成了长流不断的大善大爱。

青海省地处青藏高原。这里不仅风光壮美，还盛产以虫草为代表的多种珍稀药材，这里还是民歌“花儿”的故乡，民歌中的《花儿与少年》就是“花儿”中的名曲。青海东部的河湟地区人民就最爱唱“花儿”。但是这里的牧民由于生活在高海拔地区，长期遭受强烈紫外线的照射，成为白内障高发人群，如不及时实施手术，患者将会失去复明的机会。然而由于受社会经济条件的限制，再加上农牧民居住分散，低收入患者常常得不到及时有效的治疗。

2011年初，身为北京市政协委员的殷顺海董事长偶然得知这一情况后，一颗心就被牵到了那遥远的青藏高原。他想到，如果这些农牧民患者不能得到治疗，将给他们的劳动和生活带来极大的不便。他们本来收入就比较低，如果丧失了劳动能力，将给社会和家庭增加负担，生活质量也将大大降低。而且，同仁堂的许多珍贵药材都产自于青海，这些药材又不知给多少人带来了健康和幸福。

因此，帮助青海的这些白内障患者，也就是帮助了同仁堂自己，帮助了更多的普通百姓。于是，他就考虑如何才能为青海的农牧民治疗白内障。经过多方奔走，他终于了解到，由全国防盲指导组主办的“青海高原光明行”活动已经进行了六年，为一千多名贫困白内障患者做了复

“青海高原光明行”活动

明手术。于是，殷顺海董事长就和全国防盲指导组协商，由同仁堂拿出一百万元赞助“青海高原光明行”活动。

这年9月，由北京同仁堂集团党委副书记、工会主席陆建国和同仁医院副院长王宁利率领的同仁医院眼科医疗队奔赴青海省互助土族自治县，为那里的白内障患者解除病痛。互助土族自治县位于青海省东部的河湟地区，是全国唯一的土族自治县。这里不仅地理位置和地形地貌独特，而且是“花儿”流传的主要地区，有许多传唱久远的“花儿”和善唱“花儿”的民间歌手。

医疗队不辞辛苦，不顾远离北京带来的种种不便，认真细致地为患者做复明手术。“北京来了好医生，能让瞎子复明，而且不收钱。”这个好消息不胫而走，周围一些县的病人也来到互助县，请同仁医院的医生诊治。于是，一幕幕感人的场景就出现了。

有位名叫韩秀英的七十四岁患者，就是从乐都县来求治的。手术之后，正值“十一”前夕。王宁利副院长小心翼翼地揭下了覆盖在韩秀英左眼上的白色纱布，在她眼前伸出一个手指问：“能看见吗？”

“能看见，能看见，我看见了……”韩秀英激动的话语声还没有落地，周围就响起了一片掌声、笑声和赞叹声。

“知道吗？给你母亲做手术的费用是北京同仁堂集团捐助的。这位就是同仁堂的陆书记。”王宁利指着站在老人眼前的陆建国说。韩秀英老人赶忙紧紧攥住陆书记的手，激动地说：“谢谢同仁堂！谢谢……”

陆建国也拉着老人的手，如春风拂面般和蔼可亲地说：“您能看见了，就是同仁堂人最大的心愿，我们为您高兴。”

韩秀英的女儿王登秀哽咽着告诉大家：“我妈左眼因白内障已经三年看不见东西了，但是我弟弟做心脏手术借的十几万元债到现在还没还清，一直没有能力为老人治病，我们做子女的心里很不好受。这次政府免费给我妈做了手术，我们从心里感谢政府。”

截止到2011年底，同仁堂赞助的“青海高原光明行”已经为青海省海东地区二百名患者实施白内障复明手术。互助县县委常委、副县长常平满含深情地说：“同仁堂为土族人民做出的奉献，土族人民永远不会忘记！”

2012年，又一位七十四岁女患者右眼上的纱布被揭开了。她惊喜地叫起来：“看得可真清楚！”不过，这位患者不是生活在青海，而是来自北京房山区的霞云岭乡。

她叫耿秀云，有十多年的白内障病史，只有0.3的视力，十多年来她一直想看清楚不断变化的世界，但是由于她的收入不高，也就没有能够如愿。

耿秀云患白内障是不幸的，但她又是幸运的。就在这时，房山区政协委员们在调研中了解到房山革命老区有一部分白内障患者，他们普遍年纪大、收入低，没有钱做手术，也很难走出大山。北京市政协委员、房山区政协副主席李惠英和北京市政协委员、同仁医院眼科会诊中心主任降丽娟交流时，谈到了这个情况。

降丽娟已经开展白内障复明公益事业多年，曾亲赴西藏、青海等地实施免费白内障复明手术。她马上就提议找同仁堂的殷顺海董事长和同仁医院副院长王宁利一起商量，共同行动，办好这件事。

殷顺海得知此事后，立刻表示支持。同仁堂集团领导决定，除了由同仁堂集团出资五十万元外，还把手术安排在新建的北京同仁堂中医医院进行，王宁利副院长则组织技术高、医德好的同仁医院医生来主刀。因此，这个行动被命名为“市政协委员、北京同仁堂革命老区光明行——走进房山。”

在整个活动中，同仁堂中医医院为患者提供了“一站式”服务。病人有专车接送，同仁堂中医医院大楼六层的全部病房都腾出来接待患者和家属。降丽娟主任亲自主刀，为帮助患者尽快恢复，同仁堂中医医院还特地为这些患者购进眼药水等术后康复药物，而且全部免费提供。

“还是共产党好，给我送到医院，又给我免费治眼，谢谢谢谢，我给你们鞠个躬吧。”八十九岁的王玉川老人是霞云岭大安山乡中山村人，抗日战争时期，她的左眼球因受重伤而摘除，长年的白内障使她的右眼视力也很弱。手术后，老人家又看到了光明的世界，不过，它已经发生了巨大的变化，变得更美好、更和谐了。她激动得不知道说什么好，就想用鞠躬的方式表达感激之意。这一切都被媒体的记者用镜头和笔忠实地记录了下来。

“没有共产党就没有新中国，共产党她辛劳为民族，共产党她一心救中国。”六十多年前，这首感动亿万人、传唱不衰的红色歌曲就诞生在房山区霞云岭乡。今天，来自霞云岭乡革命老区的群众再次唱起了这支歌，感谢给他们带来光明的同仁堂和同仁医院。

殷顺海董事长面对革命老区的群众、德技双馨的医护人员和媒体的记者，郑重地宣布：“我们四个政协委员已经商量好了，要形成长效机制，把‘光明行’活动持续做下去，同仁堂集团决定，今后每年都将根据需要，与北京同仁医院联手，走进一个北京远郊区县，开展公益复明行动。”

果然，2012年，同仁堂集团又资助了平谷区的贫困白内障患者。2013年又来到怀柔区渤海镇，为打响“平北抗日第一枪”的革命老区的贫困白内障患者重见光明，奉献一份爱心。

同仁堂努力将大善大爱惠及到更多的贫困患者，帮助他们脱离黑暗，走进光明；摆脱病痛，迎来健康。这就是“四个善待”中的善待社会。

殷顺海董事长一向认为，同仁堂集团能有今天的发展，离不开那些同甘共苦、一同创业的新老合作伙伴。因此，他把善待合作伙伴列为“四个善待”之一。

健康药业的总经理俞俊先生在谈到与同仁堂的合作时，这样说："和同仁堂的合作，对我的成功起到的作用是关键的。"

俞俊先生是同仁堂的长期合作伙伴，曾经在加拿大和香港取得了良好的业绩。正当国内处在"出国热"的高潮，许多人都争相到国外发展的时候，俞俊先生却独具慧眼，逆势而行，毅然携全家回国，并于1992年，与同仁堂合资建立了同仁堂南洋药业有限公司，注册资本四百万美元。其中同仁堂集团公司占注册资本的百分之五十一，香港南洋药业有限公司占百分之四十九。

当时正是市场上药品质量鱼龙混杂、药品价格虚高不下的时期，进入市场很不容易，加上资金不足，同仁堂南洋药业有限公司的几位员工只能蹬着自行车和板车，挨门挨户地到各商场去推销他们唯一的产品——冰糖燕窝，不仅饱受风雨冰雪之苦，还常常遭人白眼甚至冷嘲热讽。但是由于他们的坚持，由于同仁堂的信誉，同仁堂南洋药业通过艰苦的创业，逐渐发展起来。

正是考虑到俞俊先生与同仁堂长期的良好合作，看到俞俊先生艰苦创业的精神，和他对同仁堂文化的深刻理解，同仁堂集团领导于2002年决定，和俞俊先生合资成立了北京同仁堂健康药业有限公司。由于北京同仁堂健康药业有限公司得到了同仁堂集团的大力支持，同时俞俊先生又敢于创新，善于创新，因而发展得很快，从2002年同仁堂健康药业股份公司成立，收入不足两亿元起步，到2008年底就达到了二十四亿元，成为同仁堂效益最好的企业之一。

谈到健康药业的成功，俞俊先生说过这样的话："健康药业能走到今天，关键就是文化，我们走入这个大家庭后，感受到它的文化底蕴，就是它的三百四十余年历史，使同仁堂历经风雨，走过了三百四十余年。同仁堂健康药业的成立，从无到有，我们都是按同仁堂文化来制定自己的目标。根据同仁堂的'炮制虽繁必不敢省人工，品味虽贵必不敢减物力’，我们提出‘集百草而香天下，普健康而惠众生’；根据同仁堂文化的‘同修仁德，济世养生’，我们提出‘让世界更健康，为人们提供最优质的健康产品’；根据同仁堂文化中的‘遵古不泥古，创新不离宗’，我们提出‘在创新中发展，在变革中求生存’。我们的理念是‘诚信、品德、创新、关爱’。”

由于善于吸收同仁堂仁爱文化和善待文化，健康药业也和同仁堂其他企业一样善待员工，善待社会。除了拥有现代化设备，健康药业更有人性化的管理。在健康药业的大厦里，几乎每一层都有咖啡室，员工可以在这里饮咖啡、品茶，不仅可以调节精神，缓解疲劳，还可以交流感情，沟通思想。这样的休闲之所好像不应当出现在一家每分每秒都要产生利润的企业中，可是作为现代企业家，俞俊不仅知道“磨刀不误砍柴工”的道理，更知道在现代企业中，员工之间有恰当的沟通渠道，能适时地放松心境，反而是企业的稳定因素，是提高员工对企业认知度和忠诚度的有益做法。

健康药业的员工在俞俊的带领下，善待社会，济世养生，有过许多感人的善举。在汶川、玉树、雅安等地区发生特大地震灾害时，健康药业九千名员工在俞俊先生的带领和表率下，累计提供爱心捐款约二百万元，为帮助灾区人民渡过难关贡献了力量，奉献了真诚爱心，用实际行动履行了企业的社会责任。

由于健康药业的健康发展和良好效益，以及对同仁堂文化的理解和贯彻，同仁堂集团授予俞俊“劳动模范”称号，并且在集团内部介绍他的先进经验。同仁堂善待合作伙伴的结果，就是互利双赢。健康药业的发展就是明证。

同仁堂集团既善待俞俊这样的新合作伙伴，也善待老朋友，长期与同仁堂合作的老伙伴。在香港，有这样一句话：“‘药王’入香江，居功数泉昌。”“药王”就是指同仁堂，而泉昌则是黄长水先生创立的泉

昌公司。

黄长水先生是一位著名的爱国华侨企业家。早在1948年，黄长水先生就不惜冒着危险，积极参加中国共产党领导下的爱国进步活动，为解放区运送当时因为被封锁而异常紧缺的汽油、药品、橡胶、轮胎等物资，又把解放区的土特产品运往海外销售，为天津和其他解放区的经济繁荣，以及解放战争的胜利做出了贡献。

全国解放后，黄长水先生积极投身祖国建设，在广州开设了泉昌分行。二十世纪五十年代初，泉昌公司就和同仁堂有了往来，那时同仁堂在香港的知名度还不高，黄长水先生于1950年回国后和他的父亲黄世仙先生积极宣传同仁堂，推销同仁堂的药品，并且逐渐打开了销路。这就是"'药王'入香江，居功数泉昌"这一典故的由来。

由于黄长水先生的贡献，党和国家给了他许多荣誉，还请他担任了多种重要职务，如国务院华侨事务委员会副主任、全国归国华侨联合会副主席、中国国际贸易促进委员会委员、广州市副市长等。1980年7月，黄长水先生在广州仙逝。黄家的第三代传人，黄长水先生的儿子黄光汉、黄光辉兄弟承继了与同仁堂的合作，投资办厂，在海内外开设门店。他们秉承黄家的爱国敬业传统，努力将同仁堂品牌推向海外。

同仁堂集团改制上市后，以从什锦花园胡同迁出的中药二厂为基础，与泉昌集团合资，在北京大兴区生物工程与医药基地建立了北京同仁堂制药有限公司，生产脑立清、皮肤病血毒丸等药品，取得了良好的效益。黄光辉先生是现任北京同仁堂制药有限公司的港方投资者，香港特区政府中医药管理委员会小组主席、中药业管理小组主席；并于2008年获香港特区政府授予的"荣誉勋章"。

在北京崇文门外有一座具有民族特色的建筑——同仁堂门市大厦，也是和泉昌合资经营的。这里药物齐全，设备先进，同时也兼营医疗器材、康复用品等。更重要的是，这里的员工继承了同仁堂善待社会的文

北京同仁堂加拿大温哥华店

化理念，服务周到，业务纯熟。

2002年12月12日，北京同仁堂科技发展股份有限公司和香港泉昌有限公司在加拿大温哥华共同投资开办的北京同仁堂（加拿大）有限公司正式开业。这家公司位于加拿大温哥华市中心的繁华地带，主要经营中成药、药酒、中药饮片、保健品等。它的开业，为同仁堂的药品在北美开拓和发展起到了促进作用。梅群总经理曾说："泉昌五十年代就和同仁堂打交道，同仁堂那时就是靠泉昌打出去的。泉昌和同仁堂五十多年的合作越来越密切，效益也非常好。这种合作是双赢，是长期了解、合作的结果。"

同仁堂集团的合作伙伴中，既有地处北京、香港和国外的大企业，也有外地的民营小企业。同仁堂领导团队对他们都是一视同仁，一样善待。

亳州的徐广友当年提出和同仁堂合作时，并没有抱多大希望。可是

万万没想到，集团领导班子不仅同意与徐广友合建中药饮片公司，还出资近一千万元，指派专家特意为这家公司开发了多种新产品，开设了精品药房，建起了规模很大的中药材种植基地。徐广友曾激动地说："我们这种小企业，只能算是散兵游勇，可药业老大同仁堂对大小供药商一视同仁，我真没想到！朋友以仁厚待人，我就得用效益说话。"

果然，同仁堂与徐广友合作兴办的中药饮片公司逐步壮大，后来又加入了同仁堂在亳州兴建的产业园，发展成占地一百亩、职工一千多人、年生产能力三万吨的成规模企业，同时还成为国家级农业产业化重点龙头企业，从开业时销售额四千五百万元，至2010年就猛增到五亿元。

在2008年年初的那场南方冰雪灾害中，北京同仁堂（亳州）饮片公司不仅向亳州市捐款一百万元。总经理徐广友还和董事长王志举一起深入到受灾户的家庭中慰问，给他们送去了面粉和慰问金。同仁堂善待合作伙伴，合作伙伴也和同仁堂一样，善待社会。同仁堂多献出一份爱，而社会和人民群众得到的却远不止一份爱。这个关于爱的数学问题，却不是数学能计算出来的。

"四个善待"，已经融入了同仁堂文化，在同仁堂集团里已经蔚然成风。北京同仁堂京北企业管理公司的高金祥是同仁堂的合作伙伴之一。他一谈到同仁堂集团的领导殷顺海、商业公司的总经理李国盛等领导，就非常激动。

高金祥一再举这个例子，他打算在北京昌平人口最集中的地区之一——回龙观开设分店。李国盛总经理对这件事非常支持，也非常关心。他不仅一点儿也没有领导的架子，还亲自出马，不辞辛苦地为北京同仁堂京北公司回龙观分店的建立而东奔西走，看到李总的这份关心、这份诚恳，京北公司被感动的又何止是高金祥？所有看到、听到这一切的京北公司干部和员工都赞叹："同仁堂就是仁义，咱们也得像李总那样，把同仁堂的善待文化融入到生产和经营中。"

同仁堂集团的第四个“善待”，就是善待投资者。在改革的大潮中，同仁堂集团通过改制上市才得以彻底摆脱了困境，才有可能驶入发展的快车道。因此，在同仁堂集团的领导层看来，股民们把凝集着自己心血和汗水的所得，把承载着希望和梦想的资金投给同仁堂，就是对同仁堂投了信任票，同仁堂就要对得起这种信任，就要以优良的业绩回报投资者。因此，同仁堂特别强调发展的质量，注重品牌的保护。由于同仁堂的业绩突出，受到了广大股民和投资者的欢迎，有股民称同仁堂股是最值得收藏的十大金股之一。

为了善待投资者，同仁堂自1997年上市以来，每年都现金分红，分红率接近净利润的40%，并且营收始终保持两位数的增长。2011年，同仁堂股份公司曾推出“每10股送5股转增10股，并派现3.5元”分配方案，让同仁堂的股民受益不菲。截至2013年3月，北京同仁堂股份公司的持股数已经达到71930.8万股，净利润增长率为24.62%。

2013年6月14日，上交所组织了一个“我是股东——中小投资者走进上市公司”的活动。四十多位中小投资者兴致勃勃地来到同仁堂股份公司在北京亦庄的生产基地，参观公司药品生产线和质量检测中心。他们看到这里体现自然与人融洽结合的现代化厂房，都很满意。他们说：“这是我们这个活动走进的第五站。同仁堂股份是网络投票呼声最高的上市公司之一。经过实地考察，我们对同仁堂股份更有信心了。”

为体现善待投资者，同仁堂股份公司的高管热情地接待了他们，和他们座谈交流。他们告诉这些东家，目前同仁堂在国内拥有八个中成药制造基地，九个中药材种植基地，并通过旗下的北京同仁堂商业投资集团有限公司管控三百七十多家自营药品零售门店，具备中药材种植、中成药生产、现代医药物流配送、药品销售等较为完善的产业链条。

在座谈中，也有东家提出，同仁堂的利润能不能增长得更高一些，

发展得能不能更快一些。董事长梅群解释说："我们首先要保证公司的产品质量，要维护好同仁堂的品牌，同仁堂已经走了三百四十四年，还要继续走下去，也就是说，同仁堂首先要做长。为了发展，就要把同仁堂的基础做牢，也就是做强。在做长、做强的基础上，不断扩大公司的规模，这就是做大"。

梅群董事长和高振坤总经理还告诉大家：同仁堂集团的领导认为，对投资者最好的善待，就是把基本面做好。在这方面，同仁堂集团一向以董事长特别强调的"发展的速度要服从质量"为原则，坚持把做长放在第一位，就是一切从长远考虑，谋求可持续发展，不干那些寅吃卯粮的事，不透支未来，不盲目扩张，不干力不能及的事。

参加座谈的各位东家对他们的谈话都非常满意。

九、品牌如命，堂誉为天——同仁堂的品牌文化

同仁堂在长达三百四十余年的发展中，以诚信、仁德打造了一个同仁堂金字品牌。现在同仁堂享誉中外，名传四海。许多顾客在购中药时，非同仁堂的不买。许多中医在开药方时，一再叮嘱患者，必须购同仁堂的药，否则不担责任。许多海外游客到了北京的“必修课”，除了登长城、吃烤鸭外，就是参观同仁堂。同仁堂集团被国家工业经济联合会和名牌战略推进委员会，推荐为最具冲击世界名牌实力的十六家企业之一；被国家商业部授予“老字号”品牌；还曾荣获“影响北京百姓生

2006 年同仁堂进入国家级非物质文化遗产名录

活的十大品牌”“中国出口名牌企业”等荣誉。2006年，同仁堂中医药文化进入国家级非物质文化遗产名录，同仁堂的社会认可度、知名度和美誉度不断提高。

但是，品牌有一个特性，就是难塑造、易破碎。即使被称为金牌，也不是钢制铁打的，只要有一次失误就很可能毁掉它。要塑造一个著名品牌，可能要几年、几十年，甚至上百年的时间，而且要兢兢业业、汲汲小心，犹如雕琢一件玉器，需要经过采玉、开璞、琢玉的过程，要历经艰难、费尽工夫、呕心沥血才有可能得到一件精品。但是，只要稍有疏忽，就可能失手将其打碎。这就是品牌的易碎性。这种玉碎的例子，中外都有不少。曾经名声不错，市场占有率不低的三鹿奶业，因产品被检测出含有三聚氰胺，几乎在一夜之间就轰然垮塌。

1915年诞生于上海的冠生园，是一家百年老号，名扬海内外。它的大白兔奶糖曾经被周恩来总理作为国礼，赠送给美国尼克松总统。2001年中秋前夕，南京冠生园食品有限公司被曝料用陈馅制作月饼销售，这不仅使南京冠生园的月饼成为众矢之的，产品再无销路，就连上海和其他地方的冠生园也受到拖累。一个有着金字招牌的企业就这样倒下了。上海冠生园曾以品牌起家，而南京冠生园却以品牌毁誉。这就是品牌的易碎性。

大名鼎鼎的日本丰田汽车公司也有过这样一个深刻的教训。丰田于2012年10月10日宣布，在全球召回七百四十三万辆汽车，创下丰田汽车召回数量最多的纪录。因为丰田公司在召回时，没有说清楚原因，引起消费者的怀疑，造成丰田公司信誉和产品销售受到极大冲击。有专家指出，丰田质量的下降，是和它的产量快速膨胀，因而忽视科学管理有直接关系。丰田社长丰田章男终于恍然大悟地叹道“质量比数量更重要”，并且宣布放弃夺取全球百分之十五市场份额的雄心壮志，并且退出争夺全球销量第一的汽车大战。

同仁堂集团领导都非常重视品牌的保护和提升。殷顺海曾经说："要像爱护自己的眼睛和生命一样，爱护品牌。办企业不能有半点虚假，我们是战战兢兢地在做。如果同仁堂这个三百多年的品牌毁在自己手里，那就是千古罪人。"

作为一家三百余年民族品牌的呵护者，一家国企的高管，殷顺海一直有一个心愿：就是维护好同仁堂的品牌，让同仁堂的金字招牌不褪色。正因为有这个心愿，他在当年实行"三个坚决"，初步解决了"打开账本黄金万两，合上账本分文皆无"的困境时，许多人喜笑颜开，而他的脸上，却是沉沉的思索多于欣慰的笑容。在同仁堂股改上市，尤其是建成"1032"工程之后，当许多人都为同仁堂的发展壮大而欣喜时，殷顺海的脸上仍是沉沉的思索多于轻松的微笑。正因为有这样的心愿，殷顺海才提出"做长、做大、做强"的创新思维。也正因为有了这样的心愿，他才一再强调："宁可速度慢一点，也要品牌。宁可指标不太漂亮，也要保证质量。"

殷顺海是这样说，也是这样做的。刚刚接过同仁堂集团的帅印时，为了解脱同仁堂的困境，他决定停产那些没有订单的产品，可是这种做法会造成报表上不好看，有可能影响业绩，甚至有员工担心殷顺海因此会被摘去顶戴花翎。但殷顺海只是淡淡地笑笑，因为他的业绩观是保持和维护同仁堂这个品牌，并且让它壮大发展，而不是用寅吃卯粮、挖肉补疮、过度开发等短期行为，以求一时的报表上好看，或是博媒体的眼球，更不是牺牲同仁堂的品牌，染红个人的顶戴花翎。

不仅是殷顺海，同仁堂领导班子的其他成员也同样把呵护同仁堂的品牌，当作自己神圣的职责。党委副书记陆建国在接受采访时，曾经遇到这样一个问题："作为国企领导，你们搞好企业的动力是什么？"

当时社会上有人以小人之心度君子之腹，他们断言：国企没有前途，原因是国企不是个人的，作为国企的高管，既不能发财致富，也不能升官发财，谁会全心全意地办好企业？对此，陆建国斩钉截铁地回答："我们就是一心想保住这个品牌！"

正是为了维护同仁堂的品牌，同仁堂集团的领导，不断把企业的基础夯实，防止把企业"做糠了"。为此，他们开展了多种活动。在2008年，他们搞了"品牌管理年"，2009年又搞了"基础管理年"。也正因为如此，集团领导团队才提出，并坚持了"做长、做强、做大"的发展观。

社会上也有人不理解他们"做长、做强、做大"的指导思想。这些人从不同的角度出发，责怪同仁堂做得不够快，不够大。对这些冷言冷语，闲言碎语，他们不为所动，坚持把发展质量放在第一位，坚持"做长、做强、做大"。其实，任何一位公正客观的人，如果了解了同仁堂的发展，都会承认同仁堂的确是做大了。五年翻一番，每年以两位数字增长，还不够快，还不够大吗？更何况这个"大"，是建立在做长的前提下，是建立在做强的基础上。这样做大了的同仁堂，会似青松一般常绿，会如泰山一般坚实可靠，会如大河长江之水一般源源不断。

由于同仁堂领导班子高度重视维护品牌，同仁堂的干部和员工们也自觉地视维护品牌为己任，并落实在生产、销售、服务等各大板块、各道程序、各个环节中。这方面的例子不胜枚举。

同仁堂为维护品牌，在原材料使用上精益求精，坚持严格要求。无论是参茸饮片还是成药，讲的都是货真、质高、价实，在海内外的中医药界享有至高无上的地位。野山参是名贵的药材，在一些药店，以次充好、以假充真的现象很多。例如用种植参冒充野山参，将折断的参拼接成整支参出售。而按照同仁堂的传统，只有一、二等的野山参才能整支出售。

远志是植物的根，内有一根细芯。远志有安神益智之功效，但它的芯却使人烦躁。同仁堂炮制远志必要去芯。这可不是一件容易事，要蒸，要用刀割，费工费时，当然还要增加成本。可是同仁堂却甘愿自找麻烦，一直坚持这样做。有的企业根本没有这道工序，而是把远志连根搅碎完事。

制六味地黄丸，需要山茱萸，其形状类似小山枣，入药时应当去核，还要用黄酒蒸制。有的企业为了节省成本，多赚两个钱，就不管三七二十一，把山茱萸连核一同打碎，也不用酒蒸，便制成了六味地黄丸。

因为在国家药典中，对生产工艺没有具体要求，各制药企业都有自己的一套工艺。而这不同的工艺，就决定了生产出的药是不是好药。这也就是为什么许多中医大夫都要求患者要到同仁堂去购药的原因之一。

一段时间，同仁堂制药生产的香砂枳术丸在市面上断货，这是由于近年气候异常、种植环境改变等原因，枳实中的主要药用成分橙皮苷含量达不到标准。为了解决这个问题，同仁堂的采购人员跑了很多地方，都没有找到符合标准的枳实。当然，如果用不达标的枳实制药，顾客也辨认不出。但同仁堂为了对品牌、对消费者负责，宁可不生产、也不用不达标的原料。

香油是制造某些中成药的辅料。从二十世纪八十年代起，同仁堂就固定使用一个品牌的香油。但是，从2011年起，同仁堂突然改变了供货方。原来，同仁堂在整顿和清理辅料生产企业时发现，这家供货商把香油的生产转包出去了。虽然那家承包厂也有相关的资质，但同仁堂深入研究后，感到这种承包制，不利于对质量的控制。所以毅然终止了合作，改与另一家生产名牌香油的厂商合作。

同仁堂讲善，尤其是殷顺海提出的“四个善待”，不仅感动了许多人，而且成了推动同仁堂发展的正能量。但是，不愿让任何一位职工丢掉饭碗的殷顺海，也有恨，也发过“狠”，他甚至放过这样的狠话：“谁砸同仁堂的牌子，就砸谁的饭碗。谁毁同仁堂品牌，全体同仁堂人

共讨之。”

这话可不是放空炮，遇到真有砸同仁堂牌子的事，同仁堂真会铁了面、横了心地处理。2011年，许多媒体都报道了这样一件事：有外国游客在北京十三陵旅游时，被某中药店“宰”了。而这家药店是一家同仁堂的加盟店，和这个事件有关的还有一家中医院。此事一出，在社会上引起了很大反响。同仁堂领导班子，立刻委派商业集团李国盛总经理在第一时间前往调查了解这家加盟店的情况，并且要求及时处理。

同仁堂采用的加盟店方式，并不是改革开放初期风行一时的挂靠。被挂靠单位一般只要求对方交一笔管理费就了事，至于挂靠单位是何方神圣、人员构成是否合理、财务状况是否良好以及如何经营等，一概不过问。而那些挂靠单位又常常打擦边球，做些半明半暗、半合法半违法的事，有的更因触犯了法律，给被挂靠单位带来了重大财产和名誉损失。而同仁堂对加盟店却有着严格的要求。

当时高金祥先生的京北公司要求成为同仁堂的加盟店。商业集团总经理李国盛对他和他的京北公司进行了深入的考察。在考察中，李国盛总经理得知，高金祥祖籍内蒙古，曾经当过兵，他的奶奶是一位民间医生，他虽然没有上过正规医学院，但是受家传影响，再加上刻苦自学，成为了一名优秀的中医大夫。他曾代表城建总公司参加北京市“自学成材”演讲比赛，还得了第一名。他的医术高明，1992年1月，北京电视台曾以“青年医生高金祥”为名，介绍过他的事迹。

照理说，这是难得的人才，理想的合作伙伴，他的企业成为同仁堂的加盟店还有什么问题吗？可是李国盛还是不放心。不错，高金祥当过兵，从解放军这所大学校里走出的人才不可胜数，但是并非所有的复员转业军人都适合经营企业。不错，高金祥是一名优秀的医生，优秀的医生经营药店有着很大优势，但是优秀的医生和优秀的企业家并没有必然联系。李国盛又了解到，高金祥除了当过十五年医生，还干过社会药店。申请加盟时，他麾下有五家药店在2000年被海淀区评为首批医保药店。

不错，这些都说明高金祥有相关资历，更说明他有能力经营好药企，但是，李国盛还是要深入了解。因为会经营、懂管理固然重要，但经营药店，尤其是同仁堂旗下的药店，不仅要有才，更要有德，就是讲诚信、有爱心，能够理解并且愿意接受同仁堂文化。对此，高金祥说："我在原单位被评为'优秀共产党员标兵''北京市卫生战线标兵'。1992年北京电视台1月份播出过'青年医生高金祥'。我还有专利，《北京晚报》《科技日报》都介绍过我。这样李总才吸收我。"

事实也正是如此。李国盛了解了高金祥的德与才和他的全部历史、全部工作后，才报请集团批准，同意京北公司于2004年成为同仁堂的加盟店。

仅仅成了加盟店还不算，同仁堂对他们还有严格要求，这就是"六统一"，即"统一价格、统一进货、统一配送、统一质量、统一标识、统一计算机系统"。由此看来，同仁堂对加盟店真可谓"高标准、严要求"。那为什么十三陵的这家加盟店会出这样的事呢?

李国盛按集团领导要求，对此事进行了深入的调查，并及时向集团领导和药监局进行了汇报。原来，这家店早在1993年就与同仁堂南城批发部合作，成了同仁堂的加盟店。尽管同仁堂与其合作时间相当长，期间也没有出过问题，而且这次出事也有多方面的原因，比如，新员工对财务制度不了解、对代开发票的严重后果不清楚。但总归是影响了同仁堂的声誉，同仁堂领导要求以果断坚决的措施处理，那就是摘牌!

前往处理摘牌事宜的还是李国盛总经理。整个谈判过程很艰苦，也很曲折。作为一位在同仁堂工作多年的老将，也很少有过这样的经历。毕竟是同仁堂的加盟店，对方并非如一般人想象的，是一位只知赚钱、要利不要名、讲钱不讲义的暴发户，而是有相当历练、有相当身份、有相当见识的投资者和企业家。况且旅游管理部门也出具证明，证明这家店自1994年开业以后一直“管理规范，守法经营，没有相关投诉”。客观地说，对方也确实存在某些可以为自己辩护的理由，他们还用很诚恳的态度，提出了各种处理方式，如关掉那家医院等。

但是谈来谈去，对方就是不愿意摘掉同仁堂的牌子。而李国盛总经理按照殷顺海董事长和梅群总经理的指示，提出一定要解除对方的加盟店关系，也就是一定要摘掉同仁堂的牌子。这时对方再也忍不住了，于是，不那么文明的言词、不那么文明的举止都出现了。但李国盛总经理不为所动，仍是耐心地向对方解释说：“我不是站在双方感情的基础上，而是站在民族品牌的立场上，代表同仁堂集团处理这件事。不管怎么说，你们砸了同仁堂的牌子。同仁堂只好摘你们的牌子。”

对方听了这话，也渐渐冷静了下来，并且解释说，自己也不是对合作了多年的同仁堂发火，而是为苦心经营多年，现在却毁于一旦，丢了同仁堂这块金字招牌感到憋屈，感到不值得。最后，对方提出一个要求，别当着众多媒体的面公开摘牌子。他说：“您让我‘自杀’得了。”也就是自己把牌子摘掉，给同仁堂送去。李国盛答应了对方这个最后的要求。

摘了对方的牌子，李国盛总经理一方面为完成了领导交给的任务，体现了同仁堂对品牌的珍视而松了一口气，另一方面也在内心感叹，维护好一个品牌真是不易。

与此同时，同仁堂领导也及时与相关媒体沟通，让他们了解事件的真相，对他们的监督和关心表示感谢，而相关媒体也对同仁堂及时妥善地处理此事，表示了认可和理解。到此，似乎如暴风雨过后，又是阳光明媚，又是彩霞满天了。然而外人可能想不到，同仁堂领导班子由此为突破口，开始了一场大规模的整顿，也可以说刮起了一场风暴。集团决定对加盟店和为同仁堂生产包装辅料的厂家进行清理。

在清理整顿当中，殷顺海董事长对品牌的维护要求提得更高。他说，要像爱护自己的眼睛一样，爱护同仁堂。在清理中，商业集团有四十六家加盟店，有六家被摘了牌，但是否这样就功德圆满了呢？

李国盛总经理曾经针对加盟店的问题说：“虽然我们对加盟店有严格的管理，对他们有‘六个统一’的要求，并且管理的也很严格。同时，还特别强调对方对同仁堂文化的认同。但因为只是加盟店，我们没有权力管他们的财务、人员、资产。因为我们不能管人，加盟店的人对同仁堂的文化的理解就往往不深，落实得也不到位。”

真可谓一语道破了加盟店的不足。对加盟店的问题，殷顺海考虑得更深、更远。他认为，过去加盟店的确起过积极作用，但是这种形式已经不适应今天复杂而又激烈的市场竞争环境了。当初采用加盟店的形式，也因为同仁堂的实力还不足。今天的同仁堂已经有了经营和管控这些门店的实力、经验和相应的人才。况且，企业越是发展，企业文化的影响就越是重要，加盟店这种形式，不利于落实同仁堂文化。这次加盟店出的事，也印证了这一点。

经过缜密的思考，经过和领导班子成员深入、全面地探讨，殷顺海董事长做了一个决定，把加盟店全部改为同仁堂自主经营。但是，正在经营的加盟店怎么办？当初和人家订有合同，只要对方没有违法违规，没有违反双方的合同，总不能撕毁合同，让人家关门吧？何况他们当中有的还真是为同仁堂的发展做过不小的贡献。对这些合作伙伴，也得善待呀！大家正在为这事发愁，殷顺海董事长提出一个办法，就是把这些加盟店改为合资店。合资店必须按同仁堂的标准规范化经营，而且同仁堂必须控股，即占百分之五十一的股份，董事长、法人都必须由同仁堂派人担任。合资店的管理更为严格，加盟店要做到“六个统一”，而合资店要做到“九个统一”，就是“统一采购、统一配送、统一质量、统一价格、统一标准、统一计算机管理、统一财务管理、统一人员管理，

统一资产管理”。只要同意这些条件，就欢迎继续合作。

上级领导非常支持同仁堂关于取消加盟店，改为合资店的措施。北京市药监局为支持同仁堂进行加盟店的清理，局长亲自带领十四个区县的相关领导，到同仁堂现场办公。那么合作方又如何对待这件事呢？

有人说：“同仁堂要控股，那要咱们干什么？同仁堂又不是没有钱，还在乎剩下的百分之四十九的股份？”

“嗨，这不是殷顺海董事长念咱们多年合作的份上，给咱们一条共富双赢的路吗？”

“那倒是。可我怎么感觉和当年公私合营一样呢？”

这话也不是没有道理。关于合资，殷顺海一再强调要在自愿的基础上进行。1954年，同仁堂在北京率先实行公私合营，同仁堂作为祖遗共有的财产，乐家四大房持有同仁堂股份的代表，都得在公私合营协议书上签字或盖章。因此，这份协议书上共有三十六人签字盖章，其中有一位不同意合营，这份协议也无效。这说明当时的公私合营是建立在自愿基础上的。现在，同仁堂将加盟店改为合资店，殷顺海董事长也一再强调要在自愿的基础上进行。那么，这些加盟店愿意吗？这个问题，当时李国盛心里也没有底。

当年北京，乃至全国的公私合营能够轰轰烈烈地展开，并取得成功，很重要的原因是同仁堂等一批企业起了带头作用。现在，同仁堂要把加盟店改为合资店，谁又能起到带头作用呢？在这关键的时刻，京北公司的高金祥挺身而出了。他第一个表态，完全拥护和接受同仁堂办合资店的条件。他说：“合资后更有利于保护同仁堂品牌。我们虽然失去了51%，但是我们真正融入了同仁堂，成了地道的同仁堂人，更有利于保证同仁堂的品牌，因而可以做得更长久。”

高金祥姓高，他是在唱高调吗？高金祥多才多艺，他是在作秀吗？也许当时有人还在怀疑。可是高金祥接下来的行动着着实实地让所有信任他的人、怀疑他的人，都瞠目结舌了。

高金祥为了全身心做同仁堂，竟然变卖了大笔家产。其中有位于内蒙古的中草药基地，那里可有近千亩地啊!还有开设在北京来广营的中医院，这是一座投资了几千万建起的，按照五星级酒店装修的豪华中医院，面积达一万平米，此外他还变卖了一些小房地产，以北京的房价，再小的房地产，往往也是天价。而且，为了争取时间，都是低价出售。

然后，高金祥总经理把变卖家产所得资金，全都投入到与同仁堂的合作中了。他为什么能破釜沉舟？他为什么能义无反顾？因为他对同仁堂一往情深。十五年前，他到北京的第一件事，就是去大栅栏看他心中仰慕的同仁堂。他说，在加盟同仁堂的时期，他感受到殷顺海董事长、梅群总经理，还有商业集团的李国盛总经理等领导，善待他和其他合作伙伴。在同仁堂领导的支持下，京北公司才有了很大发展。和同仁堂结缘后，京北公司发展到了十五家加盟店，都是京北公司自己投资的。这是和李国盛总经理，还有王总的指导、把关分不开。事关品牌、质量等问题，李总、王总把关是很严的。京北公司的发展更得到了殷顺海董事长的大力支持。当然，同仁堂这块闪闪发光的品牌，给京北公司带来的效益和影响是巨大的。

他还说："我现在什么都没有了，我把家产卖了，目的就是集中精力和物力做同仁堂。做到董事长提出的'术业有专攻'，维护好同仁堂这个金色品牌。"

高金祥的京北公司是整个同仁堂加盟店中最大的，当时同仁堂的加盟店一共有三十八家，京北公司就占了十五家。有了高金祥和京北公司带头，加盟店改造的工作就顺利多了。大多数加盟店都意识到，只要和同仁堂能继续合作，就会有光明的前途。

最后，在集团其他领导的指导下，同仁堂终于历时一年半，完成了这项重大的整改措施。同仁堂旗下原有四十六家加盟店，除一家药店被摘牌，一家因为合同到期自然终止外，另有六家因为不符合同仁堂品牌的要求，或是对同仁堂文化的理解与落实不力，被终止合同，其余的三十八家加盟店，按同仁堂集团的相关要求，被重组为十八个合资控股子公司，成为同仁堂的直营店。同仁堂集团向各合资控股子公司派出管理团队。改为直营店后，这些直营店的合作者都很配合。大家达成共识，一定要维护好同仁堂的品牌，因为这是大家的共同财富。

其实，同仁堂为了维护品牌，不惜出重拳，在历史上就有先例。那是咸丰二年（1852年）的事。大栅栏周围的一些旅店、会馆、饭馆附近，出现了一些售卖同仁堂药的人，他们一边贼眉鼠眼观察着四周的动静，一边悄声对顾客说：“我原本是同仁堂的伙计，因为受店东欺侮，被除名了。我一怒之下，就把同仁堂的药偷出了几盒，宁愿低价出售，不为赚钱，只为出气。”

他们手中还有盗印的同仁堂门票，以证明药是“真的”。同仁堂发现这种情况后，报告了中城察院。中城察院一看，同仁堂，那可是给皇上供药的，此案非同小可！他们立刻全力缉拿罪犯。原来这是一起团伙作案，为首的是两兄弟，一个叫于大，一个叫于二。这兄弟二人被捉拿归案后，中城察院按那时通行的做法，将他们用枷夹上，拉出示众，以儆效尤。同时发布文告：有人再敢冒充同仁堂的人卖假药，同仁堂有权将其扭送察院，“定将该犯加重治罪，决不宽宥”。

同仁堂也声明：“乃有无耻之徒，偷刻本堂门票，造做假药，勾串客店、会馆，谬称其药自本堂盗出，自甘认贼，减价骗人。历年以来，远近受其骗哄者不知多少，病人受此耽误者更不知多少，损人利己，大伤本堂修合济世之心。”并劝告顾客亲临同仁堂购药，以免上当受骗。

维护自身的声誉和权益，是长期、反复的过程。利用同仁堂这块金字招牌骗人贪财的行为，不可能一下子杜绝。

同治八年（1869年）三月，杨梅竹斜街突然新开了一个“同人堂”

药铺。因为“人”和“仁”发音一样，客人很容易弄混。不用说，“同人堂”的店主就是想钻这个空子。

闻知此事，同仁堂的店主乐孟繁就状告“同人堂”侵权。中城察院查实后，立即查封了“同人堂”，并将有关人员悉数捉拿归案。

同仁堂的历史和发展告诉我们：同仁堂品牌作为百年金字招牌，是北京的、更是中华民族的。持之以恒地维护、提升、发展它，是同仁堂人的第一要务。要坚定不移地像保护自己的眼睛一样保护同仁堂的品牌。要通过提高生产、经营、研发等不同方面的工作水平来提升和发展品牌形象。在任何时候，品牌价值都高于单纯的经济价值。名气再旺的品牌也不是铁牌子。它难塑造，易破碎。

因此，维护品牌是一个系统工程，采购、生产、销售、服务等，任何一个板块，任何一个环节都必须做好，才会给品牌增光添彩；相反，任何一个板块、任何一个环节出了问题，也会毁掉品牌的声誉。同仁堂人必须一代一代坚持不懈地把维护同仁堂品牌，当作发展的第一要务，把品牌当作自己的生命一样爱护。

十、相倚为强成大业，各有所长共发展
——同仁堂发展观“板块的互动”

医药一体是中医药的传统。有一定规模的中药店，多有坐堂医。中医大夫在药店坐诊，好处很多。首先是方便病人，过去的名医虽然大都有自己的诊所，但他们一般只开方，不卖药。病人还要拿着方子，去药铺买药。要是药铺缺某种药，病人又要返回诊所请大夫改方。找坐堂医诊病，这些不便可以统统免去。

对药铺来说，有大夫坐堂，尤其是名医坐堂，无疑可以大大促进销售；还可以免去一些患者盲目购药，造成疗效不佳，乃至伤人的事情发生；同时可以避免因为员工对药性掌握不好，为病人推荐错了药，而酿成事端。

那时的名医一般只在名店坐诊，这样不仅可以保证病人用药的质量，也避免“好方烂药”坏了大夫的名声。不过，同仁堂有些与众不同。据老员工回忆，乐家时代的同仁堂并没有常年的坐堂医。这是因为乐家本就是以医起家，以医立业，有医学方面的传承，如乐孟繁就是一位高明的医生。而且同仁堂的大查柜，甚至大卖药的医药知识都很丰富，完全可以担起坐堂医的职责。再者，供奉御药时期，人们都知道同仁堂是给宫里供药的，没有太医的水平和身份，不敢也不配在同仁堂当坐堂医；而有此身份的太医们又不可能在外面坐堂。但是同仁堂和名医

的关系都很好。

二十世纪三十年代到五十年代，北京有四大名医，他们是萧龙友、施今墨、孔伯华、汪逢春。他们医德高尚、医术高明，和同仁堂的关系都非常好。孔伯华的医馆就设在同仁堂附近，他每次诊病都要提醒病人，到同仁堂去抓药。据施今墨的后代施小墨回忆，那时逢年过节，施今墨也会在同仁堂坐堂。一来，这时早已经不是供奉御药的时代了，普通百姓也可以走进同仁堂享受虽不是太医，却是国宝级名医的诊治了。二来，施今墨在同仁堂诊病，都是在过年或药王节期间，是带有公益性质的义诊，而非常年的坐堂医。

同仁堂真正有了坐堂医，还是在二十世纪五十年代。那时的同仁堂已经实现了公私合营，为了便利病人，大栅栏同仁堂药店才首开门诊部，聘请名医坐堂，同时还开设了简易病房，并且开办代为煎药等便民业务，深受广大群众的欢迎。

当时同仁堂药店有位曾经当过大查柜的老员工宋相如，他不仅善于鉴别药材，而且医术很高，于是就成了坐堂医生，再加上他银须长髯，

医馆中医坐诊

飘逸不群，许多患者就称他为“活神仙”。

宋相如诊病有一个特点，就是处处为患者着想，能用一味药治的病绝不开两味，能用五分钱治的病绝不用六分钱，能用一服药治好的病绝不让患者再买第二服。他因此成为1956年全国先进生产者代表大会的代表，当时北京市一共只有十七名代表参加这个大会。此外，他还被评为1957年北京市劳动模范。可惜到了“文化大革命”时期，一切都被打乱了，同仁堂药店的坐堂医也就没有了。

二十世纪九十年代以后，同仁堂集团领导决定不仅要恢复医药一体的传统，而且要把医疗服务作为与现代制药和商业销售两大板块并驾齐驱的一大板块。同仁堂集团对制药、销售、医疗三大板块的作用有清楚的认识。这三个板块是互相联系、互相影响、互相促进的关系。制药和销售是互动的：药的质量好、产量大，自然会促进销售，使得销售额增加，品牌的美誉度也会获得提升。反之，销售网络的分布、销售终端的多少、销售额的大小、销售品种的结构、回款的快慢，还有销售的服务质量等因素，也都会对制药板块造成正面或负面的影响。

同仁堂医馆

对于医疗板块，如同仁堂中医医院、医馆，同仁堂集团领导并不要求它们盈利，而是以树立品牌为目标，同时也有向制药板块和商业板块反馈信息的作用，以利于提高疗效，制造出更好的药，也就是“以医带药”。为了建设医疗板块，同仁堂采取设立医馆、坐堂医、中医医院等措施。

在同仁堂集团领导的支持下，同仁堂大栅栏药店于1996年3月在其西厅创建了同仁堂医馆。医馆聘请了北京市名老中医五十余人，其中有方和谦、陈彤云、关庆维等著名专家，并开设了中医内科、儿科、皮肤科、妇科等多科室，给病人带来了很大方便。

同仁堂大栅栏药店还首创了“名店+名医+名药”的模式。这种模式就是以同仁堂的良好品牌影响，延请名医来店中坐诊，同时为患者提供同仁堂的优质药品，受到广大患者欢迎。

在集团领导的支持下，在药店干部和员工的努力下，同仁堂医馆的发展又快又好。医馆的面积虽然不大，但目前每天的门诊量已经超过了一般的中型医院，吸引了全国各地以及六十多个国家及地区的贵宾前来诊病，其中不乏社会名流、文体明星，还有外国政要，如泰国副总理、阿联酋国家元首的亲属、世界银行前行长，以及七位越南部长都曾在这里就诊。

有了大栅栏门店的成功经验，同仁堂陆续又在许多有条件的门店中设立坐堂医、开设诊所、设立医馆。让这种由同仁堂创立的“名店+名医+名药”的模式，惠及更多的群众。

为了加强医疗板块，同仁堂集团领导还在“1032”工程中，列入了北京同仁堂中医医院，并且作为重点工程实施。同仁堂中医医院建在东城区西打磨厂街的乐家老宅旧址上，西邻前门，东接崇文门，恰好在两座门的中间位置，交通方便，四通八达。这里曾经是同仁堂兴起时“前店后场”中的药厂。这里也是京剧《风雨同仁堂》、电视剧《大宅门》等文艺作品原型的故事发生地。历史悠久的同仁堂制药厂迁走后，同仁堂集团就在这片乐家老宅的旧址上建起了同仁堂中医医院。

现在同仁堂中医医院的门牌号是西打磨厂46号，而乐家老宅大门当年的门牌号是新开路19号。

乐家老宅约有两百多间房，数量不少，但布局全无章法。乐崇熙在其回忆录《清平乐·北京同仁堂创始人乐家轶事》中，这样叙述："老宅有两百多间房，但全无章法格局，犹如一束散花，难说哪是主院，哪是侧院。证明它是乐平泉和许叶芬和他们的四个儿子为了事业的发展和子孙繁衍的需要，逐步扩大修缮……"这种布局，不仅证明了乐家是逐步发展起来的，更证明了旧时同仁堂的发展是与乐家的发展同步的。

按乐崇熙的说法，乐家老宅"最先购置的房屋院落应该是大门到先祖堂，包括同仁堂制药厂"，此后逐步扩大，尤其是四大房成家之后，人口渐多，必须扩建新宅，增其旧制。但是四大房的成长不尽一样、发展不尽一样、建房的时间不尽一样，于是就形成了这种"一束散花"式的布局。

乐家老宅不仅布局无章法，而且风格多样，不仅有四合院、小平房，还有楼房。将先祖堂后罩房改建成北楼，将西边平房改建成西楼的就是乐达仁。这也是乐家老宅硕果仅存的两座旧宅，现在是同仁堂中医医院的特色精品药房和集团专家工作委员会。二房的乐咏西在新婚时，为了讨新娘喜欢，也为了把婚礼办得更为风光体面，在老宅花厅东侧建了一段砖雕的花墙，不仅精致美观，为老宅增色不少，而且别具一格。

而乐达康在乐家老宅的后门，面对乐家胡同建起的西客厅却是一座带有浓郁西式风格的建筑。这还不算，这里还有一段碎石子铺的路，上面竟然有用石子拼成的英文，更突出了中西兼容的乐家风格。据乐崇熙先生回忆，这是称为六老爷的乐达康亲手所为。

乐家老宅的这种不讲布局的布局，不拘风格的风格，表现出乐家发展的历史轨迹，也表现出老乐家兼收并蓄，不保守、不排外的雅量。

到同仁堂中医医院建院的时候，乐家老宅的格局和建筑已经发生了很大变化，不仅乐氏主人早已迁出，就连在这里诞生和发展起来的同仁堂制药厂，因为再无扩展的空间，也为了保护环境，也已经迁出了乐家大宅门。因此，这里就被选为同仁堂中医医院的地址。

同仁堂中医医院占地面积九千五百平方米，采用绿色健康和绿色环保设计，处处体现了“以人为本”的理念，将中医药传统文化和现代科学技术进行了有机结合。这所医院虽然是中医院，但内部设施非常现代化，表现了同仁堂兼收并蓄的宽广胸怀。医院以“名院、名科、名医、名药”为发展战略，坚持“中医为主、西医为辅”，“大专科、小综合”的办院方针。

医院除设立中医内科、中医妇科、中医皮肤科、针推科、理疗科、肛肠科、脊柱科和肾病科等科室外，还根据中医“治未病”的理论，开设了相应的科室和保健服务。医院设有住院部，有一百多张病床，房房有单人间、双人间和豪华套房。

同仁堂中医医院最有特色的就是专家门诊和它的药房。医院先后聘请了约八十名左右的著名专家出诊，其中有国家级名老中医二十名、省市级名老中医两名，博士生导师十一名、硕士生导师十四名、享受国务院政府津贴的专家十四名。这些专家涉及内科、皮肤科、外科、妇科、儿科、肿瘤科等，不仅医术精湛，且医德高尚。他们当中，有国家级中医大师栗德林教授，肝病专家钱英教授，被誉为“神医怪杰”的张炳厚教授，“温病圣手”周耀庭教授，精于辨证、擅治疑难的许彭龄教授，“心中有大法、笔下无死方”的孙光荣教授，著名肿瘤专家郁仁存，还有出身中医世家、临床经验丰富的同仁堂专家关庆维等。

医院本着不唯学历、不唯职称，人尽其才、人尽其用的原则，打破了一些旧有的条条框框和医疗行业的一些潜规则，大胆挖掘人才，合理重用人才。医院聘任的宋福印副院长，曾在英国行医一段时间，待遇优厚，当他得知同仁堂要开办医院，毅然回国参与医院的筹建，以精湛的

医疗技术治好了大批患者，深得好评。

孙中林主任是北京市名老中医，在同仁堂工作已有二十年，曾受同仁堂集团委派在海外工作了近十年。孙主任自从医以来，一直坚持在临床第一线，视病人为亲人，急病人之所急，想病人之所想，患者有需要，他从不推诿，也从不计较个人得失，被病人视为生命守护神。“大医精诚”在他身上得到了充分的体现。几十年的行医生涯，练就了他独到、精湛的医术。

孙中林主任诊病的特点是：在诊脉的同时结合针灸和手法治疗，效果显著。有一位饱受头晕折磨多年的患者经孙主任治疗仅一周，病情就得到了好转。为此，患者赠送了一面“医术精湛美名传、医德高尚暖人心”的锦旗，以表感激之情。

中风（脑血管病）的发病率、致残率、死亡率都比较高。有一位八十三岁的老人因中风昏迷三天，并伴有高热症状。虽经西医抢救，但昏迷症状未见好转。患者家属邀请孙中林主任给予诊治，孙主任综合辨证后，认为症属痰热内绕，邪入心包。经用同仁堂的安宫牛黄丸，一天后体温下降，第二天神智逐渐清醒，第三天神智已经恢复正常，以后继续为患者服用安宫牛黄丸，并用草药处方综合调理，两周后患者身体功能恢复正常，没有任何后遗症，患者家属感激万分。

中医内科主任肖延龄大夫是医学博士后，原来所在的医院是综合性医院，来到同仁堂后，被聘为中医内科主任，经常有许多患者专门等着他看病。忙的时候，肖大夫甚至连午饭都吃不上，但他总是以耐心、负责的态度对待每一名患者，诊疗效果非常好。一个三个月大的婴儿腹泻两周，家长抱着病儿焦急地前来求诊，肖大夫辨证之后，开出三剂贴脐药方，使用两天后腹泻症状消失。

于振中大夫是祖传针灸世家，父亲是我国著名的针灸大师于书庄老先生。于大夫继承了父亲精湛的医术和独特的针灸技术，擅长治疗各种痛证，同时还擅长火针。这种针法疗效极好，但操作难度很大，技术要求高，目前在我国已经濒临失传。凭着精湛的技术，于大夫手到病除，为许多患者解除了病痛。于大夫现为中医院针灸科主任，是医院的学科带头人之一。

推拿科主任闫安大夫，从事中医推拿工作二十年，其专业的推拿手法，使很多深受骨关节疼痛困扰的病人恢复了健康。在闫主任的努力下，推拿科发展很快，不断满足患者需要，深受患者好评。

妇科主任张庆大夫毕业于北京中医药大学六年制本科，后到北京中医医院妇科工作。当她第一次踏进该院妇科时，得到了时任妇科主任、我国著名中医妇科专家吴玉宁教授的欣赏。吴教授预言说，“这将是北京中医医院未来的妇科主任”。张庆主任医术高超，治愈了很多不孕不育患者和妇科疑难杂症患者，得到很多患者的好评。现在，她已经是主治医师了，并受聘为同仁堂中医医院妇科主任。

理疗科主任乔庆医生发挥中医骨科专业的特长以及传统疗法治愈疾病的优势，筹建了医院理疗科。在他的精心设计下，理疗科目前开展的项目包括穴位按摩、刮痧、走罐、火疗、中药熏蒸、中药足浴等。很多濒临失传的专业治疗手法，在中医院理疗科得到了发扬光大，同时治愈了很多久病不愈的患者，深受好评。

同仁堂中医医院的药房在崔庆利主任的领导下，发挥了同仁堂的特长，承继了同仁堂文化，办出了特色。这个药房不仅有代客煎药、邮寄药品等特色服务，而且是所有医院中同仁堂药品最全的药房。

医院开办以来，充分发挥名医的作用和同仁堂“地道药材、精制饮片、优质中成药”的优势，互为支撑，起到了很好的效果。为众多患者解除了病痛，其中有普通百姓，也有许多名人。

在医院的候诊室内，挂着许多患者送来的锦旗。其中有两面是宋福印副院长的患者送来的。一面是我国著名核科学家、“两弹一星”元勋钱三强先生的夫人，著名高能物理学家，被称为“中国居里夫人”的何泽慧先生赠送的。那是2009年，何先生患脑血管病，虽经西医全力救治，大有好转，但偶尔还会犯。于是，家人想到了中医。同仁堂中医医院派出了副院长宋福印先生登门诊治，宋福印依据中医理论，为何泽慧先生诊病开方，取得了良好效果。何泽慧先生特意委派自己的女儿钱民协给同仁堂送来一面锦旗和一封贺信，以示感谢。信中写道：

贵院在闻知我患病后，特派出宋福印副院长两次亲到我家登门诊病。宋福印副院长医术高明、待人亲切、服务周到，不仅为我开方，而且还通过电话向我的家人提供健康咨询，讲解医护知识，给我和我的家人送来了温暖和关怀。在服用了宋副院长的药后，我的健康状况已经大有改善。在此，特向同仁堂集团公司的领导和宋福印副院长表示最衷心的感谢。祝同仁堂中医医院为振兴中医药事业，维护人民的健康做出更大贡献。

中国科学院资深院士

中国科学院高能物理研究所研究员

何泽慧

2009年11月17日

另一面是傅作义先生的女儿赠送的。2012年，她从国外归来，因水土和气候的关系生了病。她曾请一个自封的“名医”诊治，服药后反而加剧了病情。同仁堂集团党委副书记陆建国闻知此事，委派宋福印副院长登门为她诊病。那个“名医”自吹自擂，说三天能治愈，结果反使患者病情加重。宋副院长可没有那么神，他实实在在地告诉病人，“您的病要好转，需要一个星期，要彻底治好还要一个星期”。实话实说，反而得到了病人的信任。果然，患者的病在宋副院长预计的时间治愈了。傅作义的女儿为表感谢，特意给宋福印副院长送来了一面锦旗。

2013年10月，一位九十五岁的老人被家人用轮椅推到在同仁堂中医医院坐诊的刘金声专家面前。患者名叫徐兰如，他是我国航天科技界的老一辈科学家。他设计的反坦克火箭曾在抗美援朝战争中屡立奇功，并因此获奖。他是我国第一枚地对地导弹“东风一号”的总设计师。徐兰如先生因患严重的颈椎病，头晕、不能行动、反应迟缓、生活不能自理。西医表示，他们本可以用手术治疗，但患者是高龄老人，手术的风险太大，医生和患者都承担不起。于是患者的亲人想到了中医，想到了同仁堂中医医院。

刘金声专家认真检查后，按照中医的理论辨证施治，患者服用刘金声专家的药之后不到一个星期，就有了明显好转，治疗不到一个月，就可以自主行动，且能读书看报，写字作诗。徐兰如先生和他的家人都十分高兴，一再对刘金声专家表示感谢。

这个病例不仅证明了同仁堂中医医院聘请的专家医术之高，而且再一次证明了中医药的独特优势。

钟某是某科学报社的一位女记者，患带状疱疹后，曾到多家医院找西医治疗，还服过被吹得神乎其神的某种口服液，都未能治愈。不仅影响到生活、工作，还影响到心情。后到同仁堂中医医院，请方平专家诊治，方平专家不仅悉心为她诊病，而且耐心给她讲解相关知识和注意事项，不久，这位女记者就痊愈了，重新恢复了青春靓丽。她一再表示，对方平大夫非常感激。这一类的例子不胜枚举。

同仁堂中医医院在聘请专家时，不受门派限制。他们当中有秉承家传的名医之后，有正规医学院的高才生，有正统中医，也有中西医结合的高手。如刘炬专家擅长中西医结合治疗肿瘤，她治病的特点是，根据西医对患者的疾病诊断、疾病的病理类型、治疗的不同手段、治疗的不同阶段和患者的体质等情况，辨病与辨证相结合，并依据每一位患者的情况辨证用药。中医治病讲究“三分治，七分养”，为此，她特别注重对患者的健康教育，告诉他们生活中的注意事项，如适度锻炼，不可过劳，保持心情愉快，合理安排起居和膳食，不要滥用补品等。

2010年年末，一位六十二岁男性患者，曾因食管癌肉瘤施行切除术后，复发浸润深肌层，放疗和化疗效果均不理想，来诊时患者进食不顺，返吐黏液，病情比较严重。刘炬专家经过舌、脉、症合参，辨证为肝肾阴虚、冲气上逆，采用降逆平冲、清热解毒、健脾养胃的中药治疗。两周后症状明显减轻，坚持治疗半年，情况显著好转，诸症消失，体重增加。2011年9月以后停服中药，随访两年，未见复发。

同仁堂中医医院虽然是中医院，却以兼收并蓄、博采众长的开放胸怀办院。因此，这里的专家虽然个个擅长中医的望、闻、问、切，依据中医传统的五经六脉诊病，但医院仍配备了先进的光电遥测监护系统、麻醉机、呼吸机、数字X光诊断机、血细胞分析仪、全自动生化分析仪等，为患者病情做出精确诊断，更及时地抢救急重病人。

同仁堂中医医院的治疗效果好，专家的医术高明固然是重要原因，同仁堂的地道药材、精制饮片、优质中成药也是重要因素。刘炬专家曾经说过这样的话：“假如在其他医院找我看病效果不好，那可能是药的问题；如果在同仁堂中医医院看病效果不好，那肯定是我的医术问题。”

同仁堂中医医院的药，质量之所以好，是因为从领导到员工，从收药到调剂都高度重视质量的结果。2011年，在一个秋高气爽的日子里，一位老人急匆匆地要找院长。院长匡桂申一边客客气气地把老人请到办公室，一边在心里琢磨：“这老人找我有什么要紧事吗？是不是闹了医患纠纷？”虽然，在同仁堂中医医院，这种事并不多。作为同仁堂所属的医院，讲仁爱是医院落实同仁堂文化的重要内容。和患者发生纠纷时，医院都是从自己方面找原因，而且医院有规定，所有医护人员，在任何情况下，不得与患者发生摩擦。为此，医院还专门设立了“委屈奖”，对确实被证明受了委屈的医护人员，除了在精神上安抚外，还要给予物质奖励。而且这个奖项每个月都要颁发。因此，在这里，医患矛盾事件很少见。

尽管如此，匡院长还是做好了准备：好好安抚老人，耐心听取老人的倾诉，虚心接受他提出的意见和要求。不想，老人找院长不是来告状的，而是述说他的所见所闻和感想。老人激动地说，他是医院的常年病人，每次来抓药，都能看到医院药房一位微胖的验货员，把从外面送来的大包小包的饮片，一一打开检查。他用眼看、用手摸、用鼻闻，非常认真仔细。老人说：“真没想到同仁堂中医医院能这么严把质量关。每回看到这个情景，我从心里就想，在你们这儿看病真踏实！”

老人说的那位微胖的验货员，其实是同仁堂集团专家咨询委员会专家、中药调剂专家崔庆利。崔庆利出身于中药世家，于1979年12月参加工作，一直从事中药调剂工作，后在同仁堂拜名师学技，专攻中药药材、饮片的传统鉴别方法。经过长期不懈的努力，崔庆利掌握了八百多种药品的“闻、尝、拿、看、火试、水试”的鉴别方法。他看虫草的颜色、质地不仅能辨别出产地，甚至能辨别出生长的阴阳面。崔庆利获得过多种荣誉，如：北京市工委优秀共产党员岗位技术能手；在“我知道的北京国企四名”（名企、名店、名牌、明星）群众评选活动中，荣获知名度最高的明星；他还担任过国家职业技能鉴定中心的国家高级考评员等。

为了保证患者用到最好的药，集团领导特意于2008年把崔庆利从同仁堂大栅栏药店调入中医医院，让他主持药房工作。为体现名企、名药与名医结合的优势，崔庆利在很短时间里做了大量艰苦细致的工作。从部门的设置、人员的安排、设备设施的调拨、药材药品的购进，到计算机系统的调试、数据的录入等，都进行了周密的安排。

在医院开业后仅仅几个月里，他就根据自己的经验和医院的实际，制定了“三把关一抽检”等制度。在药品的采购环节严格做到“一谢绝”“二守法”“三不买”。

“一谢绝”是指：

谢绝医药代表推销。

“二守法”是指：

（一）遵守并执行物价部门公布的价格，合规入账，合理定价。

（二）严格执行药品法的各项规定。

“三不买”是指：

（一）不买无资质企业产品。

（二）不买同仁堂以外的同类产品。

（三）不买加工炮制不达同仁堂内控指标的产品。

此外，入库环节也是坚决按照验收标准进行收验，不得有一丝松懈。有这样的专家为同仁堂中医医院把关，何愁质量不高，何愁药品不好?

不过，这种严格的进货制度也会让一些人不高兴。有些供货商居然还“理不直，气很壮”地找匡院长评理。他们质问道：“为什么我们的产品在别的地方都可以进精品药房了，到了你们这儿连普通药房都进不了？”

匡院长回答得很干脆、很简单，也很明白：“因为你的药质量不行，达不到我们同仁堂的标准。我们是同仁堂的医院，同仁堂三百四十多年的品牌靠的不就是品质吗？”

为了不让一片对不起同仁堂品牌的饮片进入药房，流到患者手中，同仁堂中医医院还设立了一些保证质量的独门绝技。比如，这里的煎药室和调剂间都会定期对患者开放，让患者帮助监督，或是提出意见和建议。来参观的人非常满意地说：“在这儿不但看到了同仁堂中医医院是怎么严把质量关，在调剂时怎么一丝不苟的；在同仁堂老乐家的大宅门中，也看到了新一代中医药传承人的敬业、专业。我们开眼了，更放心了。”

北京同仁堂中医医院秉承“同修仁德、济世养生”的核心理念，坚持“名院、名科、名医、名药”的发展战略，以平等博爱之心，大医精诚之道，纯正地道之药，热忱为来自国内外广大患者提供优质、周到、方便、快捷、温馨的医疗保健服务。同仁堂正在受到越来越多的患者的赞誉。

实践证明，对于同仁堂集团而言，发展医疗服务板块，建中医院、中医馆，对于临床，对于制药和科研都是促进。同仁堂集团对中医院不要求赚钱，而是树立品牌，培养中医大夫，为向海外发展，输送人才做准备，同时向制药和销售板块反馈更多的信息，实现以医带药。

十一、让同仁堂走出国门，将中医药推向世界

同仁堂注重向海外发展，他们认为，这不仅是自己企业发展的需要，是中医药走向世界的需要，更是中国软实力的体现。而且，同仁堂不仅要把药销往海外，还要在海外设厂。

早在供奉御药的时期，同仁堂的药就走向了世界。电视连续剧《走西口》和《乔家大院》中都有在恰克图经商的内容，而早在清代初期，同仁堂的药就远销到恰克图了。

恰克图是清代中俄边境重镇，原属中国，是当时重要的中俄贸易城市。1729年，中俄签订了《恰克图条约》，条约规定，两国以恰克图为界，旧市街划归俄国，后来发展成为一个城市，今仍称恰克图。清政府于旧市街以南新建恰克图新市街，中国人称买卖城。同仁堂的药就是从这里输往俄国的。而且俄国商人很可能会将它们远销到俄国的欧洲地区。不过，这些药并不是同仁堂自己销售的，而是从御药房流出的，至于这是御药房奉旨而行的官方行为，还是某些官员的个人行为，还需进一步考证。

虽然同仁堂的药远销海内外，但它有个传统，就是“制药不出京”。这和同仁堂不设分号一样，是为了适应供奉御药而制定的规矩。不设分号是为了防止有人假冒同仁堂；“制药不出京”是为了防止有人仿冒同仁堂造假药，因为只要遵守着这个规矩，即使出现了假药也好追

究拿办。

为了能不能打破“制药不出京”的规矩，乐家四大房在民国初年曾发生过一场争执。1928年6月28日，国民政府迁都南京，北京改叫“北平特别市”，大批政府机构一迁走，北平的商业就如寒风扫过深秋的山林，呈现出一派萧条景象。有的老板竟因为支撑不下去，寻了短见。

这时，大房的乐笃周提出，在南京开设同仁堂分号。他说：“老祖宗是供奉御药起家的，不然哪儿有今天的同仁堂？现在国民政府迁都南京，那些大大小小的官员得了病也得吃药。而且这些人都是从北京过去的，都信咱们同仁堂。要是能在那儿开一家同仁堂分号，没准儿还能得到供奉国民政府专用药的机会呢！”

这个主意遭到了其他三房的反对。乐达仁、乐达义说：“现在是民国了，不是皇上想怎么着就怎么着的时候了，不可能再有供奉御药的做法了。”

有的说：“不成，不成！这可违犯祖宗的规矩。同仁堂不能开分店。”

有的说：“你不就是想算计着把别人的买卖，搂到自个儿手里吗？”并且给他扣了顶帽子，说他是“大同仁主义”。

谁知，没等四大房商量好，急不可耐的乐笃周就到南京去开设了同仁堂分号，由他的大哥乐佑申直接从同仁堂给他拨付资金和药材。乐家其他三房知道了这件事，便群起而攻之。更有人干脆直呼他的绰号，“什么到南京开同仁堂分店，你就是想给自己搂，要不人家叫你‘鸡爪子’呢！”

乐笃周不服气，反驳说：“我为谁？还不是为了乐家，为了同仁堂。迁都后，到南京开个分号不就能发达吗？凭什么说我就是给自己搂？”

最后乐佑申被迫下台。可南京同仁堂怎么办？关张？乐佑申和乐笃

周已经投进了大笔的资金，这些都是四房共有的钱，要是关了门，这些钱也要损失。最后，大家商定：南京的同仁堂分店只设门市不设药厂，只能卖北京同仁堂的药。“制药不出京”的规矩也就没有被打破。这就是南京同仁堂为什么被称为“半拉子同仁堂”的原因。

随着时代的前进，同仁堂“制药不出京”的规矩当然也应当改改了。在改革开放的年代，同仁堂集团领导意识到，同仁堂作为一个知名企业，只有创新发展模式，才能适应当今世界经济一体化的大趋势。为此，他们制定了“走出去”战略。其中的一个重要决定，就是以香港为基地，向海外发展，把中医药文化推向世界。不仅要把同仁堂开到世界，打破“制药不出京”的陈规，而且要到海外去制药。这就需要建立一个面向海外发展的公司。

消息传出，关心同仁堂发展的员工不免有点儿疑惑：“听说咱们同仁堂要在香港开公司，还要在香港投资建厂，这可是新鲜事儿。谁都知道，香港的人工费用高。一向都是港商往内地投资，利用内地的廉价劳动力，现在咱们同仁堂倒过来干，这不是明摆着要赔本儿吗？”

可是有了解情况的人告诉他们：“您啊，就把心搁回肚子里吧。这件事儿，殷总和集团领导早就做了充分的调研和论证。香港虽然劳动力成本高，但是电、水的价格比广东的一些地方还便宜。再加上咱们建的厂自动化程度很高，用人少，总成本不会增加。还有另外一本账您没算呢，从北京发往境外的产品平均要一两个月才能到达，从香港发货只需要几天。运输成本可以大大减少，市场优势也更加明显。”

“噢，是这么回事啊！这我就放心了。我想也是，殷总他们走这步棋，不可能事先没有谋划。”

“您这话说得在理。可是您知道不知道，咱们在香港建厂，还有一步高棋呢！”

“嗐，我这臭棋篓子，和您来两盘还行。殷总他们有什么高招，我怎么知道？”

“为什么说这是一步高棋呢？因为香港的优势很多呀，香港是华人世界，使用中医药治病、防病、养生有着悠久的传统。有人做过统计，香港人生了病请中医诊治的比例，比咱们内地还高，而且香港人和广东人一样，有注重养生、讲究滋补的传统，其实也就是咱们说的重视‘治未病’。所以咱们的药在香港就不愁没有市场。”

“您说得对。我也接触过广东、香港的顾客，他们许多人对中医药，尤其是如何进补都非常了解，有的还有自己的独到见解。

“再有，进入了香港，更便于海峡两岸的交流。咱们同仁堂在台湾也有很高的知名度。来往香港的台湾人很多，他们到香港来买同仁堂的药，比去北京方便得多，这就有利于同仁堂的药进入台湾。

“香港是国际航运中心，有世界上第一流的深水不冻港。香港地处亚太中心，海上运输通达五大洲、三大洋。它的港口、码头设备先进，可以同时给上百艘远洋轮装卸货物。香港和世界上一百多个国家和地区有航运往来。这不就有利于咱们同仁堂的药走向世界吗？

“香港还是世界第三大金融中心，这里有世界上许多著名的大银行，投资融资都很方便，也有利于开展进出口贸易。

“香港的信息产业也很发达，通讯非常方便。您使的手机，最初也是在香港风行起来的。早先，人们把手机称作‘大哥大’，这个名称就是从香港传过来的。”

“您这么一说，我也想起来了，前些时候看报，说香港在寻找新的经济增长点，新药开发就是其中一项。现在去香港建药厂，能享受很多优惠呢。”

“没错！在香港成立公司手续也简便。原来在国内投资办海外企业要通过外管局审查，风险审查等很多程序，还要通过商务部、北京商务局的审批，有的还要报市外办和国港办。一切办好，至少需要三到六个

月。香港就没有这么多繁复的手续。”

“您这么一说，我才明白，咱们在香港建厂发展，不仅节省了生产成本、运输成本，而且有利于海外销售，有利于中药走向世界。可真是一举数得啊！”

2004年3月，投资四百万美金的香港同仁堂国际有限公司注册成立。这是集团全资的海外公司。它不同于合资公司或者药店，而是站在集团层面，负责整个海外市场的规划、发展、布局、管理以及具体的业务运作、投资、人员派遣等。挂帅执掌的是一位“现代穆桂英”——丁永铃总经理。

在一般人的心目中，到香港去办公司、当老总，不说享受挥金撒银的高档生活，起码是不会吃苦受累。可有谁知道初闯香港时，仅有六名部下的女帅所经历的艰苦，远超过人们的想象。

由于公司尚在初创时期，香港房价又贵，为节省有限的资金，丁永铃就住在一个几平方米的小房间里。吃、住、行都得尽量节省，精打细算。开始，上下班都是坐两块钱的有轨电车。半年后，公司每个月能发一些补贴了，才敢坐三块九的大巴。大巴里有空调，丁永铃她们就觉得有如上了天堂一般。有时为了赶时间，必须坐地铁。从住地到办公所在地，坐五站比较近，但是车票要五块六，她们就坐四站，虽然要多走半站地，不过车票只要四块八。

2005年，同仁堂国药公司的生产研发基地在香港奠基。但是在隆重的奠基礼之后，是繁复的、丁永铃从来没接触过的建筑工程。从那时起，丁永铃整天都要往工地跑，和打工仔几乎没有什么两样，而且一切都要从头学，不仅要了解工程的进展，还要熟悉与国内很不相同的各项法律法规和办事程序，如招投标、规划、监工监理。一向倔强的丁永铃第一次感到：“怎么那么难！”

丁永铃不仅要克服困难，还遇到过灾难。2004年的6月，她正准备赴新加坡、马来西亚、印尼，参加那里的新店开张活动，谁知就在即将起程前，她突然觉得右眼发黑，视力模糊。因为怕耽误行程，她就没有去医院，只是用随身带的药敷衍了一下。直到十七天之后，丁永铃才来到医院。丁永铃原本是1.5的视力，一下子下降到了不足0.3。医生责备她说："眼睛里最粗的中央静脉血管爆裂，而且已经错过了最佳治疗期。你这是拿自己的性命开玩笑！"

更没有想到的是，丁永铃的眼病之复杂，出乎所有人的意料。在整整两年的时间，她得过黄斑变性、水肿、青光眼、白内障。病重时，还不停地呕吐，同事们看望她时，都难过得哭了。有一段时间，她的眼底出血，怕家人知道，就在香港打针，过了一个月才敢回北京。

为了治眼病，丁永铃住进了医院。可是有一天，公司要开一个重要的会议，她坚持要去参加这个会议。她当时想："眼睛瞎了一只，还有另一只嘛，不要紧。公司正在上升势头，不能因为我的眼睛停下来。"

北京同仁堂（香港）大埔工厂

所幸的是，经过手术和精心治疗，丁永铃的视力恢复到了0.8，连大夫都觉得，这简直是个奇迹。

彩虹总在风雨后，在历经两年的艰辛后，投资1.78亿港币，建筑面积10500平方米的厂房终于在香港大埔工业区拔地而起，其中有8000平方米的两层生产楼，2500平方米的三层综合科研检测楼。这是同仁堂集团在北京以外的第一个中药生产研发基地，是香港中药行业内规模最大、条件最好、级别最高的生产研发基地，还是香港极少数获取了GMP认证的中药生产厂家，其产品质量及生产程序已达到国际水平。

在丁永铃的带领下，国药公司自主研发的灵芝孢子粉胶囊于2008年试产，当年投产，当年盈利，当年分红，以后的几年，销量稳步提升。现在，国药公司已经开发出十个系列的食品和保健产品，今后还要研发更多的新产品。对于一个起步不久的新公司来说，这样的研发速度不能

北京同仁堂新加坡心理卫生学院店

不令人刮目相看。

同仁堂在海外发展，不可避免地会遇到许多困难，因为各国的制度不同、法律不同、文化不同。中医药要走进这些国家，就要克服重重困难。而同仁堂国药公司在海外，不仅要成为销售中心、研发和生产中心，还要成为文化传播中心。为此，同仁堂集团的领导和丁永铃等人投入了很大的精力。

同仁堂国药公司在海外开店，不论在哪个国家，几乎都是当地规模最大的中药店，都采取古朴典雅、具有民族风格的统一装修模式。而且集医、药、食、文化于一体，设有中医药特色的文化廊，处处体现出中华传统中医药文化的氛围。这里有名医坐堂，不仅为来宾诊病，还给他们讲解中医药常识，介绍中医有关养生防病的理论。为了把中医药文化介绍到海外，国药公司的人员抓住一切机遇，宣传中医药的优越之处，消除人们对中医药的担忧和成见。

新加坡是同仁堂向海外推进的重点。可是由于历史原因，新加坡受英国文化影响比较深，对中医药了解得不多。新加坡以同仁堂大活络丹、安宫牛黄丸等药品中含有重金属为理由，限制它们的进口。为了让新加坡人了解中医药、了解同仁堂，丁永铃总经理亲自去拜访新加坡卫生部部长。部长很忙，只给丁总五分钟时间。要在五分钟时间内把这样复杂的问题讲明白，还要让部长接受他以前从来没有接触过的知识，难度何其大？丁永铃虽然是一位心直口快之人，但并没有三寸不烂之舌，能当起此番重任吗？

丁永铃为这五分钟做了充分准备，不仅带上相关的资料，如表现同仁堂历史的光盘，还精心修饰了自己的形象，凸显出端庄、高雅而又亲和的气质。在短短五分钟内，她给卫生部长讲了同仁堂三百多年的历史，讲了同仁堂制药特色。她告诉卫生部长，中国几百年的用药史已经证明，这些药是有效的，并没有某些人宣扬的那些毒副作用。

部长听了丁永铃的介绍，被打动了，他说："同仁堂有这么好的企业，这么年轻敬业的管理人员，这么有成就的过去，有机会我要去拜访一下。"

不久之后，这位从英国留学回来的部长还应邀到北京，参观了同仁堂大栅栏老药店和亦庄的生产基地，他感慨道："你们同仁堂药店的历史悠久，生产基地很大，水准也高。我在英国时，看到的药厂规模很小，只有几间房子。"

同仁堂国药公司按照集团领导制定的方针，实行文化先行，让外国人认识到，中医药是中国几百年传承下来的古老的历史文化。通过请进来、走出去的互动，增加了解。

同仁堂国药公司还委派中医药专家到孔子学院授课，围绕当地多发性疾病、慢性病等热点问题举办公众健康讲座，讲食疗养生、讲中医药常识，就中医汉语展开培训课程，开放当地的同仁堂药店作为观摩场所，让孔子学院的师生体验中医药文化。

当然，介绍同仁堂和中医药文化的最好方法，就是用疗效加以证明。在遥远的南非，有一位广告设计师，患双下肢无力十五年。十五年来，他求医问药，多方求助，都不见明显的效果。后来，他抱着试试看的态度，辗转来到迪拜，找到同仁堂迪拜店，请这里的医生诊治。主治医师梁树旗为他制定了每周三次的中医推拿针灸方案，再辅以中药汤剂调理。经过两个月的精心治疗，奇迹发生了，十五年没有治愈的病人，竟然从轮椅上站了起来！为表示感谢，这位从前的病人，现在充满活力的广告设计师，特意为同仁堂创作了一幅画，以表示对同仁堂的感谢。

这样的生动事例在同仁堂的海外店，已经不是什么新鲜事。这种以医带药的方式，不仅促进了制药、销售、医疗三个板块的互动，而且促进了同仁堂文化在海外的传播，让更多的外国人了解中医药，相信中医药，使用中医药。到2012年，同仁堂国药公司已经在海外十六个国家和

北京同仁堂阿联酋迪拜店

地区开办了六十四家药店和一家生产研发基地，出口创汇达四千四百万美元。同仁堂的产品已经为四十多个国家和地区的人民送去了健康，更让他们了解了奇妙的中医药文化。同仁堂集团总经理梅群对国药公司有一个形象的比喻：“国药公司白手起家，现在已经长成个小胖墩，将来还要更快地茁壮成长，争取长得像姚明一样又高又壮。”

在这一系列令人振奋的数字和不断增长的业绩背后，是同仁堂国药公司员工的辛勤劳动和无私奉献。为了让同仁堂走向海外，为了让中医药走向世界，他们当中许多人都如丁永铃总经理一样，远离故土，长年兢兢业业地工作在异国他乡，甚至在国内亲人团聚的日子里，他们也只能遥望着一轮明月，默默倾诉思念之情。他们的汗水、他们的心血、他们的奉献，会镌刻在金光不褪的同仁堂品牌中，会融汇在中国的软实力中。

十二、以仁爱为本，靠诚信立业

在同仁堂，常可以看到原中国佛教协会会长赵朴初先生为同仁堂题写的“同修仁德，养生济世”。这八个大字是1992年，北京市职工思想政治研究会从同仁堂文化中提炼出的同仁堂企业精神。仁德虽然也有恭谨、敦厚、勤勉之意，但核心还是仁者爱人。因此，同仁堂文化的核心就是这“仁爱”二字。“可以养生可以济人者，惟医药为最”“但愿世间人无病，哪怕架上药生尘”就是这“仁爱”二字的体现。

在同仁堂三百四十余年的历史中，渗透和体现着鲜明的中国文化特色，尤其是中华文化的主脉——以仁爱思想为代表的儒家精神。同仁堂开业时的宗旨就是“可以养生可以济人者，惟医药为最”。在乐显扬和乐凤鸣的那个时代，出于仁爱之心，把行医卖药作为济世养生、效力社会的高尚事业来做，而不是以“生意兴隆通四海，财源茂盛达三江”为目标的商户能有几家？

正是出于仁爱，同仁堂从创立之初，就善待员工。“从供奉御药”到“四房共管”的时代，同仁堂都是中药行里待遇最好、福利最优的。清朝末年，许叶芬主持同仁堂期间，确立了最低工资加售药提成的工资制度。这种工资制度既能让员工把店铺的前途和自己的利益捆绑在一起，有一种稳定感，又能体现多劳多得，有利于调动员工的积极性，让大多数员工的收入有了增加，对同仁堂的发展起到了促进作用。

那时同仁堂称高级技工为“先生”或“大头”。先生大头们每天两顿饭，许叶芬都要亲自监制。先生们每天到后宅交账，她也亲自迎送，并且一口一个“先生”，对人很尊重。同仁堂能吸引人才、留住人才，善待人、尊重人是很重要的一个原因。

因为出于仁爱，同仁堂乐善好施。旧时的同仁堂，每到逢年过节，都有义诊义卖活动。京城四大名医之一的施今墨先生，就曾在同仁堂义诊。那个时代灾荒多、饥民多，城市里冻饿而死的“路倒”多。同仁堂就给饥肠辘辘、无家可归的穷苦人建粥棚、暖棚。对那些无力治病买药的弱势群体，同仁堂还施医施药，死了还施义棺。

同仁堂的老员工都知道这样一个故事。那是光绪初年的一个严冬的一天，时近黄昏，一位老菜农穿着满是补丁的破棉袄，顶着夹雪的西北风，颤颤巍巍地来到同仁堂。那时的穷人自己有了病，往往是“小病硬扛，大病等死”。可是亲人有病，不能见死不救，只好凑几个钱，买些或是价格低廉，却无实效的药；或是虽然有效，却因价高，只能买极少量，用来宽慰病人，也安慰自己。这位老菜农就是怀着这样的心情来为老伴买药的。

“您老买什么药？”同仁堂有规矩，只要是顾客，不论贫富，都得笑脸相迎。因此，伙计对这位老农热情招呼着。

“听说同仁堂的虎骨酒好，是吗？”

“是啊，要是腰腿疼痛，尤其是风湿病，用它治就最合适了。”

老人问了价钱，又想了半天，才犹犹豫豫地说：“要不，您给我打二两？”

伙计说：“您老可让我为难了，这药酒得论瓶卖。再说了，再灵验的药酒，二两也不管用啊。”

“可我没那么些钱啊。”老农为难了。

这可怎么办？伙计也犯难了。因为同仁堂有店规：店员朝顾客摆手，拒绝客人的要求，或者对顾客言语简慢，可当日辞退，或月终考绩时，再定其去留。现在老人要买二两虎骨酒，这要求能拒绝吗？要是拒绝，是不是犯了店规？如果照老人的意愿办，既花了钱，还治不好病。

这时，忽然有人过来答话了："老人家，家中何人生病了？"原来，说话的是乐平泉。

"我老伴患风湿多年，天一变，尤其是寒冬腊月，双腿疼痛难忍。都说虎骨酒能治这病，可我们穷，没钱，只好打上二两。"

乐平泉立即让伙计把一瓶虎骨酒塞到老农手中："老人家，快拿去给你老伴喝吧。"

老人不敢接，直说："不行，不行，我没那么些钱呀。"

"这是同仁堂送给您的，不要钱。"乐平泉一边把酒往老农手里塞，一边说，"要是见好，再来。这酒喝一两瓶还不能断根，要想断根还得再喝几瓶。喝完了就来，还是分文不取。"

"这可太谢谢您了，都说同仁堂仁义，这回可见识了！"老农感动得直掉眼泪。

果然，喝了虎骨酒后，菜农老伴的病情大有好转，为表示对同仁堂的感谢之意，老两口一块儿给同仁堂送来了一车时令鲜菜。乐平泉要给钱，菜农两口子说什么也不收。乐平泉无奈，只好让伙计又给他们送去了两瓶虎骨酒。

因为出于仁爱，早在同治年间，乐家就在打磨厂创办了一个"普善义塾"，就是不收费的私塾，收那些无钱接受教育的穷孩子读书。清光绪二十九年（1903年），这所义塾改为普励学堂。但是学堂没有操场，这显然跟不上当时越来越浓的维新之风，跟不上现代教育进入中国的步伐。于是就由乐仲繁出面，凭着同仁堂和朝廷的深厚关系，请清政府将学堂西墙外的空地拨给了普励学堂作为操场。

1912年，清朝灭亡，民国建立。普励学堂也改名为普励学校，由同仁堂乐家的合作方韩麟阁担任监督（校长）。1918年，普励学校正式更名为北平市私立普励小学校。乐家的子弟也多在这所学校就读，这所学校的教师也经常受乐家之聘，或经常去乐家府上为学生补课，或担任家庭教师。1956年，这所学校改由北京市政府接办，并更名为贾家花园小学。1966年4月，随着贾家花园胡同改名，这所学校也就改名为同乐小学。1996年，同乐小学与其他学校合并为今天的前门小学。

因为当地有了普励小学这样一所义学，前门和打磨厂一带贫寒人家的子女得以入学读书，不仅免除了当“睁眼瞎”的痛苦，而且许多人都有了一番新的人生经历。因为在那个时代，中国充斥着文盲，直到1949年，全国还有近百分之八十的人口是文盲和半文盲，再加上社会生产力低下，因此，那时即使只有小学文化程度，在就业、生活上都会占有相当大的优势。在普励小学的毕业生中，因为有了文化，增长了技艺，了解了社会，因而继续深造，跟上了时代前进的，大有人在。

因为出于仁爱，同仁堂特别重视公益事业。清末的北京城，每年照例要清挖一次城沟，同仁堂便在开沟的地方设立沟灯。每当夜幕降临，写有同仁堂三个大字的灯笼高悬，让人们提防掉进城沟。夜间出行的，大都是不得不为谋生而操劳的平民百姓，如车把式、挑夫、小贩，还有无家可归的流浪汉、乞丐。因此，同仁堂的这项善举，更有利于他们。

在科举时代，每逢会试，各地应试的举子汇集京城。他们刚到京城，常会出现各种不适，来自北方的叫：“不想京城天气如此炎热，只恐满腹诗书都会化作青烟。”

来自南方的喊：“天干气燥，致人头晕目眩，口裂唇焦，写出文章都将干涩无光，这可如何是好？”

正在此时，有人高叫：“同仁堂给各位举子送消暑的平安药来了！”

举子们一听，个个喜出望外，连连赞叹：

“真乃及时雨也！”

“谢天谢地！”

“观音菩萨现身矣！”

也有的举子家境困窘，就问：“同仁堂为皇上供药，效果不必有疑，只是囊橐羞涩……”

送暑药的是同仁堂的一位查柜，善解人意，立刻接上话茬说：“这是同仁堂送给各位举子的，分文不取，只愿各位金榜高中。”

这番话又引得众举子一片赞叹声，有的还捧着印有“同仁堂”和写有举子姓名的药盒，摇头晃脑地作起诗来。

截止到光绪二十八年（1902年）之前，北京没有专业消防队。道光年间，北京出现了民间的消防组织——救火会，又称水会、水局，一般由热心公益的士绅商民捐资组建。同治年间，办水会的逐渐增多。同治六年（1867年），同仁堂自筹资金在大栅栏路北设立了同仁堂普善水会。乐平泉不仅为普善水会置办了水会的大旗和水衣，还花重金购买了先进的德国造水车和消防用具。

普善水会和其他水会一样，每天都派专人在街巷巡逻，一旦发现火情，立刻鸣锣报警。有资料显示，至光绪十二年（1886年），北京城有十五家水会，普善水会即是其中之一。

光绪十四年（1888年）十二月十五日夜间，紫禁城内太和门西侧的贞度门失火，殃及太和门与昭德门。其中太和门又是紫禁城内最大的宫门，面积约为1300多平方米，建成于明永乐十八年（1420年），高为19.5米，折合市尺约为10丈。

当夜，北风大作，风助火势，火乘风威，只靠宫内的护卫已经无法控制。无奈，紫禁城只好各门大开，守门的士兵喊着：“太和门走水！太和门走水！圣上有旨，各水会速进宫救援！”

于是，十五个水会都带着自己的水车和扑火工具赶来救火。那时的水车是一种由硬木制成的椭圆形大水桶，下面装有车轮，方便移动。桶中有压水设备，也就是水泵。再用橡胶水管接上喷水的水枪。救火时，四个人两两一组，一上一下地用力压动杠杆，以产生水压。此外，还要配备多人拖动水管，保证持水枪的人可以对准着火点喷水。另外还需多人不断向水箱中倒水，以使水车连续喷水。

不过，当时绝大多数水车喷出的水柱只能达到三五丈高，根本达不到太和门的高度。眼看火光熊熊，越燃越烈，连轻易不动弹的慈禧太后也出来观看，可是几十条水柱拼足了力气，也只能勉强够到太和门的腰身。老佛爷急得团团转，却毫无办法，口中不断地念叨："祖宗保佑，祖宗保佑……"

这时，忽然有人叫："普善水会的洋水车来了，普善水会的洋水车来了！"

只见同仁堂的水车一到，四个着普善水会服装的壮小伙子，两人一边，一起一落地用力压动水泵。顿时，一股强大的银白色水柱，如蛟龙一般直扑太和门的顶部，不一会儿，就把火势压了下去。慈禧不由得拍手叫好道："真像一条小白龙！"

虽然由于火势太大，救火现场水源不足，太和门最终未能保住——今日的太和门已经是重建的了。但事后，朝廷还是论功行赏。史载，"出力赴救之水会十五处赏银一万两"。慈禧还将救火有功的同仁堂水车封为"小白龙"。从此，"小白龙"和同仁堂一样，誉满京城。

众所周知，同仁堂当时不过是三间门脸的平房，位于西打磨厂的乐家老宅，最高的建筑不过就是二层楼房，最多只有三丈高。如果只为保自家平安，根本不需要能喷到十丈高的灭火车，即使是整条大栅栏也用不着。可见，乐平泉当初用重金购置这洋水车时，就是出于仁爱之心，是为了施惠于社会公益，为了将来的发展。

在同仁堂文化中，除以仁爱为核心外，又特别重视义，并坚持以义为先。在关系民族大义，祖国存亡之时，保持民族气节，不投敌附逆更是以义为先的重要体现，是同仁堂文化中的重要组成部分。

在八国联军侵占北京时期，许叶芬等为躲战乱，带着家人西去避难。同仁堂的大查柜刘辅亭受她的重托，留守同仁堂。为记载历史、教育后人，他把自己亲眼目睹，亲身经历的八国联军给北京百姓造成的灾难，和他们对同仁堂几乎是日日不断的洗劫，都以日记的形式，详细、准确地记载了下来。

其中有德国兵闯进乐家住宅，白吃白住，将医书、家具又拿又毁。他们还抢劫同仁堂的酒，在店里酗酒偷窃，不分昼夜地为非作歹。例如，在得知慈禧太后携光绪逃离北京之后，刘辅庭在日记上愤然写道：“我大清遭受这样的搜刮强抢，国穷民困，一败涂地，不得安神。听说皇上到太原后，接着去陕西了。人主逃得远远的，强寇任意胡为，四乡明路劫，民众寸步难行。”

这部日记，可谓字字血，行行泪，充满了对帝国主义列强的愤恨。表达了遭受侵略、被欺凌、被损害的中国百姓的痛苦心声。刘辅庭还在日记中语重心长地写下了这样一段话：“当劝后生子弟，别忘毁我京都之仇，只要谨谨慎慎，勤学机器，体悟格致，五十年后，能够操作驾驶，游历海洋，造的枪炮能射得远、射得准，并到各国一游，他们自不敢有所轻视。遇有矛盾纠葛，也好说合了。”

后世将刘辅庭的这部日记以《众难奇闻》为名付梓出版，全文约一万七千余字，语言朴素，记叙详实，是研究义和团史、八国联军入侵史和北京史的不可多得的文献，更表现了同仁堂人的爱国情操。

在日本侵略军占领北平时期，有日本药商在日本军方的支持下，要和同仁堂“合作”，其实是索要同仁堂的祖传秘方。乐达义等人坚持民族大义，冒着危险和日本人苦苦周旋，最终没有让秘方落到日本商人手里。同仁堂乐氏后人阅历各有不同，对社会各政治派别的态度也不尽相同，但是只有毅然参加抗日组织的，为抗日根据地输送药物的，对日本侵略军怒眦相向的，却没有与敌伪同流合污的。

同仁堂文化以仁为上，以义为先，讲的是诚信，重的是质量。这些都是同仁堂文化的重要内容。

以讲诚信来说，同仁堂初创时期就立下“炮制虽繁必不敢省人工，品味虽贵必不敢减物力”的千古一诺，并且世世代代以不变的诚信，兑现着这个承诺。“修合无人见，存心有天知”是同仁堂自律的诫言。同仁堂的开办者还曾经立誓，在制药时要“遵肘后、辨地产”。“肘后”指晋代葛洪所著《肘后救卒》。“遵肘后”的意思就是要严格依方配制，不得任意更改。“辨地产”，就是要坚持用地道、纯正、上等药材。

同仁堂自古以来就强调用地道药材，如人参必用吉林产的，山药必用河南的光山药，枸杞必用宁夏所产，陈皮用新会的，丹皮则用安徽芜湖的。同时还要用药材最有效的部位，并且在药材有效成分最多的时候采取、制造。如七珍丹中的寒食，必须在春天柳树发芽时制造，也就是“取其地，采其时”。

当然，用料更不能以次充好。如，僵蚕不能用僵蛹代替，一斤十六头的人参不能用三十二头小参顶替，就连做大蜜丸用的蜂蜜也得专用河北兴隆的枣花蜜，不能用其他来路不明的蜂蜜代替。这些其实都是凭诚信来实现的。

因为药行里有一句话“丸散膏丹，神仙难辨”。意思是，制中成药时，制造者用的是地道药材，还是假冒伪劣产品，一旦做成了丸散膏丹，就很难分辨了。也正因为如此，同仁堂的祖先就特别强调树立“修合无人见，存心有天知”的诚信意识。

据老职工回忆，以前同仁堂会在药工身边，挂一幅画，画面上是一个赤裸身体的小孩，充满着童真气，还留着一条小辫，站在一旁看药工煎药，这可能就是上天的代表了。因为那时的药工许多都不识字，贴标语口号没有用，同仁堂老乐家，才想出了用这样一种类似今天卡通漫画的形式，以表现“修合无人见，存心有天知”的内容，用它提醒同仁堂的员工要慎独，要讲诚信。

在同仁堂文化中，讲诚信又是落实在质量上，也就是以质量为根本。这样的生动事例有很多。在乐平泉主持同仁堂的时代，曾经发生过这样一件事：同仁堂的乌鸡白凤丸是妇科良药，也是同仁堂的名药。据现代科学技术手段研究的结果，乌鸡的体内含有十种左右的氨基酸和多种微量元素，因而具有很高的药用价值。

同仁堂为了制乌鸡白凤丸，养了一些纯种白毛乌鸡。这天，有人向这位同仁堂第十代传人乐平泉报告：“咱们的乌鸡不够了，一时也买不着。还有些鸡，就是有几根杂毛，不细看都看不出来。能不能先用它们？”

乐平泉一听就瞪起了眼：“知道‘修合无人见，存心有天知’的古训吗？还有‘炮制虽繁必不敢省人工，品味虽贵必不敢减物力’。这些都是咱们同仁堂的根本，比什么祖传秘方、灵丹妙药都重要。没有纯种的乌鸡，咱们宁可不做乌鸡白凤丸，不赚这笔钱了，也不能用杂毛鸡蒙人。”

后来，这批鸡如何处理就各有说法了，有的说是宰了吃了，有说拿到菜场上卖了。不过，众口一词的是：“反正没有做乌鸡白凤丸。”

从现代遗传学的角度来说，这些本来应当是纯白如雪的乌鸡生了杂毛，就说明它们在遗传中已经发生了变异，用来制药是会影响疗效的。

同仁堂有一种名药叫作紫雪。在《同仁堂药目》中记载，它属于伤寒门。功效是：“疗伤寒一切积热瘟毒，发斑隐疹不透，口燥舌干，热闭神昏，狂言乱语，邪热发黄，瘟疫时气，小儿急热惊痫，并皆治之。”

制造紫雪除需要滑石、石膏、磁石等矿物药以及沉香、元参、犀角、羚羊角、牛黄等贵重的细料外，配方中还规定，需要用黄金百两。它在制紫雪的过程中，本身并不消耗，只起类似催化剂的作用。可是八国联军入侵北京后，同仁堂损失巨大，制紫雪的百两黄金也不知去向，有人说是被洋鬼子盗走了，有人说是出了内鬼，而同仁堂一时又无力筹集到这么多黄金，怎么办？

有人就出主意说：“这金子在药里根本显不出来。有些药铺制作紫雪时，根本就没有用金子。‘丸散膏丹，神仙难辨’，做成了紫雪，谁还能分得清是用了金子还是没用金子？咱们造紫雪就别用什么百两黄金了吧。”

许叶芬一听，脸上挂了色，厉声呵斥道：“怎么，要砸同仁堂的牌子？”

此言一出，不单是说这话的人，所有在场的人都噤声了。他们都知道夫人治店虽严，却不轻易瞪眼、发脾气。不过，他们在心里也嘀咕：“您说的倒是在理。可是没有黄金百两，您又能怎么办呢？”

许叶芬自有许叶芬的办法，她把乐家的女眷都召集来，把详情讲了一番，然后，让丫鬟拿来了自己的几件金首饰，往一张几案上一放。女眷们立刻都明白了，老夫人是让她们捐首饰，用这个办法解决黄金百两的难题。

既然这事关系到同仁堂的药能不能保证质量，老夫人又带了头，女眷们也都纷纷捐出了自己的金首饰。有的摘下了耳环、有的退下了手镯、有的取下了发簪，很快凑出了百两黄金。在制作紫雪的日日夜夜中，许叶芬一直在旁监制，确保了古方紫雪的质量。

这件事给同仁堂的上上下下都留下了深刻印象：什么叫“炮制虽繁必不敢省人工，品味虽贵必不敢减物力”，什么叫“修合无人见，存心有天知”，什么叫“诚信”二字，老夫人通过百两黄金造紫雪这件事，让在场的人都明白了，而且终生铭记不忘。

不过，今天的社会与乐显扬、乐凤鸣、乐平泉、许叶芬、乐达义的时代相比，已经发生了巨变。社会发展了，自然条件改变了，人们的观念改变了。"环保""绿色""保护生态""可持续发展"，成了世界的潮流，人类共同关心的主题。在这种情况下，以植物、动物、矿物为主要原料的同仁堂，还能保证产品的效力和质量吗?

1996年的年底，越南国家主席黎德英因高血压引发脑溢血，陷入昏迷，也就是人们常说的中风。经越方医疗专家大力抢救，黎主席的病情暂时得到了控制，但一直处于昏迷状态。越南党和政府紧急请求中共中央派专家前往救治。党和政府对此高度重视，迅速组成了以北京医院神经内科王新德主任医师为组长的医疗组，其成员还有：北京医院内科主任医师刘焕民、北京协和医院神经内科主任医师李舜伟、北京医院中医科主任医师米逸颖。

因为中央要求医疗组尽快赶赴越南，米逸颖主任医师来不及过细准备，她根据越南方面通报的黎主席病情，到北京医院药房领了一盒（共六丸）同仁堂出品的安宫牛黄丸，两盒同仁堂出品的牛黄清心丸，就匆匆登上了赴河内的飞机。

虽然越南领导人在会见专家组时表示，相信有中国医疗专家的合作，黎德英主席的病情会逐渐好转起来。但从他们私下的言谈中可以感到，他们对黎主席能否康复，也深感忧虑。

中国医疗专家组在全面深入地进行了检查后认为，黎德英主席患的是蛛网膜下腔出血和高血压病，病情相当严重，而且不排除再度发生脑溢血的可能性，一旦再度出血，情况将更加危险。

经过商议，中越双方专家一致同意，采用中西医相结合的方法为黎德英主席治疗。在治疗时，双方医疗专家对口讨论和制定医案，即西医和西医共同参与治疗，中医和中医共同参与治疗。越南称中医为东医，和米逸颖专家对口参加治疗的是越南东医院的院长。

米逸颖专家用中医的辨证理论对黎主席进行诊断后，认为患者的病症最适合用安宫牛黄丸配合汤剂进行治疗。这一方案经米逸颖专家的努力，最终得以通过。由于诊断准确，治疗措施得当，经过中西医共同努力，黎德英主席的病情奇迹般地好转起来。用药几天后，黎主席的神智已经清醒，肢体已能动弹，并开始说话。半个月后，已能由医务人员扶着坐起来。

此后，黎德英主席的病情日趋好转，语言能力基本恢复，上肢功能良好，能自行坐起并签署文件，还能在医护人员的搀扶下站立和短距离行走。此后，按照中方专家开的药方，又治疗了一段时间后，黎德英主席完全康复。1997年春节，当他出现在电视机屏幕上，向越南人民发表迎新春的电视讲话时，越南人民惊喜不已。

中国医疗专家救治黎德英主席的故事不胫而走，在越南干部和群众中广为流传。他们甚至把中国医生描绘成神医，把黎主席的康复完全归功于安宫牛黄丸，以至于不少越南人到中国来，都要想方设法买一些安宫牛黄丸带回。

据米逸颖专家回忆，在黎主席痊愈之后，中国医疗专家组还曾经赴越南看望他。出发前，大家讨论为黎主席带什么礼品，因为这是国礼，

同仁堂名药安宫牛黄丸

自然要讲档次，要能代表一个国家的形象。这时，米逸颖突然想到，我们何不送给黎德英主席一些安宫牛黄丸呢？这个意见得到了大家的赞同，也得到了上级的批准。于是，同仁堂生产的安宫牛黄丸就被当作国礼，送给了黎德英主席。

同仁堂大栅栏药店也有相关记载：2008年8月23日，三位越南客人来到同仁堂大栅栏药店，他们要买六十丸安宫牛黄丸。大栅栏药店的员工感到很奇怪，他们为什么一下子要买这么多？向越南客人询问后才知道，原来，他们就是受黎德英主席之托，趁这次到北京观看奥运会的机会，买一批安宫牛黄丸，供黎主席自己和他的家人备用。

在黎德英主席身上创造的奇迹，是中西医共同努力的结果，是中越两国医疗专家共同努力的结果，是中西医结合创造的奇迹，西医西药的功劳绝不能贬低，但中医中药也确实起到了毋庸置疑的独特作用，同仁堂的安宫牛黄丸也确实发挥了它应有的效力。祖国医药宝库中的一颗明珠，同仁堂传统配本中的一味名药，仍然放射着熠熠光辉。当时的中共中央政治局常委、国务院总理李鹏同志曾在医疗小组的总结报告上批示："这是通过医疗进行外交和党际交往活动的一次成功事例。"同仁堂为此做出了贡献。

由此可见，尽管时代变了，人文和自然环境变了，人们的观念变了，但是千变万变，同仁堂坚持质量第一的努力不会变，同仁堂"配方独特，选料上乘，工艺精湛，疗效显著"的传统不会变。

十三、提升仁心，传播大爱

同仁堂文化在其长期的发展过程中，不断补充和丰富，内涵非常深厚，外延十分广泛。从乐氏创建同仁堂到供奉御药一百八十八年；从四大房创立自己的基业，到解放后公私合营；从同仁堂集团成立，到改革开放，股改上市，同仁堂文化都在不断充实，发展。尤其是新一代领导班子上任后，更是重视保护同仁堂文化，发掘同仁堂文化，运用同仁堂文化，丰富同仁堂文化，发展同仁堂文化，传播同仁堂文化。

今天，同仁堂集团领导班子在实践中，已经将同仁堂文化中的仁爱思想，赋予了新的意义，提升到新的高度，充实了新的内容。

殷顺海董事长曾经说，没有对同仁堂“仁德”思想的总结和提升，就不可能提出“四个善待”，更不会打造出“善待”文化，和谐企业建设就会缺少支撑。

同仁堂集团党委副书记陆建国在一篇文章中这样评论同仁堂文化：“如今，同仁堂新的一代经营团队继承了‘仁本’理念的精华，并融入了新的内涵，提出了‘善待’的思想，包括善待社会、善待职工、善待经营伙伴、善待投资者。这种‘善待’文化的运用，使同仁堂的内在凝聚力和外在影响力空前高涨，企业也得到了前所未有的发展。”

同仁堂集团在关、并四十多家“三产”企业和“母体脱困”时，实行“转岗不下岗”，没有让一位员工下岗，体现的是仁德；在抗击“非

典”中，赔本也要保证供药，并且提出了“四个善待”，体现的是仁德；在南方冰雪灾害中，在汶川地震中，同仁堂捐款捐药，体现的也是仁德。

这种仁德，或是仁爱，就是中国传统文化中所说的大爱无疆。同仁堂集团领导班子能够做到这一点，原因何在？原因首先在于，他们对员工有深深的感情。殷顺海曾经这样剖析自己的心曲，他说：“我自己本身就是工人。从根儿上说，我1970年初中毕业，参加工作时就是工人，那时十七岁。所以，大家的情况我最了解。说感情深也行，因为我的根就是那么个根，是从工人成长起来的，一步一个脚印，还有着工人的血脉、工人的感情啊！这个情节从根上就存在，这也是一个本源吧！因为你创造价值也好，搞什么也好，都得靠基层，靠职工啊！不管你组织领导者多高明，你没有工人，没有基础，是什么都实现不了的！”

正因为殷顺海“有工人的血脉，有工人的感情”，从内心深处热爱员工，贴近基层，贴近群众，注意“接地气”，因而了解员工们的冷暖温饱，知道他们的喜怒哀乐。看到他们遇到困难，也就会积极想办法解决，聪明才智也就会被激发出来。

2013年5月14日，习近平主席在天津视察时，曾经和高校毕业生、失业人员座谈。习主席说，做实际工作情商很重要，更多需要的是做群众工作和解决问题的能力，也就是适应社会的能力。

习近平主席讲的情商，就是对人民群众的感情，就是对基层的理解和关爱。除了情商高，集团领导团队非常善于从同仁堂文化的积淀中，汲取营养并且加以创新，再充实到同仁堂文化当中。

同仁堂善于用同仁堂文化吸引人。因此，同仁堂的上上下下都把“仁爱”“以义为先”和“诚信”，当作最基本的职业道德，在日常的生产和经营中，遵守着、践行着。

同仁堂至今延续着年节时义诊义卖的传统。2012年的10月23日是农历“九九”重阳节，也是老人节。位于大栅栏的同仁堂药店开展了敬老爱老活动，对前来购药的老人实行打折优惠，并且开展了一系列优惠活动。

阿胶是中药里的名药，很受欢迎，可是熬制阿胶却不是一件容易事。有的老年顾客正为此犹豫不决，买吧，自己熬怕熬不好，白花钱，还把那么好的阿胶糟蹋了；请儿孙帮忙熬吧，一是他们也不一定会熬，二是如今年轻人都忙，也不忍打扰他们。不买吧，自己又确实需要。正在这时，善解人意的女售货员看出了他们的心思，就对他们说：“您老要是需要阿胶，我们为了敬老爱老，特意开设了为老人免费熬制阿胶的活动。您不妨试试。”有这样周到的服务，老人们喜笑颜开，打消了顾虑，买到了心仪已久的名牌阿胶。

2012年9月10日，已经是夜里12点了，大栅栏同仁堂药店的贾文生经理在睡梦中突然被手机唤醒。原来，是有一位患者急需几种药救急，因为涉及几个部门，又是在深夜，需要贾经理组织协调。贾经理立刻起身，不顾一天的疲劳还未褪去，立刻和成药部、调剂部、参茸部的负责人联系，安排布置如何在最短的时间内，把患者急需的药配齐。这位患者需要的药中有麝香、安宫牛黄丸等。它们或是贵重的细料，或是必须凭处方购买的药。按规定，夜间售药不能直接销售。同时，患者需要的还有一些普通救急用的成药。所以为这位患者购药的事，就得由三个部门联动，才能完成。

为此，必须有人奔走于这三个部门之间，协调他们落实好贾文生经理的指示，让患者在最短的时间内，拿到救急的药。调剂部的李秋芬在得到部门通知后，毫不犹豫地承担起这项重任。这时，已是月明星稀，夜深人静，北京初秋的夜风，吹在身上已经有了丝丝凉意，但是李秋芬不顾这一切，立刻赶到药店，开启了预先设置好的绿色购药通道。各部

门也都按照贾经理的要求，做好了准备。李秋芬很快就把药备齐，并且在第一时间送到患者亲人的手中。

这时，东方已经微露出鱼肚白色。为了让患者及时得到这些药，不知道同仁堂药店有多少人度过了一个不眠之夜。类似这样的事，在同仁堂并不罕见。

2008年8月28日，一位老顾客给大栅栏同仁堂药店参茸部打电话。他有些焦急地说，他急需一批虫草，因为工作繁忙实在抽不开身来北京，能不能将他需要的四百八十克虫草，分成一百二十克的小包装，在第二天送到太原。参茸部的干部和员工认为，以同仁堂的仁爱和诚信服务，本来就应当尽力满足顾客的要求，更何况这是位老顾客，每年都要亲自来大栅栏同仁堂药店购买贵重药材，就更应当善待了。于是，在药店领导的支持下，按顾客要求包装好了这批虫草。可是由于时间所限，用汽车或火车运送都来不及了，怎么办？他们毅然买了飞机票，派专人乘飞机送往太原，让顾客及时拿到了这批虫草。

在同仁堂药店，至今保持着十多项深受人们欢迎的便民活动，如咨询服务，坐堂问诊，代客加工饮片及成药，代客寄药、煎药、送药，登记短缺药品等，特别是一些本小利微的饮片，既占资金又占库房，很多药店不愿经营。而同仁堂药店从患者需要出发，一直坚持不懈，靠的就是“仁德”“诚信”和“以义为先”。

2012年，一位刚刚从海外归来的中年人，搀扶着一位老人来到位于大栅栏的同仁堂药店，说是一定要见经理，他们是有什么急事吗？这还得从2007年说起。

2007年深秋的一个早上，一位老大爷前来同仁堂药店买药，在药店门口险些跌倒，同仁堂药店的员工赶紧上前搀住他。原来，老人患有血压高、糖尿病、风湿性关节炎，行动不便。同仁堂药店的员工一边精心照顾他，为他抓药，一边和他聊家常。这才知道，原来他是一位空巢老人，老伴病逝不久，儿子在海外打拼，生活无人照料，他只好自己拖着病体来抓药。而且，老人的疾病决定了他必须终身服药，因此，以后每个星期都要到同仁堂药店来抓药。不用说，这对老人不仅是个不小的负担，而且会有风险。同仁堂药店的员工一面自发地为老人送药，一面向领导汇报了这个情况。

药店领导立刻做出决定：无偿为这位老人送药。从此，不管是烈日酷暑，还是冰雪寒冬，同仁堂的员工都会准时给老人把药送上门。有的员工因为有急事来不了，别的员工也会自动顶上。有的员工调动了工作，药店也会安排其他员工接班。总之，同仁堂送药的员工会有变化，为老人送药却从来不会有变化。同仁堂一年和一年有不同，为老人送药的爱心之举却从来没有变。遇到老人在诊病、服药时有什么疑问和困难，同仁堂药店的员工还会主动为老人解惑排难。老人看病不方便，同仁堂的员工还陪同他去医院就诊。老人为表示感谢，多次要送给同仁堂的员工礼物和钱，可是每一次都被谢绝了。

就这样历经了五个春秋冬夏，到了2012年，老人的儿子从海外归来，才得知这件事。原来，老人怕儿子在海外为父亲担心，就一直没有把自己的病况告诉儿子。老人的儿子为此事深受感动，他是特意到同仁堂药店来表示感谢之意的。老人和他的儿子还给同仁堂中药店送来了一面锦旗。老人的儿子激动地说："我在国外打拼，见过很多公司，但是同仁堂这样为顾客着想，坚持不懈送药的企业真是太少了。"

不仅北京的门店如此，外地的同仁堂分店也如此。每逢腊月二十三，也就是民间所说的过小年的日子。早年，同仁堂有这样的传统，一方面在这一天严禁向贫穷百姓逼债，另一方面还拿出上好的人参须、人参花送给百姓，叫作"舍须"，希望穷苦百姓来年有个健康的身体。

2007年，位于杭州河坊街上的北京同仁堂杭州分店，于农历腊月

二十三恢复“舍须”传统，为市民祈福纳祥。

人参须性平、味甘、微苦、微温；归脾、肺经；有大补元气，复脉固脱，补脾益肺，生津止渴，安神益智功效。主治劳伤虚损。人参花则有健脾补虚、开胃消食之功，它们都是难得的滋补佳品。

同年2月10日，北京同仁堂杭州分店即开始赠送五千份人参须、人参花，有就业援助证或老年卡的市民还可以优先获得。那里的居民，尤其是中老年闻知此事，喜笑颜开地互相转告，“同仁堂的参须、参花，木佬佬好！”

“去领参须、参花的人木佬佬了！”

“木佬佬”是杭州话“很”或“多”的意思。他们的意思当然是夸同仁堂的参须、参花质量很好，很受顾客欢迎，因而前去领的人非常多。

同仁堂每年都要收到大量表示感谢或求医问药的来信。对此，同仁堂的许多门店都设有专人仔细阅读，热情回信答复，并寄去患者所需药品。几十年如一日，虽然不赚钱，但职工们觉得值得，因为这是同仁堂的传统、同仁堂的精神，表现了同仁堂人的仁爱。而且从中可以获得很多信息，有利于同仁堂改进服务。

相比供奉御药和四房共有时代，今天同仁堂的仁爱，要广博得多，厚重得多。同仁堂的义也要全面得多，深刻得多。尤其是殷顺海董事长提出的“义利共生，以义为先”，而且为在社会主义市场经济中，企业如何处理“义”与“利”的关系，树立了典范。

2003年，“非典”肆虐京城，同仁堂从爱出发，以义为先，毅然拿出一千万元平定中药市场价格，供应了全北京近一半的药量，满足了近一百万人次的用药需求，自己却承担了近七百万元的损失。

2008年汶川地震，同仁堂从爱出发，以义为先，仅仅为了给震区空运皮肤病血毒丸，同仁堂就至少亏了二十万元。

2010年4月14日晨，青海省玉树藏族自治州玉树县发生强烈地震。同仁堂从爱出发，以义为先，又捐款二百万元。类似例子还有很多，都是爱的闪光，义的赞歌。

从地域的广阔、受益的人数、赈灾款额的多少等，以殷顺海为董事长的同仁堂都远远超过了老乐家的同仁堂。同仁堂领导班子把“仁爱”和“以义为先”落实到了“四个善待”中，大大丰富了“仁爱”和“义”字的内涵，使之上升到了新的高度，即中国共产党一贯坚持的“为人民服务”和“以人为本”的境界。

同仁堂之所以能够这样，不仅是因为时代不同了，社会背景不同了，同仁堂的规模和营业额都远远超过了供奉御药和四房共管的时代，也是因为同仁堂领导班子有担当，他们担当起了一个国企对社会的责任；他们有眼光，知道自己的善举会唤起群众对同仁堂品牌的认同；他们有胆识，明白自己一时的亏损会因为赢得了信任，而确立了更牢固的信誉、更深远的影响；他们有坚守，在复杂多变的市场经济中，坚持着“以人为本”的理念，坚守着共产党员的理想；他们有追求，追求一个不会随着岁月的流逝而消退，只会随着时代的前进而更加金光灿烂的同仁堂。

十四、不谋万世者不足谋一时，不谋做长者不足谋做大

长期以来，人们听惯了一个口号“做大做强”。不仅是企业要“做大做强”、产业要“做大做强”，甚至有的小山村竟喊出了“做大做强农家乐”，某些路不平、电不通的偏远地区竟在荒草乱滩中矗立着“做大做强开发区”的大招牌。可是很少有人深入思考一下，不顾实际情况，空喊“做大做强”的口号对吗?

2007年6月1日，集团党委书记兼董事长殷顺海在谈到学习科学发展观时，却别出心裁地提出了一个口号——“做长、做强、做大同仁堂”。这个口号在当时可真不“时尚”，因为这时有相当一部分企业不顾外部条件和自己的实力，正高举着“做大做强”的旗帜，攻城拔寨，盲目扩张。有些“成功”企业家被一时的胜利冲昏了头脑，在“做大做强”的口号中，自我膨胀，恨不得一夜之间就变成一个世界顶级企业。正如有媒体嘲讽的那样，“不管大象还是蚂蚁，都赫然打出了‘做大做强’的旗帜”，“鸡想用自己的蛋孵出恐龙来”。

而一些企业的上级主管部门也在“做大做强”的口号中，强把一些利益不一致、实力不同、产权不明的中小企业，组成“杂八凑”的“集团”。他们以为用一堆碎砖乱瓦也能盖起摩天大楼，几十条小舢舨就可以绑成一艘航空母舰。在这种情况下，有的领导也不顾实际情况，片面用“做大做强”作为考核业绩的标准，让下级单位的主管左右为难。

面对这股潮流，提出把“做长”放在第一位，不仅需要清醒冷静的头脑，更需要实事求是的作风和正确的业绩观。“做大做强”和“做长、做强、做大”，并不是字数的增减，排序的先后，最根本的区别是关系到如何理解“科学发展”这个大题目。

殷顺海董事长提出的“做长、做强、做大”是创新的提法，完全符合科学发展观。当社会上“做大做强”成风，片面追求快速发展，以致出现了一些“虚胖的”“浮肿的”“空心的”“骨质疏松的”所谓“大企业”时，殷顺海却一再嘱咐干部和员工“不要把企业做糠了”。

他还提出，要“紧烧火，慢揭锅”，意思就是凡事不能急于求成，要为发展提供最充分的条件，只有通过量变才能达到质变，并且一再强调“发展要服从质量”，实际上就是要求干部和员工正确处理发展中速度和质量的关系问题。

“做长、做强、做大”，既折射着同仁堂文化的光彩，也坚持了科学发展观中可持续发展的理念。

同仁堂自创业之后，一直是在前门外大栅栏经营。因为供奉御药的原因，同仁堂从来不开分号，以免被仿冒。即使四大房各自创业之后，乐家的族规也不准他们用同仁堂的名义开店。这种经营方式，虽然已经过时，不适合当今时代的要求，但是乐家不求表面的扩张，坚持扎扎实实经营的作风，也给人以启迪。同仁堂那时虽然“只此一家，别无分号”，效益却非常可观。据资料记载，至宣统年间，朝廷竟累计欠同仁堂十八万七千多两银子，制钱二十三万五千六百三十四吊。怪不得有人说，“同仁堂已经成了皇上的债主”。对这笔钱，同仁堂乐家声称，他们都懒得要了。

集团领导团队求实的稳健作风，也承继了老同仁堂的遗风，只不过，他们根据时代发展的需要，摒弃了“只此一家，别无分号”的方式，在做长、做强的前提下做大。

因为集团领导团队把“做长”放在第一位，同仁堂绝不透支未来，不参与那些“拼血本”“拼价格”的混战。因为把“做长”放在第一位，同仁堂绝不从事寅吃卯粮、挖肉补疮的短期行为。

因为把“做长”放在第一位，同仁堂特别重视质量。用质量打出一个金字品牌可能要几年，甚至几十年的时间，可是只要稍有松懈，就足以让一代名企毁于一旦。这种不幸人们已经看到的太多，因此，同仁堂集团视质量如生命。

在同仁堂集团的各公司、各工厂、各门店，都可以看到那幅著名的古训“炮制虽繁必不敢省人工，品味虽贵必不敢减物力”。这是三百四十余年的传承，只字未改。但是今天，集团领导团队已经赋予了它新的内容。

现在的同仁堂集团各制药厂采用的都是符合GMP要求的自动生产线，和用电脑控制的各种现代化设备，已经省去了大量人工，但“必不敢省人工”的精髓并没有改变。为了保证质量，同仁堂增添了许多现代化检验设备和手段，如价值数百万元一台的傅立叶近红外仪、高压液相仪、气象色谱仪，都是用来分析药品成分、分离药品剂型的。“丸散膏丹，神仙难辨”已经成为过去。

与此同时，为了适合市场的需要，产能也大大提高。不过，同仁堂仍然保留着一些必要的手工操作。有的是因为现在还不能采用机械加工的工序，如远志去芯等。还有的是为了让前来参观的人们了解同仁堂非物质文化遗产的精粹，如股份公司特意保留了安宫牛黄丸的手工生产演示。对这些手工操作，同仁堂都上升到传承同仁堂文化遗产，提高到保证质量、维护品牌的高度来认识。

至于“品味虽贵必不敢减物力”也在新的条件下，被赋予了新的内容。由于社会和自然条件的改变，现在一些药材很难在数量和质量上获得保证。为此，同仁堂投入了大量财力和人力，建起了山茱萸、党参、人参、茯苓、川贝、白芍等二十余种优质药材的生产基地，并且通过了GAP标准。GAP是国家食品药品监督管理局颁发的《中药材生产质量管理规范》，它对中药材生产的种植、栽培、采收与产地加工、包装、运输和储藏等方方面面，都有严格要求，以保证做到“药材好，药才好”。

同仁堂集团对原料药有着严格的要求。同仁堂集团总经理梅群就说：“同仁堂严格按照传统配本要求下料入药，如果药材等级不够，只能重新组织货源，不够等级的绝不下料，绝不以次充好。”而且同仁堂的企业标准，都高于国家标准。

在抗击“非典”时期，“姜八味”中的主要原料藿香，因为不达标，同仁堂宁可停产，待筹备到符合标准的原料药再生产，也不以次充好。为此，同仁堂的员工还受了不少委屈。

在炮制硫磺时，需要豆腐，因为用量不大，过去都是到农贸市场买。现在为了保证质量，改为到制造豆制品的专业公司去采购。这些企业做的都是大进大出的批发业务，同仁堂就按批量购进，在保质期内用完。

也是为了制某种成药，还需要用到少量的牛奶。过去是从超市买，现在为了保证牛奶的质量，改为直接从三元公司进货。人们从这些落差巨大的买卖上，也可以看出同仁堂在原料方面的一丝不苟。

因此，今天的同仁堂不但坚持“品味虽贵必不敢减物力”，而且为了保证药材的地道、纯正，保证产品的质量，不惜增加更多的物力。

中外企业的发展史也能证明殷顺海董事长的发展观是正确的。“做大做强”是靠规模经济理论支持，但是国外有专家研究后发现，能控制自己身高、体重的运动员才会跑得快、跑得远；一家企业也要控制住自己的身高、体重，才能健康发展，才能“做长、做强、做大”。

福建实达公司曾经在IT业做得风生水起，但是上市后，把“做大”定为自己的战略，没有把资产安全和资产收益放在应有的位置，最终因为连年亏损而被挂上了ST的牌子。

一家企业，如果只把“做大”作为战略目标，那么，为了追求快速膨胀，很可能采取冒险投机等过激行为，以至于超越底线，加之企业又没有相关的制度约束这些行为，企业很快就会被“做糠”。

还有的企业为了“做大”，什么赚钱就做什么，昨天卖电子、今天卖房子、明天卖车子，这就是“心躁”。企业经营者犯了“心躁”之病，可能出现各种短期行为，最终毁掉自己的前途，正如荀子在《劝学篇》中所言：“蚓无爪牙之利，筋骨之强，上食埃土，下饮黄泉，用心一也。蟹六跪而二螯，非蛇鳝之穴无可寄托者，用心躁也。”

大自然中，大的强的物种，未必活得长。恐龙与蜥蜴相比，又大又强的被淘汰了，又小又弱的，还在四处游弋；老虎与蚂蚁相比，又大又强的正在濒临灭亡，往日的兽中之王还得靠国际条约来保住自己的小命，以致现在同仁堂的虎骨酒都不能做了；而小小的蚂蚁活了一亿年了，至今仍然蚁丁兴旺。这也是大自然给人们的一个启示。成长要根据环境的改变而改变，发展要根据市场的变化而变化，这就需要有“做长”的意识。

当一些制药企业片面追求产量大，市场占有率高，甚至不惜竭泽而渔、杀鸡取卵时，同仁堂集团副书记陆建国在谈到同仁堂为什么不追求某种药的市场占有率时，讲过这样一句话：“中药是资源型产业，中药材是要占用土地的，是有生长周期的，我们的产量要根据药材的资源情况而定。”

2005年5月28日，殷顺海董事长在集团公司经济运行会上讲了这样一番话：“从宏观讲，国家提倡的是生态经济，要实现人与自然的和谐发展。但我们所从事的行业，规模越大，意味着对资源的需求越大，必然会受到制约。因此，应该理性地认识，不能以耗费资源和影响环境为代价，盲目追求发展规模。”

由此可见，同仁堂“做长、做强、做大”的发展方向，是把自己的发展放在“谋万世”和“谋全局”的基础上加以考虑的。这不仅是为了自己的企业“做长、做强、做大”，更是着眼于整个中药业的长远发展。这就是“可持续发展”的精髓所在，也符合十八大提出的“五位一体”中“环境友好”的目标。

古人云：“不谋万世者不足谋一时，不谋全局者不足谋一域。”同仁堂的历史和发展告诉我们：殷顺海董事长提出的“做长、做强、做大”是创新，既折射着同仁堂文化的光彩，也坚持了可持续发展的理念，完全符合科学发展观的要求。

企业的经营者要胸怀大局、放长眼光、力戒急躁，要正确处理发展中速度和质量的关系问题，只有通过量变才能达到质变。因此，要为发展提供最充分的条件，以外因促内因，以量变促质变，以日积月累的进步促成质的飞跃。为了做长、做强、做大，绝不拼价格、不拼血本、不搞短期行为，坚持“稳健发展”“速度和效率统一”和“发展要服从质量”的原则。

十五、他山之石可以攻玉，身边佳木亦是良材

有人说“药材好，药才好”，这话当然有道理。同仁堂的“品味虽贵必不敢减物力”，表述的就是这样的意思。其实，同仁堂还信奉一个准则——人才好，药才好。虽然同仁堂从没有明言，更没有制成匾额，制成楹联，却是实实在在地把人才看作是最宝贵的财富。因此，同仁堂在长期的发展中，形成了自己的人才观，有了独特的、具有同仁堂特色的用人制度。

同仁堂为了制出好药，非常重视使用和培养人才。一方面，不惜重赀聘用外部人才；另一方面，又重视在内部培养人才。在老乐家时代，同仁堂的制药作坊中设有斗房、北刀房、碾房、南刀房、方子房、酒库、账房等。斗房负责炮制饮片，制作丸、散、膏、丹等各类成药，还兼管“委配药”，就是按顾客的要求，用他们提供的方子，为他们制作丸散膏丹。账房管理账目，收债发钱。方子房实际上是印刷坊，专印有同仁堂标识的贴纸，那时叫门票。

北刀房和南刀房都是切饮片的，但是南刀房切的饮片更薄更细，技术要求也更高。当时北京的其他药铺很少有南刀房，而同仁堂不但有南刀房，而且切出的饮片较之其他药铺更为精细，成为同仁堂的特色之一。

南刀房的技师专门切西洋参、半夏、槟榔、厚朴、附子、玉竹等细

货，切出来的饮片不仅薄如纸片，而且鲜泽光亮、不走原色。中药业对切制饮片的规格有一个顺口溜：“半夏不见边，木通飞上天，陈皮一条线，枳壳赛纽袢，川芎似蝴蝶，泽泻如银元，麻黄鱼子样，槟榔一百零八片。”同仁堂南刀房切制的饮片必须达到这一标准。

“他山之石可以攻玉”。同仁堂南刀房的技师能有如此绝活，关键就是同仁堂肯用重金从南方聘请技师。这些技师不仅身怀绝技，而且自备工具，他们的工具都是度身打造的，犹如关羽的青龙偃月刀、张飞的丈八蛇矛，还有的甚至是祖传的，轻易不准他人碰，更不借给他人用。

药行里都知道，同仁堂从来不用学徒，只用有技艺的员工。明面上，同仁堂的理由是用学徒“省钱费饭多劳神”。其实个中另有原由。

原来，旧时北京的中药铺，大都在春节过后招收学徒，一般都要求有举荐人、铺保。徒工第一年只干零活，如搞卫生、搭拆门板和铺板，第二年才开始学业务，第三年能够独立操作了，才算出徒。其间只管饭不给钱，或是只给很少的一点零花钱。由此可以看出招收学徒的主要目的，不是为培养人才，而是为了节省成本。

同仁堂不用学徒，其实是有两个很重要的原因：一是同仁堂承担着供奉御药的重任，万万不能出错，一旦出错，很可能引来杀身之祸。为了省几个钱，去冒杀头，甚至祸灭九族的风险，当然不值得。二是同仁堂从来不缺人才。这是因为同仁堂不惜用重金聘用人才，并且给以很高的礼遇。因此，常有人登门自荐或托人互荐，同仁堂也就能广开才源。除此之外，同仁堂还有一套独特的培养人才机制。

“他山之石可以攻玉”，但同仁堂也信奉“身边佳木亦是良材”。除了外聘人才，同仁堂重视在内部培养人才。培养人才，同仁堂有一套成功办法，这就是鼓励员工“父传子”，也就是把技能传授给自己的后代。同时，同仁堂也愿意雇用员工的子弟。再加上同仁堂的待遇好，这就使得那些有技艺、有专长的员工，尤其是那些有独门绝技的能工巧匠，都热心于把自己的拿手技艺和绝活教给后代。于是，同仁堂既有了技能精湛、有专业知识的后备人才，又免去了培训费用，员工也特别珍惜自己的工作，把同仁堂当作自己的家族企业一般。

因此，有人说同仁堂在过去不只是家族企业，还是“家传企业”。所谓“家传企业”，就是说，在同仁堂内部，因为有这种“父传子”的制度，形成了许多家族式的专业人才，他们往往世代承袭同仁堂的一个部门，做出了成就，在业内知名度很高，如“配料郭”“周家账房”“查柜刘”，都是代代相传。

在八国联军侵占北京时，坚守同仁堂，用亲历亲闻记录了侵略军的罪行的刘辅亭，就是“查柜刘”的传承者。

北京大学教授郑启栋

中华人民共和国成立后，由于同仁堂的经理乐松生有伯乐之才，将北京大学教授郑启栋揽入同仁堂，终于成功地实现了中药的改革。那是1951年春天，乐松生参加了一次由北京市市长彭真同志召集的会议。在会上，彭真对乐松生说：“你们乐家搞中药这么多年，新中国要振兴中药，你们乐家可是责无旁贷哟。乐家一定要为中药事业的发展做出贡献！”

乐松生受到彭真市长的鼓励，决心从中药的剂型改革入手，振兴中药。中药历史悠久，疗效确切，深受欢迎。但是中药也有它的不足，最突出的就是剂型落后。中药的传统剂型就是丸散膏丹和药酒。尤其是大蜜丸，尽管有便于制造、有利保存等特点，但它不易吃，不便带。因此，改进中药，最迫切的就是改进剂型。但是，要进行这项改革，就必须要有这方面的人才。乐家过去也曾经想对中药进行改革。乐松生的伯父乐达仁曾经购入现代机械进行中药生产，也引进过西方现代企业的某些管理办法，但那时，乐家虽然不差钱，却没有能够完成中药的剂型改革，其中一个重要原因，就是没有合适的人才。

现在彭真市长鼓励乐家发展中药，乐松生就想从剂型改革入手。何方圣贤能担此重任呢？“他山之石可以攻玉”，乐松生想到了他不久前结识的一位朋友，北京大学的郑启栋教授。这位台湾籍的教授曾用动物内脏提炼过激素，当时还兼任着北京大学制药厂副厂长。请他来担此重任，那是再合适不过了。

1952年10月1日，乐松生为改进中药而设置的机构正式成立了，可是郑启栋教授却迟迟不能到任。原来，是北京大学不愿放。这也很可以理解，任何具有伯乐慧眼的单位也不会轻易把人才放走的。最后，乐松生请彭真市长出面协调，才把郑启栋调来。

乐松生和郑启栋对中药的改革，是以剂型为突破口的，原以为这是个比较容易攻克的题目，不想，其中困难很多。但他们抱着锲而不舍的精神，反复试验，终于把银翘解毒丸、牛黄上清丸、香莲丸、女金丹等十三种中成药改成了片剂，为中药业的发展立下了汗马功劳。后来，还有人编了一段数来宝，赞扬同仁堂对中药剂型的改革：

中药丸、真有效，可惜就是受不了。

分量重、个头大，比起煤球也不小。
大肚汉、三尺腰，吃上两丸就管饱。
小姑娘、犯了难，樱桃小口没法咬。
同仁堂、想得好，要把药丸来改造。
圆改扁、大改小，制成药片真是好。
分量减、很轻巧，药效一点没减少。
能败火、能退热，祛风祛湿祛感冒。
是出差、是远行，还是去把矿藏找。
又好带、又好存，保您为国立功劳。
千般好、万般妙，就是一样不大好。
女金片、妇科药，男人吃了没有效。

此后，乐松生和郑启栋教授又再接再厉，研制出了人工牛黄。牛黄是牛的胆结石，是名贵的中药材，在中成药中占有重要地位，同仁堂有名的安宫牛黄丸、牛黄清心丸等，都少不了牛黄。然而牛黄的天然资源稀少，我国每年要从南美诸国大量进口，不仅价高，而且货源还不稳定。在国际市场上，日本等国经常与我国争购，这又促使它的价格飚升至比金价还高。

1957年4月，在此时已经担任北京市副市长乐松生的支持下，郑启栋终于试制成功人工牛黄，并且获得了卫生部的批准，投入正式生产。

人工牛黄的试制成功，是一个很重要的贡献。人工牛黄除了具有天然牛黄的特点外，更有价格低、易生产的特点。否则牛黄清心、牛黄解毒等同仁堂的名药，不仅会因为成本高、价格贵，难于为人民群众接受，而且也不可能稳定生产，这样的产品也难以在市场中立足。人工牛黄在当时的广州商品交易会上，就开始向东南亚出口。1965年又按上级指示，向朝鲜、越南转让了相关技术。现在，人工牛黄的处方几经修改，更加完善了，也更加受到中药企业和广大人民群众的欢迎。

同仁堂三百余年的历史，证明了“人才决定实力”。同仁堂集团成立后，尤其是以殷顺海为首的领导班子接任后，对同仁堂重视人才培养和使用的传统，不仅有了继承，更有了发扬。在集团党委副书记王泉的主持下，同仁堂创立了一整套具有同仁堂特色的使用人才、培养人才的制度。“金字塔人才工程”就是这种人才观的体现。

这项2004年推出的制度规定：“凡同仁堂的职工，不论学历如何、资历长短，只要忠诚于同仁堂事业，并且术有所精、业有所专，业绩突出，都可以被聘任为‘金字塔工程’各类人才，获聘职工在享受荣誉的同时，还享受相应的经济待遇。”

这个工程不仅是在文化和精神层面上善待员工，鼓励员工在岗位上成才，也是同仁堂发现人才、培养人才、传续人才、储备人才的工程。为了发现和培养人才，现在“金字塔人才工程”已经发展为“同仁堂中医药大师”“同仁堂专家”“优秀中青年人才”“优秀店堂经理”“首席技师”“首席职工”和“原学历大学本科以上人才”等七大类人才标准。

目前，各类人才已达一千三百多名，成为企业发展的中坚力量。清代思想家、文学家龚自珍有诗：“九州生气恃风雷，万马齐喑究可哀。我劝天公重抖擞，不拘一格降人才。”同仁堂领导班子就是“不拘一格降人才”。

“他山之石可以攻玉”，同仁堂既用“外脑”、用“海归”，用名校培养的博士生、硕士生，也重视使用和培养自己内部的人才，因为“身边佳木亦是良材”。

2001年，同仁堂请国务院发展研究中心的专家为同仁堂的发展定位，并制订发展计划，就是善用“外脑”的典范。此外，同仁堂的专家还和中国科学院、军事医学科学院、北京大学、清华大学、各地中医药大学等外单位的专家协作，充分利用“外脑”的优势，攻坚克难，研制新药，解决生产中的工艺问题。

同仁堂的总工程师田瑞华是从日本学成归来的博士，是地道的海归人士。他深入研究了同仁堂的传统制药技术，并且和现代制药技术有机地结合起来，传统对接现代，让古老的中药制药开出了新花。他担任同仁堂集团的总工程师之后，为同仁堂研制改进工艺，保证产品的高质量、高产量做出了宝贵贡献。他是国家级非物质文化遗产代表性传承人、同仁堂专家咨询委员会主任，同仁堂在国内同行中居于领先地位，少不了他的贡献。

金霭英是我国自己培养出的人才，毕业于中国农业大学。1978年起任同仁堂质量科科长，曾担任同仁堂集团公司副总工程师，现在是教授级高级工程师、享受国务院特殊津贴的专家、国家级非物质文化遗产代表性传承人、同仁堂专家咨询委员会主任委员。1992年底，她完成了“牛黄清心丸八种微量重金属检测方法研究”。这一成果当年就获得了“北京市科技进步二等奖”。

同仁堂新领导班子上任后，曾任命她作为课题组负责人，完成了“同仁堂传统配本整理与研究”；还曾请她作为北京同仁堂课题工作组组长，配合国务院发展研究中心的专家，为同仁堂制定《中国北京同仁堂发展战略研究》（2002—2010）。这个计划为同仁堂的战略定位，长远发展起到了至关重要的作用。

著名药材专家芦广荣，原来是幼儿园教师，并非科班出身，更没有名牌大学的文凭。现在却是同仁堂中药材传统鉴别技术的代表人物。她于1958年进入同仁堂，师从细贵药材专家赵振刚，学习细贵药材的传统鉴别技术。五十多年来，她认真工作在细贵药材检验第一线，通过实践练就一身中药材鉴别绝技，被业内人士誉为“火眼金睛”。各类珍贵药材：人参、鹿茸、虫草，一经她的法眼就能看出来是真是假，产地在哪里，质量如何。药检所也经常请她去鉴定药材，因为那些进口的精密、灵敏的仪器，有时还不如芦广荣的手捏、鼻闻、眼看、口尝。现在，同仁堂集团领导已经将芦广荣聘为北京同仁堂集团公司专家咨询委员会专家。她还是国家级非物质文化遗产代表性传承人，享受国务院特殊津贴。

市级非物质文化遗产代表性传承人、中药材鉴别专家赵小刚也是芦广荣的徒弟之一。他自1985年从事中药质量检验工作以来，在几十年的实践中摸索、积累，总结出宝贵经验和精湛技艺，把传统的中药检验技术和中药炮制技艺与现代的科学技术有机融合，并能将多学科的专业知识综合运用于日常检验工作和炮制技术指导工作中，在专业技术上具有较强的分析问题、判定问题及解决疑难问题的能力。对两千余种中药品种、规格的药品质量状况及因果关系能做出准确的判定。

于葆墀是学徒工出身，1980年参加工作，由于他的刻苦努力，担任了同仁堂制药厂前处理车间主任。他能鉴别五百多种药材，曾经检查出天冬是伪品羊角藤的根，还曾在一批蕲蛇中发现部分混有杂质。他精通数百种中药材的炮制方法，参与了“乌鸡白凤丸制剂过程关键技术工程化研究”的主要工作，将传统的制药工艺与现代的工程生产线有机结合，既提高了乌鸡白凤丸的产量，又保证了质量。他现在是同仁堂专家咨询委员会的专家。

可见，尽管在同仁堂的专家中，学历有很大差别，岗位和职务也很不一样，但他们都有真才实学，有绝技、绝活，并且长期受同仁堂文化的熏陶，爱岗敬业，讲仁德，守诚信，符合同仁堂专家“精通业务，有突出贡献”的标准。“英雄不问出处”，他们不仅在群众中深负众望，也深受集团领导的信任。作为同仁堂专家咨询委员会的专家，集团领导经常向他们咨询，听取他们对集团发展的建议和意见，对他们委以重任。

不过，同仁堂集团虽然本着“英雄不问出处”的原则月人，不管有什么文凭，不管是什么职称，只要是人才，就给你施展的领域，给你成长的空间，但这并不意味着就没有标准，没有要求，没有制度。走进同仁堂的员工，无论学历、职称、专业技术水平有多高，必须统一接受集团公司对企业文化、企业发展史等基本知识的培训，让他们尽快融入到同仁堂文化中来。与此同时，同仁堂也向每一位认同和愿意接受同仁堂文化的员工，提供一条明确的上升通道，让他们看到前途，感到有奔头。

人才是实力的体现。同仁堂能做出今天的成就，能够做到慧眼识珠、知人善任是很重要的原因。“1032”工程的重要项目同仁堂中医医院筹建时，谁来当院长，是一个非常重要的人事选择。同仁堂人才济济，却没有当过医院院长的。有人还提议：“干脆，招聘外单位的人来担任。”可是没有想到，殷顺海董事长却点将点到了匡桂申头上，就连匡桂申自己都没想到。

匡桂申在同仁堂管过药店，当过厂长，是同仁堂集团创业的元老之一。股份公司亦庄生产基地那体现中药传统文化和天人合一理念的厂房就是他精心策划的。他的确能干、肯干、敢干，但是当医院的院长，和他干过的行当可是差得太远了。

不过，匡桂申没有退缩，为了解其他医院的运作，他以一个普通病人的身份去挂号、就诊，亲身体验兄弟医院服务的长处。为深入了解兄弟医院的化验工作，他还以患者的身份去抽血，为此到底跑了多少医院，献出了多少宝贵的鲜血，他已经记不清了。就凭这样一股拼命三郎的劲头，医院按计划建立起来了。

他在谈到成功的原因时，特别强调，一是同仁堂的牌子好，招聘专家的时候，他还担心没有人应聘，没有想到应聘的人那么踊跃，而且许多都是大牌专家。匡院长很清楚，他们是看着同仁堂的品牌来的。成功原因之二，就是董事长的支持。

同仁堂中医医院的亮点是什么？除了名医，就是名药，因此，药房至关重要。匡院长就想把崔庆利调来，同仁堂集团虽然专家很多，可是崔庆利只有一个，这种德技双馨的大师，谁都想要，谁都不放。还是董事长说话管用，他指指匡院长，对主管人事的干部像是认真又像是开玩笑地说了一句“就把崔庆利给了小匡吧”。

匡桂申后来说，殷顺海董事长以“小匡”称呼他，把崔庆利调给他，让他既感到亲切，又感到对他的信任和支持，更坚定了他要办好医院的决心。果然，崔庆利在同仁堂中医医院干得非常出色，他把医院的药房建得有模有样，有规有矩，有章有法。

为了给医院办理医保定点单位的资质，匡院长可没有少花力气。虽然上上下下都支持，可是要办相关手续，有些事情也不是顺理就能成章的，更不是能坐享其成的。难办的、意外的、特殊的事情，也不是没有，匡院长还得一趟趟地亲自跑。在他不懈的努力下，同仁堂中医医院终于获得了医保定点单位的资质。这不仅给那些信赖中医，支持中医的患者带来了极大的方便，而且让医院的收入也有了保证。

虽然集团领导不要求医院赚钱，但无心插柳柳成荫。在匡院长和医院全体专家、员工的努力下，同仁堂中医医院第二年就达到了收支平衡，第三年开始，就有了盈余，以后更是芝麻开花节节高。至于医院与同仁堂紧紧连在一起的牌子越来越亮，影响越来越大，那就不用赘述了。现在人们都说，殷顺海董事长真是知人善任，让匡桂申当医院院长，确实是选对人了。

在选用和培养人才方面，同仁堂集团领导不仅看到今天，还看到明天，为了同仁堂的可持续发展，同仁堂特别注意储备人才，储备干部。殷顺海董事长曾经提出，“要储备后备干部队伍，特别是年轻干部”。

为落实这一指示，集团使用科学手段，完善后备干部人才库。在原有的民主推荐、组织考察的基础上，集团逐步引进综合素质测评等专业手段，定期从基层选拔政治上可靠、忠诚度高、懂经营、会管理、德才兼备的干部进入后备干部人才库，定期从基层单位选拔有潜力的年轻干部充实到后备干部队伍中，后备干部人数从2005年的四十三人增加到2009年的九十五人，为企业发展提供了后备干部保障。

2009年下半年，同仁堂集团启动了人才储备和培训工程，并且根据五年发展规划的需要，摸清了各类人才的需求，建立健全了各类人才后备库，并按一比一的比例，配备了各级领导班子的后备人员。集团领导团队不仅重视后备人才和后备干部在思想和理论上的培养，更重视让他们在实践中锻炼。2010年，集团就曾经选拔了一批优秀青年干部到集团各部室挂职锻炼，取得了很好的效果。

全新的后备人才选拔机制，为同仁堂的可持续发展储备了管理人才

同仁堂教育学院揭牌仪式

基础。其中，2010年到集团部室挂职锻炼的二十名后备干部，经过集团党委的全面细致考察全部充实到了集团部室，并担任了领导职务，有的表现突出，已担任了正部长。

为了适应同仁堂在国内外的快速发展，集团党委坚持公开竞聘原则，建立了一百八十二人组成的海外派出后备人才库，有力地支持了同仁堂国际化战略的实施。还建立了一百零三人组成的药店经理后备人才库，为同仁堂国内零售网点的建设提供了人才支撑。

培训中心是集团培养和培训干部、员工的重要机构。2009年底，培训中心升格为同仁堂集团教育学院，2011年以后又成为“六大二级集团，三个院”的重要组成部分、升级之后的教育学院硬件软件都有了很大提升。集团调集一批思想作风好、业务能力强、有经验的精兵强将，充实到教育学院的队伍中对同仁堂的干部和员工进行思想、文化、业务等方面的培训。

除了有教育学院这样的学院式教育外，同仁堂还采用了多种培养人才的方式。灵芝仙草好找，良匠名师难得。为了培养业务骨干，同仁堂恢复了中医药界“师带徒”的传统，并且进行了规范化管理，聘请名师带徒，将名师专家的绝技传承下来。

几千年来，中医药界一直采取师父带徒弟的传承形式。这是因为中医药行业有许多经验性的东西，单靠坐在教室里学是很难学到手的。而且中医诊病开方，讲究的是“一人一方”的个性化治疗，“师带徒”的形式，更适合中医药教育。同仁堂集团为了继承这个优良传统，在许多岗位上都采用了师带徒的办法。

2009年6月22日，同仁堂集团在北京召开隆重的拜师会。在会上，同仁堂五十三名有相当基础的徒弟，向五十三名拥有“北京同仁堂中医药大师”和“北京同仁堂特技传承师”称号的国宝级大师隆重地行拜师礼。

其中“北京同仁堂中医大师”有陈彤云、方和谦、许心如、柴松岩、赵荣莱、周耀庭、危北海、许彭龄、郁仁存、张炳厚、钱英、陈昭定、陈淑长、栗德林、孙光荣、施小墨。他们当中年龄最大的八十八岁，最小的也有六十四岁。他们都是名闻遐迩的杏林高手、医界名家，绝大多数都是“国家级名老中医”和“同仁堂中医医院特聘专家”。

被聘为“北京同仁堂中药大师”的有金世元、姚达木、芦广荣、金霭英。八十二岁的金世元先生担任国家科技部国家秘密技术中医中药审查专家、国家自然科学基金委员会中医中药项目评议专家等多种重要职务。他还是国家非物质文化遗产——中药炮制传承人、北京同仁堂独立非执行董事。七十八岁的姚达木先生曾担任国家药典委员会委员、国家药监局中药保护审评委员、OTC评审专家、国家科技部秘密技术审查专家等多种职务。他还是北京同仁堂股份有限公司第四届独立董事。

殷顺海董事长在会上，用一句话，对他们进行了全面的概括，他说：“这次同仁堂聘请的中医药特技传承师都是掌握急需传承的，有特殊技能技术的国宝大师。”

的确，他们都是国宝大师。也正因为如此，同仁堂才如此重视传承他们的技艺。不仅为他们选了基础好、表现好的徒弟，而且还给予收徒的大师们适当的津贴，同时对师徒双方也都有要求和考核。集团规定：在三年学习期间，特技传承师带一位徒弟每月享受四百元的津贴，每增加一个徒弟再增加一百元的津贴，依次递增。为了保证教学质量，还规定每位特技传承师最多只可以带四名徒弟，最高享受津贴七百元；徒弟出徒，集团要进行严格的考核，只有笔试、实际操作都达到标准才给予认可。

这个拜师会不仅在同仁堂集团内部，而且在社会上也引起了强烈反响，媒体纷纷报道。许多中医药人才也希望前来同仁堂拜师，有的甚至提出，如果给他一个向大师学习的机会，情愿无偿为同仁堂工作。

同仁堂的历史和发展告诉我们：人才决定实力。因此，同仁堂集团领导班子不仅重视使用和培养人才，创立了一整套具有同仁堂特色的人才使用、人才培养的制度，如“金字塔工程”，而且善用人才，敢用人才，用人才铸就了同仁堂今天的辉煌成就。“尺有所短，寸有所长”，是不是人才，不能用固定不变的、僵死的标准去衡量。在同仁堂，选拔、培养、使用人才，不唯学历，不唯职称，主要是看能不能胜任本职工作，有没有不断学习的动因。无论什么学历，什么职称，只要能在自己的岗位上做出成绩，有所贡献，都被视为人才。同仁堂既给高职称、高学历者以展翅高飞的广阔天空，也要给爱岗敬业的普通员工，提供成长为栋梁之材的深厚土壤。

十六、等闲应对次贷危机，从容穿越金融风暴

一场于2007年到2008年在太平洋东岸形成的金融风暴，向太平洋西岸，也向全世界扑来。在这场金融风暴的打击下，一直被光环笼罩的金融大鳄如雷曼兄弟公司等，一夜间被无情击碎，轰然倒下。许多企业都如海啸中的一叶扁舟，命运险恶，前途难料。

金融风暴对同仁堂形成了威胁，也造成了一些原料药成本上升，出口市场受到影响。而医药业本身就属于高危行业，经营者必须以如履薄冰、如临深渊的态度从业，否则，任何一个环节上稍有不慎，都会造成恶果。有人形象地把这些威胁比喻成悬在同仁堂头上的“三把刀”，即成本上升、高危行业、金融危机。

面对悬于头顶的三把刀，同仁堂集团如何应对？领导班子成员对形势和市场进行了充分调研和认真分析。他们认为：2008年是不寻常的一年，国内外发生了很多重大事件，尤其是全球性金融危机深刻影响国内经济，使国内大多数企业在应对国内外经济环境变化时都面临不同程度的困难。但是从行业角度看，这一年的形势有弊也有利。“弊”自然是这场金融危机必然会波及中国的医药行业。人民币升值压力越来越大，无疑会影响到出口。一些原料药价格上升，会迫使成本增加。一些社会责任心不强的药企在经济状况不好时，甚至会采取违纪、违法的手段抢夺市场，因而造成市场的过度竞争，无序竞争。这些都是不利因素。

但是和不利因素相比，有利条件更多，希望和光明更多。2007年10月召开的中国共产党第十七次代表大会提出，要“坚持中西医并重”与“扶持中医药和民族医药事业发展”。这就为中医药事业的发展提供了有力保障。

2008年是医药行业深化改革的重要一年，1月份召开的全国卫生工作会议决定，将大力推进医药卫生体制改革作为当年的中心任务来抓，因此，这一年又被称为“医药改革年”。有关部门还发布了《深化医疗体制改革的意见（征求意见稿）》，其中明确提出“充分发挥中医药作用”、“创造良好的政策环境，扶持中医药发展，促进中医药继承和创新”。

为了贯彻医疗改革方针，政府还将提高对“新农合”和城镇居民基本医疗保险的财政补助，这对医药行业来说是一个利好消息。据有关部门预测，这将使我国药品消费市场扩容一百亿元。

这些相关政策和文件的推出，是党和国家给中医药事业传送的正能量，必然会对中医药的发展起到很大的促进作用，有利于我们战胜全球性金融危机带来的困难。

有了这样的认识，同仁堂集团领导团队，一方面继续加强基础管理，严格防范风险，一方面积极利用有利条件，以创新发展、创新机制、创新文化为指导，立足实际，紧跟市场，面对复杂多变的外部环境，克服种种不利因素，确保资产质量、经营质量、服务质量，确保发展，终于以不俗的业绩进入了2009年。

2009年，仍然是风波未定的一年。国际金融危机的后续影响仍然在全球蔓延，同时也仍然在影响着国内经济。为应对危机，党中央和国务院及时出台了刺激经济的一揽子规划，通过政策支持和资金投入，使得中国经济开始企稳回暖，从而带动了国内各行业经济的逐步复苏。但是，从整体情况看，还没有完全摆脱国际金融危机的影响。2009年仍然是在克服困难中前进，但可以庆幸的是，这一年又是国内医药行业改革向前大步推进的一年。国务院《关于深化医药卫生体制改革的意见》《医药卫生体制改革近期重点实施方案（2009—2011年）》正式颁布。《关于国家基本药物目录制度的实施意见》《国家基本药物目录（基层医疗卫生机构配备使用部分）》（2009年版），《国家基本医疗保险、工伤保险和生育保险药品目录》（2009年版）也相继发布，标志着医药行业的改革正式扬帆起航。

这些政策文件再次强调了“坚持中西医并重”和“充分发挥中医药作用”，从而充分肯定了中医药的作用和地位，尤其是《国务院关于扶持和促进中医药事业发展的若干意见》更是强调了扶持和促进中医药事业发展的重要性和紧迫性。

在清醒客观地分析了形势后，同仁堂领导团队提出了“三十二字方针”和“二十四条措施”的方案，这个方案可称为应对“三把刀”的“金钟罩”和“铁布衫”。“三十二字方针”是：盯住市场，培育增长；发挥优势，资源共享；强化管理，实现做长；聚集人才，转变思想。

“三十二字方针”是涵盖各板块，遍及各领域，全方位、多层次、多角度应对“三把刀”的举措，但它并非神仙秘传的真言，只需默念一番，就能呼风唤雨，消灾弭难，让凡人得道成仙，叫妖孽原形顿现。“三十二字方针”是需要一条一条扎扎实实地落实的。

为此，领导班子成员又制定了“二十四条措施”。它是对“三十二字方针”的细化，是让“三十二字方针”更具体、更详细，因而可执行、可操作、可检查。

例如，“三十二字方针”中有“盯住市场，培育增长”，在“二十四条措施”中，就细化为：（1）在拳头产品上下功夫，拉动增长。（2）培育新产品，形成增长点。如食品酒、阿胶、西黄丸等。（3）继续发展保健品和保健食品（含生物制品）。（4）继续加大力度发展药材、饮片，特别是精制饮片和参茸制品，形成产业链。（5）继续发展门店（商业）、店中店（健康）、专销店（参茸）、海外店（国际）。股份公司、科技公司和崇文门药店暂不再办新店。（6）加大力度培育网上销售平台。

“三十二字方针”中有“发挥优势，资源共享”，“二十四条措施”就将其细化为：（1）充分发挥研究院作用为全系统服务，开发新产品（保健品）。（2）充分利用原料采购平台，加大力度比质比价，消化、盘活现有库存。（3）加大投资力度，建好前处理中心（包括生产精致饮片）。（4）零售商业加大系内商品销售比重，纳入考核指标，考核增长幅度。（5）充分发挥中医院作用，储备中医师人才库，支撑系内零售药店、医馆，逐步成为海内外中医师的派出基地。（6）发动全系统消化，盘活系内富余物资。

为了实现“强化管控，实现做长”，“二十四条措施”中便有这样的内容：（1）强化销售管理。创新人员分配机制，逐步使销售人员的收入、费用、奖惩与销售业绩挂钩。销售客户开发的重点要逐步转移到有批发和零售网络的客户的开发，特别是对农村市场和进入医院要研究、攻关。（2）物资管理。清查盘点，盘活积压物资，减少损失。（3）品牌管理。搞好验收，建立长效机制。（4）强化投资管理。不做扩张性投入，集中资金投向基础项目，特别是前处理中心。（5）强化资源配置，理顺上下游关系。（6）加强人员管理。明确用人权、管理权与监控权分开。

为了能够“聚集人才，转变思想”，“二十四条措施”中就有这样的内容：（1）培养锻炼后备人才队伍，形成人才库。（2）有针对性地吸引社会人才，包括海归、中医师等。（3）充分发挥现有专家队伍的作用，开展“师带徒”。抓好职工“金字塔人才工程”。（4）采取新人新机制新办法，补充一线工人队伍。（5）加大培训力度，特别是干部职工危机感、紧迫感、同仁堂观念的培训。（6）加强法人治理结

构，健全董事会、监事会和经理层及其相关制度。

也许，外行人读到“三十二字方针”和“二十四条措施”，会觉得只是数字加条条，术语加框框，枯燥无味。可是内行却对同仁堂集团领导班子思维的缜密，对企业管理的深入理解和全方位的掌控能力，赞叹不已。

当然，任何方针政策，措施办法是否正确，都要通过实践的检验才能算数。“三十二字方针”和“二十四条措施”实行的效果如何也是如此。在当时，就有媒体报道过在金融危机冲击下的同仁堂集团所属企业，仍然活力不减，热火朝天。有媒体曾这样报道：“记者在北京同仁堂（亳州）饮片公司采访时看到，炮制车间的工人们蒸、煮、煅、炙，干得不亦乐乎；包装车间里工人们熟练地把饮片装进精美的小包装；仓库里的中药材整齐地分开码放在货架上，工人正忙着将中药材搬到货车上……处处都是一派热火朝天的生产场面。”

饮片生产是一个公认的竞争激烈的行业，也是一个公认的利润微薄的行业。我国约有七百家中药饮片生产企业。有人对这个行业做了个统计，由于各种原因，2007年全国获得GMP认证的三百四十三家正规饮片企业中，就有百分之七十五亏损，百分之五十处于半停产状态，能够盈利的仅有百分之五，而且利润微薄。但是，就在这样恶劣的市场环境中，同仁堂药材公司却创造了一个新的“同仁堂奇迹”。

从2004年到2008年的五年间，每年的销售额和利润，都以百分之二十以上的速度增长。2008年是金融风暴最狂烈的一年，参茸公司的销售额却达到了2.7亿元，利润突破了500万元，并建立起了药材种植、饮片加工、销售为一体的产、供、销格局。而同仁堂药材公司总部仅有五十多名员工，加上设在安徽亳州的同仁堂饮片厂，湖南、内蒙古兴安盟的两个药材种植基地的员工，正式工作人员不到二百人，可谓精兵强将。正是因为药材公司贯彻了集团的“三十二字方针”，用创新的企业机制、严格的质量标准、现代的管理理念，在饮片行业杀出了一条血路。

2009年12月底，同仁堂胜利地闯出了金融风暴圈。殷顺海董事长在这一年的总结会上郑重宣布：2009年同仁堂集团销售收入首次突破一百亿元，利润突破八亿元，预计经济指标实现新飞跃。这是在世界金融危机冲击实体经济的大环境下，在药品降价的不利条件下实现的，这是同仁堂三百四十余年的历史上一个巨大的突破，是对国家和人民的突出贡献。2009年作为基础管理年，取得了实效的同仁堂不仅没有透支未来，资产质量和经营质量反而显著提高。

2009年，对同仁堂来说，是不平凡的一年，是胜利的一年。但同时，又是迈向新阶段的一年。在2009年总结会上，殷顺海董事长宣布，同仁堂集团已经完成了“边发展边规范”的阶段，将要向“先规范后发展”的阶段迈进。

第四章

展翅篇——先规范后发展

没经过实践检验的理论是空头理论，没有理论指导的实践是盲目的实践。因为时代在前进，市场在变化，经济在发展，同仁堂有了更多的实践经验和理性总结，可以用来指导和规范发展了，因此，同仁堂于2011年开始了“先规范后发展”。

一、回眸众山小，昂首攀高峰

2010年底，殷顺海董事长正式宣布，同仁堂集团将从“边发展边规范”的阶段，进入“先规范后发展”的阶段。从“先发展后规范”，到“边发展边规范”，再到“先规范后发展”，领导班子带领同仁堂整整奋斗了十五年，坚守了十五年，创新了十五年。这十五年，是分阶段进行的。在不同的发展阶段，体现了不同的管理理念，不同的管理理念开拓了不同发展阶段的新局面。

殷顺海董事长说：“我们现在提出的‘先规范后发展’的理念，既符合当前发展实际，又符合下一步发展需要，对此，集团上下已达成了共识。要实现五年规划目标，要想不摔跟头、不砸牌子就必须做到规范有序发展，用新理念加强基础管理，从根本上讲是在保护同仁堂的核心利益，保护职工的根本利益。”

的确，同仁堂经过风风雨雨，走过了十五年不平坦的路途，遭遇过许多挑战，但始终保持了持续健康的发展，经济指标连续十五年保持两位数增长，每五年就翻一番，这样的成绩即使不称为奇迹，也完全可以称为佳绩。

如果用数字展现一下现在的同仁堂，那就有如进入了一座辉煌的“数字展览馆”，人们会看到一串串金光灿灿、来之不易、令人叹服的数据：截至2012年，集团资产总额达到一百四十亿元，销售收入攀升至一百六十三亿元，利润更是达到了十三亿元。当年，新领导班子刚刚掌门时，同仁堂还处于“打开账本黄金万两，合上账本分文皆无”的困境中，而现在的同仁堂，无论是资产，还是收入、利润，如果折算成现在的黄金价格，早已迈过了黄金万两的台阶，并且向着更高的目标攀登了。只是“不差钱”的同仁堂永远不会忘记那困境中的窘迫和那困境中的拼搏。

虽然同仁堂一向坚持“济世养生，以医药为最”，坚持“义利共生，以义为先”，但是不把赢利放在首位的同仁堂，现在却真是“生意兴隆通四海，财源茂盛达三江”。因为截止2012年，同仁堂在海外十六个国家和地区开办了六十四家药店和一家境外生产研发基地，出口创汇达四千四百万美元。同仁堂的产品已经为四十多个国家和地区的人民送去了健康和幸福，更让他们了解了奇妙的中医药文化。

同仁堂已经形成了现代制药业、零售商业和医疗服务三大板块，拥有药品、保健食品、食品、化妆品、参茸饮片五大类共一千五百多种产品。这三大板块在集团整体框架下互相联动、互相促进，推动着同仁堂集团整体发展。

这时的同仁堂有二十五个生产基地、七十五条通过GMP和其他相关认证的生产线。这些生产线的工装水平、工艺水平和自动化水平，都处于同行业领先地位，从而保证了产品的产量大、质量优。同仁堂还有一百三十多家医疗网点、一个国家级工程中心和博士后科研工作站，形成了以同仁堂研究院和同仁堂中医医院为主体的科技创新平台。“十一五”期间，同仁堂共开发上市新产品一百九十种，为同仁堂的持续、健康发展提供了有力支撑。

当年殷顺海刚接过同仁堂的舵把子时，最焦虑、最操心的就是被列入“四大突破方向”之首的销售渠道问题。那时原有的销售渠道一片混乱，或是断了，或是被阻塞了，而新的渠道还没有建立起来。现在的同仁堂已

经有了星罗棋布于多个省市的一千五百多家零售终端，而且都是自营店。

可以说，同仁堂这株虬枝交错、根深蒂固的老梅，已经焕发青春，再蓄新蕾，在社会上知名度很高，在群众中享有美誉，在中医药界拥有很高的地位，并因此获得了许多荣誉：

被国家工业经济联合会和名牌战略推进委员会，推荐为最具冲击世界名牌的十六家企业之一。

2004年被中宣部、国务院国资委确定为十户国有重点企业典型经验之一。

2005年，同仁堂品牌作为唯一的医药品牌入选由北京电视台等十二家京城主流媒体主办的第二届“北京影响力”评选活动的“影响百姓生活的十大品牌”。

2006年，被中宣部命名为全国文明单位和精神文明建设先进单位。

2006年，在北京市商业联合会与北京日报报业集团共同主办的“2005年年度北京十大商业品牌”评选活动中，北京同仁堂荣获“北京十大商业品牌”称号。

2006年，中华人民共和国文化部确定，国务院批准“同仁堂中医药文化”列入“第一批国家级非物质文化遗产名录”。

2006年12月，同仁堂被国家商务部认定为首批“中华老字号”。

2006年12月，中央组织部、国务院国资委授予中国北京同仁堂（集团）有限责任公司领导班子“全国国有企业创建‘四好’领导班子先进集体”称号。

2007年3月，在由北京大学中国品牌研究中心、中国新经济研究中心主办，世纪影响力（北京）品牌文化传播中心承办的“2006中国品牌领袖年会”上，中国北京同仁堂（集团）有限责任公司殷顺海荣获“国际影响力品牌领袖”大奖。

2007年12月，中国北京同仁堂（集团）有限责任公司荣获第十届全国职业道德建设“十佳单位”称号。

2008年11月，中国北京同仁堂（集团）有限责任公司荣获中国企业文化研究会“改革开放30年全国企业文化杰出品牌组织”称号。

2008年12月，中国北京同仁堂（集团）有限责任公司董事长、党委书记殷顺海，荣获“中国改革开放30年轻工业十大领军人物”奖。

2009年1月，中国北京同仁堂（集团）有限责任公司董事长、党委书记殷顺海，荣获“2008年度中国十大企业改革创新人物”奖。

但是，殷顺海董事长的脸上，还是沉沉的思虑多于轻松的笑容。因为，这位民族企业的高管、著名国企的领军人物，一直有一个心愿，就是把同仁堂做长、做大、做强，让同仁堂这块中华民族的金字品牌永不褪色，永放光芒。有这样的心愿，就永远不会沉溺于自满自足中，就会清醒地看到自己的优势和劣势、长处和短处，居安而思危，见贤而思齐。

他清楚地知道：同仁堂完成了“1032”工程，完成了“边发展边规范”的阶段，标志着同仁堂上了一个新台阶。但作为一家著名的国企，一家中药行业的明星级领军企业，同仁堂还要迎接新的挑战，当“十一五”结束，“十二五”开始的时候，一向与国家发展同步前行的同仁堂，能承担起新的重任吗？

殷顺海清晰地看到，同仁堂集团在完成了“1032”工程之后，在完成了“边发展边规范”的阶段之后，也出现了新的问题。虽然这很正常，因为旧的矛盾解决了，新的矛盾又会产生，任何事物的发展都是如此。

在“1032”工程中建成的十个公司里，既有同仁堂股份公司、同仁堂科技公司这样膀大腰圆的重量级企业，也有相对弱小孤孱的企业。而且即使看似膀大腰圆的重量级企业，要承担未来的“十二五”计划，也有不足，有短板，有力不胜任的地方。以这样的结构，要担当“十二五”的重任，还不能说有十足的把握。因为十家公司都在同仁堂集团的旗下，存在互相影响、关联互动的关系。一只木桶的高低，是由最短的木条决定的；一支船队的航速是以最慢的船只决定的。同仁堂集团作为一个整体，如果任短板存在下去，就会对全局造成影响。

殷顺海清晰地看到：此时，因为都在同仁堂的旗下，共同使用同仁堂的品牌，一些企业还出现了产品同质化严重的问题。你生产同仁堂的名牌产品，我也生产同仁堂的名牌产品。这家投产了一种新产品，那家也紧紧跟上。因为产品同质化，顾客看到同一种药，都是“同仁堂”出的，包装却大不一样，心中生疑，担心其中有假，往往就不敢买了。不管售货员怎么苦口婆心地解释：“都是同仁堂的产品，只是不同的公司出的，这上面都印着呢！质量保证没问题。”顾客犹豫再三，还是摇头摆手，一走了之。

这就造成了新的“内耗”、“内斗”，就像又回到了“三个严格划分”之前。再说，这种抢顾客、抢市场的事，任其发展下去，还会伤害到同仁堂的品牌。

殷顺海还清晰地看到，集团的下属公司发展壮大以后，权大了，钱多了，独立性增强了，如果管理跟不上，制度不做相应的改变，一旦失控，就有可能出现“诸侯经济”。有的企业罔顾国家利益、集团利益和兄弟单位的利益，只追求自己企业的利益最大化，有意无意地“越界”或“犯规”，损害了各方利益。在改革开放初期，这种情况比较多，因为这颇像春秋战国群雄并起，诸侯纷争的乱象，被称为“诸侯经济”。现在，如果不随着同仁堂集团的发展，适时转型，改进管理，同仁堂集团旗下的企业，也并非没有可能出现“诸侯经济”。

殷顺海还清晰地看到，目前的大公司有大而全的问题，小公司也有小而全的问题。例如，无论大小，都办门市店，都想拥有自己的仓储系统和销售渠道，既浪费人力、物力、财力，又容易引起混乱，还容易砸同仁堂的牌子。

但是，一位真心为企业发展，为维护品牌声誉的国企领导者，不会因为有暗礁浅滩、逆流旋涡就畏缩不前，也不会把自己的船拴在一个宁静、狭窄的小河汊里，安于捞些小鱼小虾度日。他犹如心存大志的航海家，要在大海大洋中驭风远航，去看蛟龙闯海，巨鲸冲浪，去寻找更辽阔的大陆，更美丽的港湾。哪怕大风大浪，航程万里，也永不落帆。

于是，殷顺海董事长一方面充分肯定了员工们在“边发展边规范”时期的努力和“1032”工程取得的巨大成功。另一方面也明白无误地指出，随着企业发展到新的阶段，必然会出现新的矛盾，带来新的问题。如果不解决，就有可能遭遇困难甚至挫折，难以开始新的航程，迈上新的台阶。

在达成广泛共识的基础上，殷顺海董事长带领同仁堂集团，按照北京市国有经济“十二五”规划的整体部署，制定了自己的“十二五”发展规划（2011年至2015年）。这个规划确定了新的五年发展目标，为同仁堂，也为关心、热爱同仁堂的合作伙伴和投资者描绘了一幅壮阔的前景。同仁堂领导团队将同仁堂集团“十二五”期间的发展规划，概括为“123456”计划。其中：

“1”，是实现主要经济指标翻一番，也就是到2015年，销售收入将达到二百亿元、利税达到二十六亿元、出口创汇则要达到五千万美元。

“2”，是指零售及医疗网点突破两千家，其中国内一千九百家，海外店一百家。

“3”，指三百种新产品研发上市，其中含中成药、保健品、化妆品等。

“4”，是抓好四个重点项目的建设。它们是股份公司前处理中心、健康药业公司生产基地、商业公司大型旗舰店、科技公司物流配送中心。

“5”，是保持和发展五个全国同行业第一，它们是产品销售收入和实现利润居全国同行业第一；销售额超亿元的大型零售旗舰药店数量（八至十家），居全国同行业第一；继续保持海外市场的终端零售覆盖面及出口创汇全国同行业第一；拥有和创新中成药、保健品、化妆品等品种达到两千种，数量居全国同行业第一；拥有和开发中医医院、中医医馆、中医诊所达到三百家，数量居全国同行业第一。

“6”，是建设六个二级集团，它们是：同仁堂股份集团，同仁堂科技发展集团，同仁堂国药集团，同仁堂健康药业集团，同仁堂商业投资集团，同仁堂药材参茸投资集团。

“123456”计划中最引人注目的就是六大二级集团的成立。同仁堂为什么要建这六大二级集团呢？这是为了适应未来的发展，也体现了殷顺海的一贯思想。同仁堂集团领导班子一向认为，企业的体制必须要顺时应势，当变则变。企业发展了、壮大了，旧的体制不适应新的形势，就必须转变，这是改革的一个重要内容。

一个健康发展的企业集团，在发展中必须实现“三化”，即专业化、规模化、集团化。同仁堂在建设“1032”工程时，就贯彻了这样的指导思想。现在，随着企业的壮大发展，更要强调和强化这“三化”。

自从以“1032”工程为代表的“十一五”计划完成后，同仁堂集团的主要企业，都在“做长”、“做强”的基础上“做大”了。早在实现“四个突破”时，殷顺海就认为，作为集团公司，应当探索建立一种多法人制的现代集团公司管理体制。在建设“1032”工程的过程中，同仁堂集团领导团队部分实现了这个愿望。同仁堂股份公司、同仁堂科技公司都是严格按照上市公司的制度进行规范管理的。

过去，同仁堂集团旗下的企业犹如一株株苗木，现在，它们不仅已经长成秀树佳木，而且已经是结出了累累果实。这时，就要给它们一片属于自己的天地，这样，它们就可以繁育出一片片新苗，并且逐渐成长为茂密的树林。因此，领导班子就要以顺时应势，当变则变的精神，本着专业化、规模化、集团化的原则，将它们组建成六大二级集团，给它们以新的发展空间。

六大二级集团成立的初衷就是缘于“术业有专攻”的理念，也就是殷顺海一再强调的“专业化”。他在谈到六大二级集团的专业化时，曾经这样简要地概括：“‘十二五’规划本身是一个发展的规划，六个二级集团都有自己的专业。我们的股份公司是做传统品种的。同仁堂有三百多年历史，那些王牌产品谁来承载？就是股份公司。可是光有老传统也不成，还得发展，得有新品种、新剂型。这靠谁呀？就得靠科技公司。同仁堂要向海外发展，但是全出去也不成。谁出去呢？就靠国药集团。中医药讲‘治未病’，光有‘治已病’的药不行，健康领域，也就是‘治未病’怎么办？那就是健康药业的专业。有了成药，大家都去销售也不行，就由商业集团办店销售。成药有商业集团销售了，那老百姓抓方儿怎么办？药材参茸集团就负责做老百姓抓方的饮片，也是让它专业化。这些二级集团的专业化是非常清晰的。”

有人根据殷顺海董事长的这段话，编了一个顺口溜来概括六大二级集团的专业分工：

“股份公司”继传统，
“科技”新药新品种。
海外发展靠“国药”，
百姓抓方找“参茸”。
“健康药业”治未病，
“商业”门市更繁荣。

六个集团齐奋进，
同仁腾飞如金龙。

在“123456”工程中，“12345”是目标，而“6”即六大二级集团是载体。犹如远航的船队，六大二级集团是承载货物和旅客的航船，“12345”是船队要驶向的港口。除了六大二级集团外，同仁堂集团还有“建设三个院”的计划，“三个院”就是研究院、中医医院和教育学院。这三个院将在“十二五”规划中，独立运行。

但是，这六个二级集团，“三个院”建成后如何发展？它们和集团公司是什么关系？它们之间又应该是什么关系？都是必须预先考虑的问题。这就好比一支浩浩荡荡的船队去远航，如何让每条船都保持一定间隔，不会碰撞也不会漂散；同时还要保持航速一致，不能太快也不能太

上级领导和同仁堂集团党委书记、董事长殷顺海（左一）共同为六大二级集团成立“领航”

慢；更不能偏离航向，有的向东有的向西。这样，才可能跟随旗舰，驶向既定的目标。

同仁堂发展和改革的实践和经验告诉我们：发展要分阶段，不同的阶段干不同的事。当初同仁堂“打开账本黄金万两，合上账本分文皆无”时，只能“先发展后规范”。上市以后，当资金不再是同仁堂发展的羁绊，但干部的管理水平、员工的素质，仍制约着同仁堂的发展时，同仁堂就要“边发展边规范”。到了“1032”工程完成，同仁堂的管理水平经验都积累到一定程度时，就应该进入“先规范后发展”的阶段了。

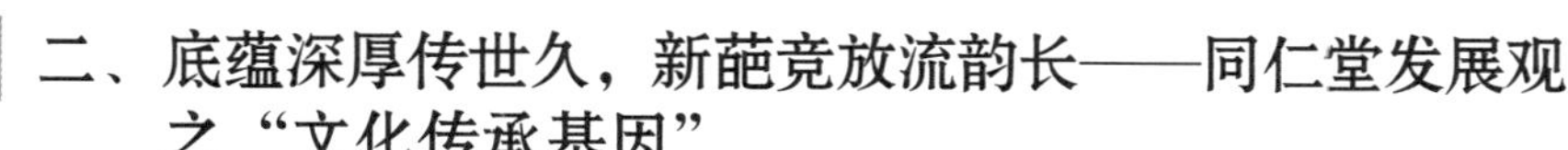

二、底蕴深厚传世久，新葩竞放流韵长——同仁堂发展观之“文化传承基因”

彩凤高飞凭双翼，企业发展靠两轮。同仁堂集团能够“做长、做强、做大”，健康、快速发展，有什么与众不同的地方？什么是同仁堂成功的关键词？同仁堂与其他企业一样，也要讲经营、讲效益、讲成本、讲市场、讲投入产出、讲资产质量。但同仁堂又与一般的企业不一样，就是有历史悠久、独特而丰厚的文化，即“同仁堂文化”。它是同仁堂取之不尽的“细料库”。而同仁堂集团领导重视文化建设，并且善于从其中汲取营养，是同仁堂成功的关键因素之一。

殷顺海董事长说：“同仁堂不仅是经济实体，也是文化载体，经济、文化两张牌都要打好，要让经济与文化两个轮子一起转起来，用文化促发展，用文化保发展。”

此话听来平淡，但意义不凡。一些企业的高管或者只注重利润，不重视企业文化；或者只把企业文化当作粉饰外表的油彩。他们以为，只要请一位星光四射的大明星当代言人，打几条语不惊人死不休的广告，便是企业文化了。他们崇信“经济搭台，文化唱戏”，没有意识到文化对经济的反作用。而同仁堂集团领导却是把文化当成和经济有同样作用的鸟之两翼，车之两轮；把文化当成血液、灵魂，企业生生不息的源泉和传承优良基因的载体。为了推进同仁堂集团的健康快速发展，殷顺海董事长还把“抓住文化保证发展”作为保证同仁堂健康发展的“四个抓住”之一。

正如同仁堂集团党委副书记陆建国所说：“文化有稳定性、传播性、传承性。”以同仁堂的古训“炮制虽繁必不敢省人工，品味虽贵必不敢减物力”为例，它已经有三百余年的历史，只字未改，但它深入同仁堂员工的心中，并且呼唤着一代代同仁堂人，守诚信，重质量，把同仁堂品牌维护好、发展好。这就是文化“长效性、稳定性、继承性”的体现。过去只有走进同仁堂的人才会看到这个古训，现在，随着传播手段的迅猛发展，已经广为人们知晓，甚至走向了海外。许多学者专家在相关的专著中引用它，许多企业家也以它警醒自己、鞭策自己，并且把它作为自己企业文化的一部分。

一个民族的文化承载着这个民族的历史和精神，传承着这个民族的基因，是一个民族的灵魂。一个企业的文化也有同样的功能。同仁堂在三百四十余年的历史中，形成了独特的“同仁堂文化”。但是长期以来，由于历史的局限和其他种种原因。“同仁堂文化”没有得到很好的总结，也没有得到很好的发掘和利用。

1993年，北京市委宣传部、北京市企业文化建设协会等几个部门深入同仁堂调研企业文化，撰写了《传统文化与现代文明相融合，建设有中国特色的社会主义企业文化》的调研报告，这份报告荣获中宣部“五个一工程”奖。1995年同仁堂集团新的领导班子接掌同仁堂之后，更加重视企业文化建设。他们积极主动地发掘、整理、创新、传播“同仁堂文化”，注重从中汲取营养，用于企业的管理和改革的实践，同时又不断充实和发展“同仁堂文化”。

集团领导团队成员深切地认识到，优秀的企业文化，具有五大功能：一是导向功能，它对企业成员的经营哲学和价值观起着引导作用。经营哲学决定了企业经营的思维方式和处理问题的法则。“可以养生，可以济人者，惟医药为最”，就是同仁堂立店时的经营哲学。三百四十多年，一直恪守不变，引导着同仁堂在时代多变、社会多变、世事多变的情况下，方向不变，经营哲学不变。这是同仁堂得以存续三百四十多年的重要原因。

在抗击“非典”时期，明明知道是赔钱，可是同仁堂上上下下拧成一股绳，加班加点，没有怨言，没有退缩，为夺取抗击“非典”的胜利，做出了贡献。这就是因为在“同仁堂文化”中“以义为先，义利共生”和“同修仁德，济世养生”的经营哲学起到了引导作用。相反，如果一家企业的文化是以“追求利润最大化”为经营哲学，那么它肯定不会有同仁堂这样的善举。

文化的第二个功能是约束功能，这主要是通过完善管理制度和道德规范来实现。规章制度是企业文化的内容之一，是企业内部的法规，企业根据它决定赏罚，因而具有约束力。但是，规章制度只是约束人的行为，而道德才能直指人心，能够塑造人的灵魂，使人自觉自愿地按照社会，或企业文化的道德标准去行事。如果人们违背了道德规范的要求，就会受到舆论的谴责，内心会产生愧疚感。同仁堂的“修合无人见，存心有天知”就起到了从道德层面进行约束的作用，员工会因此“慎独”，会约束自己的行为，从而起到严格按工艺规程操作，严格遵守质量管理制度，严格遵守纪律的作用。

同仁堂的老药工，为整理传统配本做出突出贡献的李荣福师傅曾回忆说，他年轻时刚进同仁堂不久，有一次在照看熬药的电炉时，感觉一切正常，平安无事，就去玩了一会儿乒乓球。不想，竟遭到全组六位师傅一致的严厉批评，他们平时和李荣福的关系都很不错，他们也不负有生产监督之责，他们这样做只是出于对产品质量的关心，出于对同仁堂这个老字号的责任心。这件事，给李荣福师傅上了生动而又印象深刻的一课。从此，他工作更加认真负责，一丝不苟。这件事说明，在同仁

同仁堂仍然坚持拣选药材的标准是“上等、洁净、地道”

堂，企业文化已经深入人心，形成了道德规范，如果有人违背了道德规范的要求，就会受到舆论的谴责，自己也会产生愧疚感。

又如，有一位经济学家在同仁堂参观时，在一位前处理车间的女工面前停住脚观察了一会儿说：“这些边角料还可以打碎了，放到原料里，这样可以节省成本。”

那位女工并不问来人是什么身份，什么地位，只反问了一句：“那我们还是同仁堂吗？”

也许那位经济学家因为不懂中药，才说了这样的外行话。但那位女工的回答却说明了同仁堂以“炮制虽繁必不敢省人工，品味虽贵必不敢减物力”为代表的讲诚信、重质量的观念，已经成为员工们的道德规范。

文化的第三项功能是凝聚功能。优秀的企业文化能够基于共同的价值观和道德认知，提出具有凝聚力的奋斗目标。员工之间也因此能够形

成强大的凝聚力和向心力，企业上上下下都把自己看成是同一个命运共同体的一份子，把本职工作看成是实现共同目标的重要组成部分，因而整个企业能够步调一致，形成统一的整体，营造团结友爱、相互信任的和睦气氛，使“堂兴我兴，堂衰我耻”成为员工发自于真心的行动准则。

企业文化的第四项功能是激励功能。优秀的企业文化有强大的激励功能，优秀的企业形象对员工有着极大的鼓舞作用，特别是自己的企业因为优秀，而在社会上产生很大影响时，企业职工会产生强烈的荣誉感和自豪感，会激励他们为企业的利益，为维护企业的荣誉和形象去努力拼搏。例如，八国联军入侵时，张翊亭从火中抢出同仁堂的老匾，就是因为同仁堂在社会上有良好的声誉，作为同仁堂的一员，有光荣感、归属感、自豪感。因此，当老匾将被烈火吞噬时，张翊亭才会舍身抢救。在抗击“非典”时，许多在第一线的同仁堂员工，腿肿了，腰痛了，累病了却不肯休息，其中的重要原因，也是缘于同仁堂文化的激励作用。

文化的第五个作用是调适功能。调适就是调整和适应。作为一个企业，尤其是企业集团、大型国企的部门之间、上下之间、员工之间，必须协调一致才能正常运转。但是锅碗瓢盆之间难免出现碰撞，部门之间、员工之间、员工和企业之间、领导和员工之间出现矛盾是不可避免的。如何解决这些矛盾，协调各方，发挥好团队的作用，才是最重要的。

统率军队作战的将军、带领球员征战的教练、善于经营的企业家，都知道“整体大于部分之和”的道理。一支军队数量虽多，但都是骄兵悍将，不服从指挥，作战力甚至不如一支数量虽少，单兵作战能力较弱，但同仇敌忾、服从命令、听指挥的军队。体育比赛中，一支明星队员不多，但整体配合好，能够贯彻教练意图的球队，往往能战胜大牌球星众多，但不服从教练指挥，各行其是的球队。一个高级白领众多，资金雄厚，名声赫赫的企业，却因为某个部门甚至某些员工不协作，而造成重大损失甚至倒闭的，也并不鲜见。

优秀的企业文化会使得企业的各部门、各成员在价值观一致、道德标准一致、根本利益一致的基础上，自觉自愿地进行调适。如从大局出发，舍弃部门利益；为他人利益，牺牲自己的利益。同时，领导也要善待员工，坚持以人为本，既照顾企业利益，也照顾员工利益，尊重和鼓励个人的发展。同仁堂集团领导班子提出和执行的“四个善待”，就体现了文化的调适功能。

美国学者威廉·大内在他的名著《Z理论——美国如何迎接日本的挑战》一书中说：“传统和气氛构成了一个公司的文化。同时，文化意味着一家公司的价值观，诸如进取、守成或是灵活——这些价值观构成了公司职工的行为规范。管理人员要身体力行，把这些规范灌输给职工并代代相传。”

理解了企业文化的这些功能，就不难理解为什么同仁堂集团领导班子提出“抓住文化保证发展”，并且为此投入了大量人力、物力和财力。

1996年8月8日，《同仁堂报》诞生了。这是一份编排精美、内容丰富的对开报纸。而这时，新一代集团领导上任还没有多久，同仁堂还没有走出“打开账本黄金万两，合上账本分文皆无”的困境。可见领导团队对企业文化建设的重视程度。在传播“同仁堂文化”，激励同仁堂职工，团结、教育同仁堂成员等方面，《同仁堂报》起到了很重要的作用。这张报在集团领导的关怀和指导下，已经由昔日的四开黑白小报，发展到今天的对开彩印大报，而且还有了电子版，通过网络就可以方便地阅读。

随着文化对企业整体发展的促进作用越来越明显，文化对企业发展的贡献率越来越高，同时，也因为企业发展了，需要文化发挥更大的作

用，集团领导团队抓企业文化的力度不断增大，投入也不断增加。

在实行“1032”工程期间，同仁堂领导班子不惜投入重金，调派精干人员，于2007年建起了同仁堂博物馆。建这个博物馆，是为了收藏和保存珍贵的文物、集中展示和传播“同仁堂文化”，让同仁堂的员工和广大人民群众了解“同仁堂文化”，感知“同仁堂文化”。

博物馆位于同仁堂集团总部所在的崇文门附近，是一所闹中取静、古朴清雅的四合院，它共有七个展厅。在这里，除了可以看到中国传统的制药工具，还可以看到当年御药房所用同仁堂药物，如十香返魂丸。那幅同治年间的古训——“但愿世间人无病，哪怕架上药生尘”，也是同仁堂博物馆的展品。这幅古训格调之高，气魄之大，令人感动。据传，这是擅长医术的乐孟繁妙手回春，治好了患者的疑难之症，患者出于对乐孟繁医术的敬慕和对同仁堂诚信的钦佩，献给同仁堂的。

在这里还可以看到一块展板，那是1956年12月7日，毛泽东同志在《同民建和工商联负责同志的谈话》时，讲到的一段话：“万史名字要保存，商务印书馆、中华书局的名字为什么不要？瑞蚨祥、同仁堂一万年要保存。”（《毛泽东文集》第七卷171页）

现在，同仁堂博物馆已经成了普及、传播“同仁堂文化”和中医药文化的重要场所。它现在已经成为青少年教育基地，是同仁堂职工学习“同仁堂文化”的平台。

同仁堂集团还投资了一批文化项目。如京剧《风雨同仁堂》、电视连续剧《戊子风雪同仁堂》、评剧《乐家老铺》、电视剧《同仁堂的传说》和讲述同仁堂三百四十余年历史的《国宝同仁堂——同仁堂340年记》等一批文化产品。

同仁堂集团充分利用这些文化产品，传播“同仁堂文化”，研究“同仁堂文化”，做了许多扎扎实实的工作。在为《国宝·同仁堂》搜集资料的过程中，张海燕等人意外地从新闻电影制片厂的一部当年的新闻片中，找到了老匾的影像资料，为复原老匾提供了可靠的佐证。毛主席曾说：“全国有名的招牌要拍下照片来，有许多招牌的字是写得好的，不留下来后代就不知道了。”现在同仁堂终于有了老匾的照片，这一“同仁堂文化”的精品，让后人得以回味当年同仁堂创业的历程，对“炮制虽繁必不敢省人工，品味虽贵必不敢减物力”的坚守，以及同仁堂经历的风风雨雨。《国宝·同仁堂》出版后，同仁堂集团人手一册，还围绕这部书，组织了征文比赛、演讲比赛，让同仁堂的历史和“同仁堂文化”深入人心。科技发展集团还把优秀征文辑录成册，供员工交流学习。

此外，集团所属各企业，也很重视“同仁堂文化”的发掘、整理和传播。这些企业大都有自己的内部刊物，这些刊物编排认真，印刷精美。传播“同仁堂文化”，是这些刊物的主要内容之一。

健康药业、大栅栏同仁堂药店使用高科技手段制作了表现“同仁

同仁堂大栅栏药店“净匾仪式”

堂文化”的展示品，供顾客和来访者参观。名声赫赫的大栅栏同仁堂药店，是同仁堂的文化传承旗舰店。每逢“二月二，龙抬头”的日子，都要进行“净匾仪式”。这个仪式又叫“敬匾仪式”，由药店经理、退休老员工、首席职工、青年技术能手、药店优秀青年团员，共同擦拭“同仁堂”和“灵兰秘授，琼藻新栽”匾额，并齐声朗读《特别晨训》训词。药店就是通过这个别开生面的活动，传承着同仁堂的优良基因，表达着全体员工“同修仁德，养生济世”的虔诚之心。

不仅是企业单位，同仁堂的许多干部、员工也用自己的行动为“同仁堂文化”增光添彩。冯小平曾经担任大栅栏药店的党支部书记，对同仁堂历史文化有浓厚的兴趣，收集了大量有关同仁堂的历史照片和相关文物。她还积极支持他人写同仁堂，研究同仁堂，并提供各种帮助。

同仁堂集团的干部还亲自参与创作，用文艺作品表现同仁堂文化。同仁堂集团宣传部创作的诗歌，其中有这样的诗句：

20年的探索与拼搏
20个春夏秋冬四季轮回
7000个日日夜夜执着坚守
东方传奇缔造了现代神奇
老字号焕发出勃勃生机
如今
与共和国市场经济同龄的
中国北京同仁堂集团
已成长为现代化、国际化的中医药集团
三大板块阔步前行
从小胡同走向大市场
同仁双龙乘风破浪

从维多利亚湾游进泰晤士河
农耕文化的经典流进工业文明的血液

在商业集团欢乐的年会上，一位中等个头，长得周正端庄，一脸祥瑞之气的中年人，正打着竹板在说数来宝《同仁堂百店图》：

竹板打得声声脆，集团年会来相会。
今天来人真不少，我向大家来问好！
我们欢聚同仁堂，人人心里喜洋洋。
哎，你看那儿——昂首阔步带微笑，那是药店代表来报到。
嘿，大栅栏店员来得可真早，中关村来了三位店员两领导。
……

这位说快板的就是多才多艺的同仁堂京北公司的总经理高金祥。他别出心裁，将同仁堂商业集团的各门店编成了快板在年会上表演，受到了热烈欢迎。

一向站得高、看得远的同仁堂集团，在促进文化发展上也是如此。为了给同仁堂的文化建设制定更为远大的发展目标，集团于2010年3月18日正式邀请国务院发展研究中心为同仁堂制定“北京同仁堂文化战略”。同仁堂领导班子希望通过这个战略，对“同仁堂文化”的形成与现状、品牌价值与管理、战略定位与举措以及干部职工队伍建设等方面进行系统总结、整理和提升，形成具有长期指导意义的文化战略体系，进一步提升同仁堂企业文化，增强企业的软实力，带动企业的整体发展。

为了发掘、弘扬“同仁堂文化”，同仁堂集团领导层的投入力度很大，取得了丰硕成果。但是，企业领导在经营活动中的一个决策，往往比一百个漂亮的口号影响还要大。优秀的企业文化不仅表现在优美的文字和感人的口号上，更展现在实际行动中。因此，同仁堂集团的领导更是把企业文化中的理念贯彻于经营决策中。

在向市场经济过渡的时期，医药行业也出现了一些虽然不合法，但已经是见怪不怪的潜规则，某些医药企业为了促销，给医院采购人员回扣，后来竟发展到以医药代表的名义，派人到医院，几乎是公开地用花样翻新的行贿手段开发市场。更甚者，还发展到了保送子女出国学习、代写职评论文，甚至实行性贿赂，以换取医生给患者开自己企业的产品。葛兰素史克（中国）公司就是典型的一例。这家公司宣称的“关爱大众，关爱社会，携手中国，共创未来”，可以说是非常动人，可是公司某些高管为达到打开药品销售渠道、提高药品售价等目的，竟然利用旅行社等渠道，向政府官员、医药行业协会和基金会、医院、医生等行贿。

就在给回扣，派医药代表成风，“潜规则”几乎已经变成“明规则”的情况下，同仁堂集团领导层却做出了一个正气凛然的决定：不给回扣，不向医院派促销员、医药代表。总经理梅群曾经这样说：“我们都是通过正常手段，凭质量和诚信取得消费者的认可。”

当然，作为企业，同仁堂也要参与竞争，也要追求利润，但是同仁堂的促销手段是合法、合理、公平、公正的。为了促销，他们想方设法加强售前、售后服务。他们下到社区讲健康、讲用药知识，以增加人们对同仁堂产品的认同。他们也请医院的大夫来同仁堂参观，让他们了解同仁堂的生产过程和新产品的特性，熟悉和了解“同仁堂文化”。他们还为订货方提供周到的服务，包括限时送达、帮助卸货等方式，再加上同仁堂三百四十余年的良好信誉，这种不给回扣，而是给关怀、给服务的促销，取得了可喜的效果。

在科学发展观指导下，同仁堂集团领导班子不仅用文字，更用行动丰富和发展了“同仁堂文化”。不仅继承了讲诚信、重质量的经营理念，而且做到了风清气正，这是对同仁堂诚信文化的发展和提升。

同仁堂不仅用自己的行动，续写了同仁堂三百四十余年“济世养生”的传统，而且净化了社会主义市场经济的环境，打造了一个值得人们尊敬的现代化民族企业和值得每一个中国人骄傲的品牌形象。同仁堂集团领导班子，曾经获得中组部的嘉奖。新华社以“诚信为本，药德为魂”为题，介绍了同仁堂集团的发展，受到了广泛关注，并且获得了“五个一工程”奖。他们当之无愧。

2012年7月18日晚，同仁堂集团成立二十周年主题晚会在北京二十一世纪剧场举行。同仁堂的干部员工、海内外投资者代表和各级领导在这里济济一堂，回顾不平凡的过去，欢庆今天的成功，有如节日般欢乐、喜庆。

晚会上的节目五彩纷呈，引人入胜。许多同仁堂干部员工喜爱的著名演员，纷纷登台献艺，对走过二十年不平凡路的同仁堂集团表示祝贺。他们当中有：宋祖英、戴玉强、张也、关牧村、韩磊、吴彤、徐子崴、斯琴格日乐、王莉、汤非、白雪等演艺界名家。沙画表演《大栅栏同仁堂》独特新颖；现代京剧《杏林百草香》唱出了同仁堂人“同修仁德，养生济世”的高尚风格。晚会上最突出、最有特色的是同仁堂员工自编自演的节目——歌舞《百年同仁堂》和音乐快板剧《百年老店谱新篇》。这些节目充满了浓郁的生活气息，表现了同仁堂人讲诚信、重质量的本色。演员虽是业余的，演技却不业余，他们的表演活泼、生动、贴近生活，因而受到了热烈欢迎。晚会最后在同仁堂合唱团演唱的大气恢弘的晚会主题曲《百草香，中华情》中结束。

习近平主席在全国宣传思想工作会议上指出：“中华民族创造了源远流长的中华文化，中华民族也一定能够创造出中华文化新的辉煌。独特的文化传统，独特的历史命运，独特的基本国情，注定了我们必然要走适合自己特点的发展道路。对我国传统文化，对国外的东西，要坚持古为今用、洋为中用，去粗取精、去伪存真，经过科学的扬弃后使之为我所用。”同仁堂集团吸收了中国传统文化的精华，与时俱进，创造了具有鲜明民族性、时代性的同仁堂文化。

同仁堂文化汲取了儒家的文化精粹，如“仁者爱人”的理念，但又结合时代特点有所发展。儒家文化虽然讲仁爱，却又有贵贱之分，今天的“同仁堂文化”就不分高低贵贱，只有“为人民服务”“以人为本”和“四个善待”。

“同仁堂文化”吸取了道教文化的精髓，如“天人合一”的观念，但又结合时代特点，有所发展。道教文化讲的是虚幻的“羽化成仙”，而现在的“同仁堂文化”却是以自己的奉献，让广大人民群众益寿延年，体魄强健，以有限的自然生命，给亲人带来欢乐和幸福，为社会做出实实在在的贡献。

“同仁堂文化”吸取了佛教文化的精华，如普度众生等，但又不同于佛教文化。佛教追求的是来世的极乐世界，而“同仁堂文化”是让人民群众幸福地生活，享受现实的快乐、成功、和谐。

三、完善法人治理，整合不同专业；创新体制建设，实行合议制度

美国著名管理学权威德鲁克说：“明天总会到来，又总会与今天不同，如果不着眼于未来，最强有力的公司也会遇到麻烦。对所发生的事感到吃惊是危险的。哪怕是最大的和最富有的公司，也难以承受这种危险，即使是最小的企业也应警惕这种危险。”他还说：“没有人能够左右变化，唯有走在变化之前。”

在同仁堂面临进一步发展的挑战前，殷顺海又一次展现了他的前瞻意识、创新意识和改革者的勇气。在和领导班子成员以及干部、员工交流，做了大量调研工作后，他又以极大的胆识、魄力和勇气对同仁堂的体制和机制开始了新一轮的创新和探索。

几乎所有的管理学家都承认，管理集团公司要比管理单一公司困难得多。管理集团公司通常会遇到这样几个难题：母公司对整个集团的管理要通过层层的传导，由于层次过多，链条过长，就容易产生误差，加大成本，发生错误，增加风险。

子公司有相对独立的人权、物权、财权和经营权。母公司如果不尊重子公司的相对独立性，而子公司又不服从母公司的管控和协调，就容易出现母公司被架空，集团被空心化，子公司走上诸侯经济的邪路。

母公司和子公司之间，子公司与子公司之间，容易产生利益博

弈，不能协调，各求各的利，各做各的梦，各走各的路，而母公司的权威又不足以控制局面，必然导致祸起萧墙，兄弟反目，管理混乱，直至关张倒闭。

更何况，同仁堂集团麾下有“六大二级集团”和“三个院”。也就是说，集团领导团队统帅的不是六条船，而是六支庞大的船队，再加上三条艨艟巨舰。管理难度之大，可想而知。

这些难题就如航路上的暗礁，如果解决不好，一旦撞上后果就很严重。虽然同仁堂集团的发展是健康的，资产、经营状况良好，但凡事预则立，不预则废。凭着深厚的理论造诣和丰富的实践经验，殷顺海清晰地预见到了这些暗礁浅滩和绊脚石。

他明确指出了两种危险。一是同业竞争。六大二级集团虽然已经从原则上划分了专业定位，但对这种新体制理解得还不深不透，在品种、资源和门店等方面还存在着重复混乱。这虽然是转型中出现的比较特殊的问题，但必须解决。二是存在产生诸侯经济的危险。由于集团始终坚定地坚持两级管理，巧妙地解决了资产链过长的问题和风险，但随着二级集团实力的增强，它们的独立性也强了，极易产生各行其事的现象，出现产生诸侯经济的条件。因此，一定要冷静分析，严格防范出现诸侯经济。

看出问题，发现隐患不容易，解决问题，消除隐患更不容易。为此，同仁堂集团领导层反复调研后，决定对集团的管理机制，进行重大改革。2011年年底，殷顺海代表集团党委、董事会和集团领导正式宣布，为了胜利完成“十二五”计划和顺利实施“123456”工程，集团董事会和集团党委决定，实行集团管理转型，建立委员会管理体制。

委员会管理体制又叫合议制，最早是一些欧洲国家创立的政府行政制度。1848年瑞士制定联邦宪法，确立委员会制为共和国的政府形式，瑞士因此成了至今唯一实行委员会制的国家。那么，委员会制为什么要运用到企业管理中来呢？现代企业效率高，其中一个重要原因，就是专业分工精细。但与此同时，如何协调各个部门，使它们之间能够密切协作，完成重大项目，实现企业的整体发展，就成了关键问题。

也就是说，除了董事会、总经理、部、室、科这样的纵向管理系统外，还需要建立部门之间横向的管理和协调机构。于是，委员会制就应运而生。委员会不是由某个领导单独决策，而是由一定数目的委员会成员，依据少数服从多数的原则做出决策的一种体制。也就是说，委员会的决策是按照民主集中制的原则，即民主基础上的集中和集中指导下的民主进行。采用委员会制有助于提升管理水平，避免“一管就死，一放就乱”的现象出现。

2012年4月，同仁堂提出：“实行委员会制管理，是完善法人治理结构的需要，是生产关系要符合生产力发展和变化的需要，是‘做长做强做大’同仁堂的需要，是由部室管理转型到组织（指委员会）管理的转型的需要。集团将成立八个专业委员会，努力打造一支集团的专业化管理团队，以实现管理模式的转型。”

根据计划，同仁堂集团成立了经济运行与资本运作管理委员会、财务运行与管理委员会、工程项目管理委员会、科技质量管理委员会、品牌使用与管理委员会、内控管理与审计委员会、文化与教育管理委员会、人力资源与干部管理委员会，打造一支集团的专业化管理团队，以实现对管理模式的转型。

为配合这一决定，同仁堂集团宣传部等相关部门，向广大员工和媒体做了大量细致的解释工作，说明企业转型应当与国家经济的转型步调一致。目前，我们国家不仅完成了从计划经济向社会主义市场经济的过渡，而且正在从粗放型向集约型转换，从不完善的市场经济向完善的市场经济发展。同仁堂要发展，就必须与时俱进，跟上国家转型、发展的步伐，解决企业面临的重点、难点问题。实行委员会制，就是出于这样

的考虑。

同仁堂的干部、员工在深入了解企业转型的重要性、必要性和委员会制以后，纷纷表示支持。

有人说："建国初期，咱们学苏联，实行厂长负责制，厂长说什么就是什么。后来觉得这样不行，就改成了党委负责制，这么一来倒是民主，可没有集中了，厂长说话不管用，没权威了。后来又改成了党委领导下的厂长负责制，也存在一定问题，再加上改革开放，又变了。改革开放初期，大企业少，规模也小，厂长一个人说了算的弊病还不突出。现在企业成长了，甚至成了大集团，就得讲民主集中了。其实，这六十多年，咱们不就是一直在探索一种能够既讲民主又有集中，适合中国国情的企业管理制度吗？这回咱们同仁堂采用委员会制，就是为适应改革开放之后的新形势，探索一种能兼顾民主和集中的企业管理制度。这才叫创新，这才叫有胆有识！"

有人说："委员会制好！有了党委会、董事会，再加上委员会，上下左右，纵横平直，都能管好，都能照顾得到。经络活了，血脉通了，企业就不容易出问题了。"

还有被选入委员会的委员说："采用委员会制，是为了用民主集中制管理企业。咱们进了委员会，就要大胆提出意见建议，要敢于管理，还要充分尊重其他委员的意见，坚持少数服从多数。不辜负领导和员工对我们的希望。"

现在，委员制正在同仁堂贯彻和完善，效果正在显现。同仁堂的干部、员工和同仁堂的合作伙伴、投资者以及一切热爱同仁堂的人，也因此对同仁堂寄予更大的期望，期望同仁堂取得更大的成功。

四、创新是基因，变革乃根本

同仁堂有着三百四十余年的历史，在一些人的心目中，百年老店的形象，就如李白诗句中的腐儒，“鲁叟谈五经，白发死章句。问以经济策，茫如坠烟雾”，是一派不懂经济、不思变革、固步自封的迂腐形象。恰恰相反，同仁堂能独步古今，延续辉煌的主要原因就是重视创新。正如同仁堂集团党委副书记陆建国所说，“‘同仁堂文化’传续的基因就是创新”。

也有人说，如果让同仁堂根据自己的经验，给天下的企业开可持续发展的药方，那么，根据中医一人一方的个性治疗原则，同仁堂会给不同的企业开出不同的药方，但是所有药方的君药都会是创新。因为同仁堂自己就是在不断创新中，奠定了根基、达到了鼎盛、实现了中兴、步入了今天的辉煌。

当年，乐显扬发掘和整理了许多古方、宫廷秘方、家传秘方、民间验方。乐凤鸣也研读过大量的方书，尤其是父亲整理过的药方。同仁堂的配本中，由乐凤鸣整理出的经典方剂共三百六十三副。其中不少今天仍是同仁堂的名药。这种发掘和整理，可不是照搬照抄，相反，许多都是创新。因为这需要从堆积如山的医案和方书中，寻找出配伍合理、疗效确实的药方，还要在实践中不断调整，反复实践。

同仁堂有一批完全自创的药，用今天的话说，就是具有自主知识产权的药。如活络丹是乐凤鸣之子乐礼在翻阅明朝张时彻编的《摄生众妙方》时，发现其中有大神效活络丹的记载。但《摄生众妙方》只是张时彻的见闻录，编著得不够严谨，内容也不够完全。乐礼觉得大神效活络丹的方子不错，可是书中记载的配比主次不分，“君臣佐使”立意不明。他就想在这个基础上改进出一种新药。经过反复琢磨，一再修改，终于得到了一个理想的方子。临床运用的效果证明，用这个配方制成的活络丹，药效显著，成了治疗风寒湿痹症的珍贵药物，也成了同仁堂的名药之一。

乐平泉不仅凭不断地研制新药，挤走了董启泰，夺回了同仁堂的经营权，实现了同仁堂的中兴，而且为同仁堂创出了一批名药，其中有虎骨酒、安坤赞育丸、益仙救苦金丹、八宝药墨、五味槟榔、定喘丸、参茸酒、如意长生酒等。有些至今还是同仁堂长销不衰的名品。他的后代还特别指出：“凡此等类，皆系先大夫印川公虔诚创造，屡奏奇功，实古方所未备，用弥秘而不授人者也。”也就是说，这些药都是从前没有的，由乐平泉创造。

此外，著名的乌鸡白凤丸是同仁堂的第四代传人乐百龄创制。他在翻看明朝人写的《寿世保元》一书时，发现《带下篇》中有白凤丹的处方，而此书的虚劳篇中，也有白凤丹的处方，他再翻到《调经诸方》中，又发现有乌鸡丸的处方。乐百龄反复研究这三个方子，发现它们都是治疗妇科病的良药，但各有长短。于是，乐百龄将三个方子各取所长，补其不足，最终配出了乌鸡白凤丸。后经改进，成为至今广受欢迎的同仁堂十大王牌之一的同仁乌鸡白凤丸。

新中国成立后，古老的同仁堂获得了新生。为了更好地为人民群众的健康服务，同仁堂自建国初期就努力探索中药剂型的创新。在彭真市长的支持下，乐松生请郑启栋教授对中药进行剂型改革，成功试制人工牛黄。

当年殷顺海在崇文门会议上就把“整合科研资源，整顿科研力量，研究新产品、新工艺”作为第三个突破方向。只是由于资源短缺，还无法在科研这个方向上实现突破。

同仁堂集团在大刀阔斧的改革中，尤其是在股改上市后，更是加大了对科技创新的投入力度，同时，采取各种措施调动科技人员的积极性，极大地提升了他们的创造性。同仁堂的科技人员在试制新药时，坚持董事长一再强调的“尊古不泥古，创新不离宗”的原则。既尊重传统，但又不被传统束缚；勇于创新，但又注重继承优秀的历史遗产。在这个原则下，同仁堂把大药丸子改成了片剂、水丸、口服液和浓缩滴丸等新剂型，这样不仅便于患者服用，同时，也扩大了用药的患者人群。

乌鸡白凤丸是同仁堂的妇科良药，深受欢迎。但是药丸大，携带和服用都不方便。同仁堂把它改为口服液和胶囊，既保持了原有的疗效，又克服了丸药的缺点，投放市场后，深受女性患者的欢迎。

同仁堂还开发出了速效心痛宁滴丸、冠心苏合滴丸、愈风宁心滴丸、速效心痛宁气雾剂等，大大方便了病患者用药，挽救了许多人的生命，给广大人民群众争回了健康和幸福。

同仁堂不仅在改革剂型上投入力量，在新药研制方面也很有成就。虎骨酒是治疗风湿的良药，是同仁堂的名药，疗效显著，深受广大群众欢迎。但是随着野生老虎的濒临灭亡和中国加入了保护野生动物的国际条约。虎骨酒中的虎骨不可以使用了，同仁堂就将虎骨改为豹骨，名称也改为同仁壮骨药酒，但豹也是国家一级保护动物。因此，同仁堂的科研人员又积极探索与虎骨有同样功能的新品。

经过努力，同仁堂集团的科研人员和中国科学院西北高原生物研究所的科学家合作，发现青海高原有一种高原鼢鼠，它的骨骼不仅对关节炎有明显的预防和治疗作用，而且能够镇痛和促进骨折愈合、增强机体抗疲劳及抗冻伤。其药效至少和虎骨相当。同仁堂依据这个研究成果，历经八年时间，开发出了塞隆风湿酒，因为高原鼢鼠在当地又被称为塞隆或瞎老鼠。它是我国自药品法颁布以来，第一个国家级动物类一类新药。

同仁堂的这个研究成果，一举多得，不仅为患者带来了益，还为草原的牧民除了害。因为高原鼢鼠啃吃草根，挖洞刨土，造成草原的沙化，危害很大。政府为灭此患，每年都要拨出几百万元经费进行治理，却找不到一种灭鼠的好办法，不是成本高，就是效果不理想。怎么能消除这种危害，一直是令当地农牧民、环保部门和地方政府头疼的问题。

塞隆风湿酒研制成功后，在鼠害严重的地区，一度出现了一个捕鼠的高潮。因为每捕到一只高原鼢鼠，就有两块钱左右的收入，这就大大调动了当地和附近农民的积极性。每年春、秋两季是捕高原鼢鼠的季节。在每个捕鼠季节里，每位捕鼠者至少有两千元的收入，多的甚至可达到四五千元。这对于青海东部地区的农民来说，是一笔重要的收入，

研究院中试车间

同仁堂研究院的科研人员在观察实验结果

而鼠害也大大减轻。

同仁堂创新了一种药，青海高原少了一种害，风湿患者解除了痛苦，当地的农牧民有了一条致富的路，草原退化得到了抑制，农牧业生产得到了发展，青海高原的生态环境得到了保护。一种新药的开发，就给各方带来这样多的好处。这成为发展循环经济，坚持可持续发展，落实科学发展观的典范。

随着自然环境和人们生活习惯的改变，以及社会转型的加快，人类的疾病谱也有了很大变化。某些病的患者减少了，但某些病的患者却增加了。

抑郁症就是现在对人民群众威胁越来越大的一种疾病。但这种病过去只能用西药医治，中成药里还没有哪一种能明确医治这种病。巴戟天寡糖胶囊是同仁堂集团研究院携手军事医学科学院及北京大学第六医院等多家单位，历经十九个寒暑，不懈努力、刻苦攻关研制出的新药。历经近二十年，终于得到了批准文号，现在已经正式投产，从此改变了抗郁症药物里中成药缺失的局面。

巴戟天寡糖胶囊来源于植物，安全、有效、可靠。巴戟天寡糖胶囊还获得了多项专利。经北京大学第六医院、吉林省中西医结合医院、西安交通大学附属第一医院等八家医院研究证实，巴戟天寡糖胶囊具有显著的抗抑郁作用，可以用于焦虑症、失眠症、强迫症、恐惧症、暴食或厌食等病症的治疗。还有其他单位的科研人员研究了巴戟天寡糖胶囊的疗效和安全性问题。他们采用了国际通用的多中心、随机、双盲双模拟对照的研究方法，把它和在抗抑郁药物中，被誉为“五朵金花”之首的“盐酸氟西汀”对照。得出的结论是：巴戟天寡糖胶囊治疗轻、中度抑郁症疗效与盐酸氟西汀片相当，且不良反应轻微。

现代社会，人们对健康有了更多的关注，为了健康，就要关注和改变“亚健康”状态。同仁堂针对市场的需要，不仅开发出了药物，还开发出了一批保健食品。如，健康药业研发中心研制的同仁堂牌鱼油软胶囊，是以鱼油为主要原料制成的保健食品，经动物功能和人体试食试验证明，具有辅助降血脂的保健功能。

现代社会，人们不仅要健康，还要美。健康药业研发中心研制的同仁堂牌清雅软胶囊是以泽泻提取物、荷叶提取物、左旋肉碱酒石酸盐等为主要原料制成的保健食品，经动物功能和人体试食试验证明，具有减肥的保健功能。

这两项成果都取得由国家食品药品监督管理局颁发的《食品卫生许可证》，并投入了生产。

同仁堂的变革和创新是全方位的。产品的创新只是一个方面，同仁堂对体制、机制、制度上的变革和创新，更是引人注目。老乐家在这方面就曾开风气之先。许叶芬在分配制度上，采用固定工资加绩效提成的改革，既稳定了员工队伍，又调动了他们的积极性。同仁堂在四房共管时期，规定各房只能用乐家老铺的名义开店，不得用同仁堂的招牌，也是既适应时代的要求，又不会损害同仁堂品牌的一种创新。乐笃周曾经设想过的“托拉斯”，其实也是一种未能实现的创新。

同仁堂集团新一代领导掌舵后，同仁堂更是一路壮歌行，让一个比某些国家历史还长的老字号，一家老国企焕发青春，不仅跟上了时代的脚步，而且走在了改革开放的前列。其中的原因之一，就是他们善于从同仁堂悠久的历史文化中汲取营养，从自己的实践中总结经验，并且努力用科学发展观做指导，为企业的发展开拓新道路，开创新局面。

同仁堂集团新领导班子接班的时期，国内正兴起一股学习管理学的高潮，亚柯卡、松下幸之助这些国外的“管理大师”“经营之神”的名字在国内脍炙人口，而中国自己的成功经验却很少有人认真总结。那时，报考MBA（工商管理硕士）是热门，不仅莘莘学子把它当作自己的梦想，就连许多企业高管，甚至公务员都争相报考在职MBA班。

学习外国的先进管理经验本没有错，可凡事过了度，就会起变化。结果，MBA竟成了泛滥之势，一些大学以办MBA班为招财进宝的手段，教学脱离实际。许多MBA的教材都是照搬国外企业的案例，实战性不强。而同仁堂领导团队却注重从同仁堂的历史文化中总结经验，形成了具有鲜明同仁堂特色的管理理论。

在同仁堂发展的不同阶段，领导团队都有不同的创新。他们的创新包括体制、机制的创新，管理创新，文化创新，产品创新，因而是全方位的创新。

他们用“三个坚决”，引领同仁堂从“打开账本黄金万两，合上账本分文皆无”的困境中走出；用“四大突破方向”，引导员工从“有今儿没明儿了”的无望中走出；用“三个分开”，杜绝了内耗和诸侯经济的发生。这些其实都是将同仁堂从计划经济的旧轨道，引导到社会主义市场经

济新路上的创新。但是，在同仁堂的改革创新中，这些还只是序曲。

股改上市是同仁堂走出低谷的决定性战役，是同仁堂改革的重要篇章，在同仁堂改革开放的征程上，具有里程碑式的意义。虽然股改上市并不是同仁堂的首创，但同仁堂用一笔资产，在上海和香港两地上市的成功模式，却是创新。而且因为香港联交所规则的改变，这种模式也就成了空前绝后的创新。

同仁堂股改上市的成功，有着更深层的意义。因为，领导层在企业为何要上市的问题上，比许多其他企业的高管看得更远，理解得更深刻，追求的层次更高。同仁堂上市不仅仅是为了解决资金问题，同仁堂集团领导班子更看重的是通过上市，转变机制和观念，建立一个符合上市公司要求，具有公开、公正、透明属性的多法人治理结构，给企业带来一个质的飞跃。

在“撤小并大”、“母体脱困”的过程中，在贱卖国企成风、工人大面积下岗的冲击下，同仁堂集团领导层，却不从众，不跟风，敢于标新立异，敢于特立独行。他们带着对员工、对企业的深厚感情，用科学发展观做指导，从“同仁堂文化”中汲取营养，以对员工、对企业、对社会高度负责的精神，创新推出托管、转岗不下岗等举措，不仅没有让一位员工下岗，而且还为社会创造了新的工作岗位。用最小的代价，取得了改革开放的丰硕成果。让更多的为共和国的建设和改革开放的推进，做出了贡献乃至牺牲的普通劳动者，享受到了改革开放带来的丰硕成果，因而也为进一步的深化改革奠定了牢固的基础。

同仁堂集团领导请国务院发展研究中心为同仁堂制订战略发展计划，为同仁堂未来的发展定位。这也是创新。同仁堂自觉地与国家改革和发展同步，充分表现了同仁堂集团领导的全局意识，战略眼光。为同仁堂的长远发展奠定了基础，拟定了目标。

股改上市之后，同仁堂集团以恢弘的气魄，根据国务院发展研究中心帮助制订的发展规划，开始建设“1032”工程。其中更是充满了创新意识和创新举措。同仁堂股份公司和科技公司进入亦庄开发区建厂，不仅是生产力的提升，更重要的是将传统的中药业，引入了高科技领域。这是中药业发展的一个重要里程碑，更标志着中国软实力的提升。

“1032”工程在实施过程中，曾经创造了多种形式、多种体制的合资企业。不仅有和外资合作的企业，还创造了与民营资本合作的企业，如在亳州与民营企业家徐广友合资建立了饮片厂，商业投资集团与高金祥的京北企业管理公司的合作等，都取得了良好的经济和社会效益。

在海外资本纷纷投向内地，利用内地劳动力成本低廉的特点，建厂办企业时，同仁堂反而到香港去投资建厂，不仅有利于产品的出口，而且大量使用自动化设备，提升了中药的生产效率，而生产成本也没有上升。这种逆向思维在当时是极富创造性的。

说同仁堂特立独行，这就是一例。但这种特立独行，绝不是为所欲为，而是在充分调查研究的基础上，在遵循国家改革开放的总体部署中，按照客观规律行事的创新。

在“1032”工程中，同仁堂继承中医药的优良传统，建立了以“治未病”为主要宗旨的健康药业，取得了可观的经济和社会效益。而大栅栏同仁堂药店内设立的中医馆，尤其是同仁堂中医医院的开业，更是体现了传统中医药“医药一体”的理念。这些举措从表面看来是恢复老传统，实际上却是另一种创新。因为无论是医馆也好，还是医院也罢，其规模、设施、管理方式，都是坐堂医根本不能比的，因此是一种推陈出新式的创新。

当同仁堂集团迈入了“十二五”之后，同仁堂集团领导又创新推出了“123456”计划。尤其是六个二级集团的建立，这不仅是规模的扩大，更是质的提高。因为这种规模的扩大，是为了发展生产力而对生产关系进行的必要调整，是为了企业向更高的层次、更宏伟的目标前进。

为了避免当前企业决策过程中出现独断专行、盲目决策的现象，同时也为了不再出现改革开放初期的诸侯经济，集团领导开始在同仁堂集团施行委员会制。这是又一个非常重要的创新，而且意义不凡。这是企业管理的一个重要转型，是改革路上的又一个有益尝试。它很有可能对探索建立一个符合中国国情的，“在民主的基础上集中，在集中指导下的民主”的企业管理制度，起到开创和示范的作用。

除了体制和机制的创新，同仁堂集团领导班子还有许多观念上的创新。当有人宣扬：“企业就是要争取利益最大化，考虑社会效益，那是雷锋的事。”殷顺海提出的却是“以义为上，义利共生”。结果，那些只要利，不要义的企业一个接一个地倒下去，而同仁堂却巍然屹立，而且在做长的基础上，正在越做越强，越做越大。

当有些人把步人后尘，邯郸学步当作“创新”时，殷顺海却敢于标新立异，求新求变。当一些人不顾现实可能，不考虑主客观因素，片面追求和宣扬“做大做强”时，殷顺海提出的却是“做长、做强、做大”。这不仅需要清醒冷静的头脑，更需要实事求是的作风和深厚的理论功底。“做大、做强”和“做长、做强、做大”的区别，并不是字数的增减、排序的先后，而是关系到对可持续发展如何贯彻，对科学发展观如何理解、如何落实的大问题。

今天的同仁堂既是一个传统的代表，更是一位创新的先锋。在这里，人们仍然能感受到传统的积淀是那样深厚、古朴、淳香，但是更能体会到“天行健，君子自强不息”的不断进取精神和“苟日新，日日新，又日新”的不断创新精神。这里悬挂的仍是“炮制虽繁必不敢省人工，品味虽贵必不敢减物力”的楹联，这里传承的仍是讲仁爱、守诚信的美德。人们完全可以用“古色古香”“百年流芳”“古风犹存”这样的词汇形容它。

但现在的同仁堂，又是现代的同仁堂。用80后、90后的语言来说，就是潮得很。这里不仅使用了现代化、自动化的生产线，生产符合GMP和其他国际标准的中成药，而且建立了具有同仁堂特色的现代企业管理制度。这里更有多种机制的现代化企业，不仅矗立在国家级高新开发区内，而且屹立于香港，挺进在国外。在这里，许多企业和单位都已经广泛采用了数字化技术，实行了网络化管理，曾经作为新潮、时尚的电脑、上网，在这里已经成了最基本的技术。

语言的时尚，并不意味着思想的先进；空喊创新的口号，并不意味着有创新的能力。创新，并不是无源之水，也不是空中楼阁。有人割断历史，不讲继承，拒绝从历史中汲取营养，创新自然只能是流于空话、大话。也有人以食古不化、抱残守缺的态度对待历史，不思发展，拒绝创新，结果只能是画地为牢、固步自封，最后溺亡于陈腐的泥潭。这两种极端的态度，都不可能有什么真正意义上的创新。而同仁堂领导团队坚持的“尊古不泥古，创新不离宗”，才是如何处理创新和继承关系的至理名言，也是同仁堂在创新中所要遵循的原则。

同仁堂集团的成功，无疑是集团党委和董事会集体领导的成功，但是作为“班长”的殷顺海所起的重要作用，是不可低估的。他如一位敢于手把红旗，立于涛头的弄潮儿，在时代大潮的前面鼓浪前行。让人们想到潘阆的名句——“弄涛儿向涛头立。手把红旗旗不湿。别来几向梦中看。梦觉尚心寒。”

同仁堂发展和改革的经验告诉我们：企业的健康发展，当以人为本，以仁德为核心，以诚信为基点，以义为上，以品牌为生命。创新的原则是创新不离宗，尊古不泥古；发展的前提是做长、做强、做大，最后落脚点是质量——产品质量、服务质量。

第五章
追梦同仁堂

同仁堂人一向就有高尚的追求，美好的梦想：“可以养生，可以济人者，以医药为最”“但愿世间人无病，哪怕架上药生尘”“同修仁德，济世养生”。时代虽然不同，同仁堂人的梦却是一样的，就是人民大众的健康和幸福。为了实现这个梦想，同仁堂已经付出了许多、创造了许多、奉献了许多，也实现了许多。但是同仁堂人追求的梦想没有止境，这个梦是建立在实实在在的努力上，建立在科学发展的基础上，因而是必定能实现的梦。

一、今朝虽好看，明天更灿烂

现在，同仁堂领导团队正引领着六大二级集团向着“一二五”计划规定的新目标前进，并且取得了令人欣喜的成果。2013年，北京同仁堂国药有限公司在香港联交所创业板正式挂牌。这是同仁堂的第三支股票，也是启动“123456”工程后，同仁堂上市的第一支股票。

上市当日，同仁堂国药即获得了一个开门红，同仁堂国药以4.70港元开市，其后创出7.19港元的全日最高价，收报6.53港元，较发售价大幅高出1.15倍，全日总成交高达6.77亿港元。同仁堂国药此次共发行2亿新股，共募集到资金5.7亿港元。

公司将用在股市上募集到的资金，开拓市场，在香港开设中医保健中心，在海外进行并购，扩大安宫牛黄丸产能，在中国市场以外研发及注册产品。公司还将用在股市上筹集的资金，建立高效的物流信息系统。丁永铃和她的同事们的奉献终于结出了硕果。

因为同仁堂集团是我国唯一获准可以生产含天然麝香产品的企业，而天然麝香是生产安宫牛黄丸的重要原料。这也是同仁堂牌安宫牛黄丸效力可靠的原因之一。

现在国药公司在十一个国家和地区，开设了三十六家零售店铺。为了在海外开辟市场，同仁堂国药在零售网点采用了“医师诊断、保健服务带动产品销售”的模式。那些对中医药怀着半信半疑态度的人，走进

同仁堂国药集团在香港联交所上市

国药公司的零售网点，经过有资历、有经验的医师“望、闻、问、切”之后，往往对中医的神奇大感惊讶。中医师和药师又会耐心、细致地向患者介绍中药的特点和药性，并且为患者如何治病、如何保健、如何养生提出建议。结果不但为顾客治了病，还卖了药，更介绍了中医药文化。

正是通过这样的方式，同仁堂实现了“从产品出口到海外办店；从营销走出去到生产走出去；从单一出口到进出口并举；从产品营销到文化营销”的四大转变，成为国企“走出去”的典范。在庆祝同仁堂国药集团成功上市的大会上，国药总经理兼执行董事，一位在同仁堂集团深得各方赞誉的女将丁永铃，说了这样一段话：“我们深信，我国政府推动中医药在全球发展的利好政策，将为我们带来发展的良好契机。”

抓住机遇，放眼未来，积极开拓新的海外市场，同仁堂国药集团必会有更大发展，从而更加巩固其在全球中医药行业的领军地位。

同仁堂国药的上市，证明同仁堂将继续积极向海外推广中医药文化，加强海外消费者对中医药的认知，并且建立起一个覆盖全球的强大营销网络。目前，同仁堂集团已经在海外十六个国家和地区开设了八十四家药店，年出口创汇达到四千四百多万美元，初步实现了有华人的地方就有同仁堂的目标，在中医药走向世界的进程中，走在了前面。同仁堂也因此被授予“中国出口名牌企业”“重点培育和发展的中国出口名牌”“外国人喜爱的中国商标”等多个称号。

正如殷顺海董事长在挂牌仪式上所说：“同仁堂国药成功在香港联合交易所上市，是公司发展的重要里程碑，也意味着资本市场对同仁堂品牌及公司业务巨大增长潜力的肯定和支持。”

而国药公司在香港创业板的上市，只是同仁堂集团在实施“123456”工程后，上市的第一支股票，其后同仁堂还有更多的公司将上市。在不

同仁堂与亚太卫视签约

久的将来，同仁堂六大二级集团将全部成为上市公司。

“嫦娥应悔偷灵药，碧海青天夜夜心”，是唐朝大诗人李商隐的名句。由于几千年来，人民群众信任中医药，对中医药寄予厚望，就有了许多关于中医药的神话传说。嫦娥偷吃仙药后，飞入月宫的传说，就是其中之一。当然，古人把想象中的“上九霄”“探广寒”寄托于仙药上，只能是美好的愿望而已。而同仁堂正在做的一件大事，却是把中医药文化送上太空。

原来，为了向全国和全世界宣传和普及中医药文化，为中国人民和世界人民的健康服务，一向重视“同仁堂文化”传播的同仁堂集团领导决定，采用最先进的传播手段，开办电视台，用人造卫星向海内外传播“同仁堂文化”，传播中医药，传播中医的养生保健知识，传播中国的软实力。为此，他们专门和中国航天科技集团公司控股的亚太卫视发展有限公司，成立了一家合资公司，名为北京同仁堂传媒（香港）有限公司。这家公司将开办北京同仁堂保健、养生卫星电视频道，将开展相关的平面媒体和电子媒体经营、北京同仁堂产品的电视购物经营等业务。

在这家合资公司中，北京同仁堂国药香港集团占合资公司百分之五十一股权，亚太卫视发展有限公司占合资公司百分之四十九股权。亚太卫星可覆盖全球百分之七十的国家和地区，包括港、澳、台及东南亚一带。

不久之后，人们来到同仁堂在国内或海外开设的门店，就可以看到北京同仁堂传媒（香港）有限公司播出的节目。同仁堂的专家在讲养

2008 年 7 月 24 日北京同仁堂集团副总经理、北京同仁堂（新加坡）董事长丁永铃和新加坡南洋理工大学孔子学院院长许福吉先生签署联合办学共同推广中医药文化协议书

生保健知识，介绍同仁堂的药物及其药效。这些专家都是正规的中医并且都有长期行医的经验，都具有权威性，而不是像某些不负责任的电视台，只为追收视率、博眼球，就请来一些假冒伪劣的“中医大师”讲一些似是而非的“养生大法”“治病妙招”。

同仁堂集团还和国家汉办合作，在孔子学院中介绍和推广中医药常识。这个行动得到了国家的大力支持，必将大大提升中国的软实力。

在成就和荣誉面前，同仁堂集团领导团队的头脑是冷静的，他们知道虽然同仁堂在原本没有路的地方走出了一条路，更确切地说，是闯出了一条路，但对于同仁堂来说，前面的路更长，而且仍会有崎岖、有急弯、有沟壑，还有种种意想不到的困难和考验。其中有些是同仁堂在发展中必然会遇到的困难，有些是在中华民族实现伟大复兴时必然要面临的挑战。比如，如何提升中国的软实力，尤其是让世界了解中医药，接受中医药，就是中医药界必须正面应对的问题。

中医药有近五千年的悠久历史，有着丰厚的经验和理论积淀。但是由于文化的差异，也因为现代科学与传统认知的隔膜，有一部分人还理解不了中医药，甚至对中医药抱有成见，更有人主张废除中医药，或者是“废医存药”。其实是“医药皆废”，因为没有中医指导用药，不仅达不到应有的效果，而且很有可能出现用错药、治错病的后果。况且废掉中医，中药也不可能继续发展。

随着社会的发展，人们的环保意识在不断增强，对食品药品的要求也越来越高。因此，如何发挥中医药自古讲求“天人合一”“师法自然”的优势，如何正确认识重金属和农药残留的问题，如何正确处理保护珍稀动植物和合理利用动植物资源的关系等，都是事关中医药的发展，关系中国软实力提升的问题。在这些方面，同仁堂集团做了大量工作，取得了可喜的成绩。但是前路迢迢，同仁堂还会继续努力下去。

二、回眸二十载有奉献更有欢乐，展望一百年有期望更有重托

回眸同仁堂集团成立以来的这二十年，是同仁堂人值得骄傲的二十年。这二十年，同仁堂的领导和员工为同仁堂付出了汗水，做出了奉献，为她遇到的困难而焦急，为她取得的成就而欢笑。殷顺海董事长在谈到二十年的成就时，引用了“133456”这个数列来概括，就是擦亮了一块牌子、完成了三个上市、形成了三大板块、实现了四个突破、创造了五个第一、成立了六大二级集团。

“1”，是擦亮了一块牌子。经过二十年的发展，北京同仁堂这个老字号得到光大。同仁堂硬实力得到了显著增强。到2011年年底，集团公司资产总额比1991年增长15.42倍、净资产提高47倍、销售收入提高14.15倍、利润总额提高16.22倍、职工人数提高3.5倍、人均工资提高17.88倍。

品种领域显著扩展。1991年同仁堂主要生产经营中药饮片789种，现在是1548种（不含参茸饮片）。此外，中成药品种增加到1006种、医院制剂48种、保健食品81种、食品263种、化妆品144种。同仁堂的软实力显著提升。1992年集团成立时，门店基本只在北京，现在已覆盖除西藏外的全国各省、市、自治区，还跨出国门，在十六个国家和地区开设六十九家门店。而且还推出了京剧《风雨同仁堂——同仁堂340年

记》、电视连续剧《戊子风雨同仁堂》、堂史《国宝同仁堂》等一批文化作品。

“3”，是完成了三个上市。1997年股份公司上市，成功地解决了资金、半截子工程、科技投入、体制机制问题。2000年科技公司在香港上市，实现了一个国有资本两次上市，被称为同仁堂模式，解决了扩大融资、海外发展等问题。现在同仁堂的上市公司已经达到了三个，不久之后，同仁堂集团所有的六大二级集团都将成为上市公司。

“3”，是形成了三大板块。经过二十年探索，北京同仁堂形成了现代制药业、零售药业和医疗服务三大板块。经过二十年的努力，制药板块形成了股份、科技、健康、海外、药材参茸（亳州）、制药等六大部分，大大提高了工装工艺水平、科技含量、自动化水平。1991年制药板块固定资产为1.48亿，现在是当年的50倍。零售药业板块由1991年的八家，发展到现在的一千四百九十三家，形成了多个法人体制，独立核算，质量、效益、形象多赢的局面。而医疗板块是后起之秀，从无到有，现已拥有中医院三家、中医诊所一百九十五家。

“4”，是实现了四个突破。一是所有制上实现重大历史突破。1991年全部是国有制，现在还有中外合资、社会资本合资、纯民营等多种所有制形式，在机制体制上发生了深刻的变化。二是开辟了许多新的领域。不单纯制药卖药，还开辟了医疗、保健新领域；不单纯经营产品，还经营文化。三是地域上有了大的突破。走出四合院，走向全国；跳出国门，走向世界。四是企业模式突破。按照客观经济规律，除集团一级法人外，设立了多级法人，从工厂制到公司制，再到集团化。

“5”，是创造了五个第一。“十二五”开局之年的2011年集团各项经济指标再创新高，创造了五个第一：一是销售收入一百六十三亿元，居全国同行业第一；二是海外市场的终端零售网点及出口创汇居全国同行业第一；三是拥有销售额超亿元大型零售旗舰药店四家，数量居

全国同行业第一；四是拥有产品品种一千四百七十六种，数量居全国同行业第一；五是拥有中医医院、中医医馆、中医诊所共一百九十八家，居全国同行业第一。

“6”是组建了六大二级集团。六大二级集团是根据企业发展的需要提出的同仁堂“十二五”企业发展框架。经过两年多的酝酿与准备，同仁堂股份集团、同仁堂科技发展集团、同仁堂国药集团、同仁堂健康药业集团、同仁堂商业投资集团、同仁堂药材参茸投资集团六大二级集团正式成立。

二十年的探索与拼搏，北京同仁堂从一个基础较差的老牌国企成长为一个拥有现代制药业、零售药业和医疗服务三大板块，具备现代企业制度，总资产超过一百四十亿元、年销售额超一百六十亿元、年利润为十三亿元、年出口创汇三千四百万美元的国际化中医药企业集团。

“十二五”期间，是中国经济社会发展的重要转型时期，北京同仁堂集团将通过实施新的“123456”计划，实现健康、和谐、跨越式发展，实现“做长、做强、做大”的目标，并为国有企业改革发展探索并积累经验，即：实现主要经济指标翻一番；零售及医疗网点突破两千家；新产品研发上市三百种；抓好四个重点项目；保持和发展五个全国同行业第一；组建六大二级集团。在领导班子带领下，同仁堂探索出一条具有同仁堂特色的，可以持续发展的改革之路，不仅完成了从生产经营型向资本经营型与生产经营型相结合的转变，成功地把同仁堂从计划经济引向社会主义市场经济，基本形成了跨地区、跨国界、跨所有制的开放经营的新格局，为中医中药服务人民，走向世界做出了贡献，为老字号和老国企的改革提供了有益的经验，为如何用科学发展观引领国有企业的改革和发展，提供了宝贵的实践经验和理论探索。

未来的同仁堂将会是什么样子？未来的中医将如何诊病？同仁堂集团健康药业公司规划中的“X20”工程，给人们展现了一幅未来的图卷。走进这座即将拔地而起，美轮美奂，含有丰富民族元素的现代化大厦，人们享受到的不仅是诊病、售药、制药的一条龙服务，还有一系列其他的服务项目，如养生保健、中医药讲座。这里还整合了设备先进的五星级酒店，可供外地顾客来京问医求药时使用。

如果登上“X20”大厦的顶部，就如登上了另一层天。这里集中了北京有代表性的景观，如四合院、圆明园中的大水法，令人啧啧称奇。这个闪烁着智慧光芒，表现了深厚文化功底的创意，是健康药业俞俊总经理的杰作。

这个代表中医药未来的宏伟工程，已经破土动工，殷顺海董事长、梅群总经理和陆建国副书记等亲自为它奠基，因此有人说，“X20”工程定能“根基坚实，健康成长”。

健康药业的“X20”只是未来同仁堂集团的一个缩影，未来的同仁堂集团定会有更有效的药物、更周到的服务、更多的机遇、更新的概

北京同仁堂健康药业股份有限公司奠基礼

念、更好的创意，当然还有更多的挑战。

习近平总书记2013年4月28日同全国劳动模范代表座谈时说，“我国工人阶级一定要在坚持中国道路、弘扬中国精神、凝聚中国力量上发挥模范带头作用，万众一心、众志成城，为实现中华民族伟大复兴的中国梦而不懈奋斗。幸福不会从天而降，梦想不会自动成真。‘空谈误国，实干兴邦’，实干首先就要脚踏实地劳动。”

同仁堂的干部员工会牢记中国工人阶级的使命，大胆实践、勇于改革、不懈奋斗，脚踏实地劳动，做中国梦的追梦者，为中国梦的早日实现贡献自己的力量。

到中华人民共和国建国一百年的时候，恰好也是同仁堂创立三百八十周年。那时的同仁堂将会怎样？以殷顺海董事长为代表的同仁堂领导和员工，对此寄予期望。同时，更要深情托付后人，爱护同仁堂这个品牌，要让它更加光辉夺目，影响更加深远。在中国共产党的领导下，在各级政府的支持下，在科学发展观的指导下，在一代又一代同仁堂人的努力和拼搏下，同仁堂会发展得更快、更好。

续一：

问道资本运作　擦亮金字招牌

——北京同仁堂资本证券化之路

1997年，北京京剧院排演的京剧《风雨同仁堂》首演，受到广泛好评。此后，连续演出超过百场，并荣获中宣部“五个一工程”奖，以文艺作品的形式向社会展示了讲质量、重诚信的百年老字号同仁堂。

1997年，北京同仁堂制药厂等七家绩优企业组建的北京同仁堂股份有限公司在上海证券交易所挂牌上市。此后，相继分拆了同仁堂科技、同仁堂国药在香港联交所上市，创造了一个国有资本三次上市的“同仁堂奇迹”，以资本运作的方式向公众展示了从股票市场到债券市场的今日同仁堂。

如果说，三百多年对质量与诚信的执着坚守，让百年老字号虽饱经沧桑依然风采依旧；那么，近二十年的资本运作，则让今日同仁堂虽历经磨难依然精神焕发。

一

“三股一债”　破解发展难题

20世纪90年代前期，和大多数较早进入市场的国有企业一样，同仁堂饱受着市场不规范、资金匮乏、内部管理不规范等问题的困扰。有钱收不回，打开账本黄金万两，合上账本分文皆无；靠扎原料款维持再生产，企业负责人逢年过节必外出躲债；举债过多，银行信用等级3B，想贷到款比登天还难；手上没钱，半截子工程一大堆……1995年，以现任主要领导为首的新一届领导班子在这种情况下走马上任。他们果断采取措施：发挥集团优势，严格划分"三个市场"，坚决贯彻"三个坚决"，理顺销售渠道，避免内部竞争。这在很大程度上解决了企业的燃眉之急，但并未从根本上解决企业的发展问题。

经过反复调研、分析、研讨，领导班子深刻地认识到，要使同仁堂彻底摆脱困境，必须从体制机制上进行创新，既要解决企业发展的资金问题，更要解决从传统企业向现代企业制度的过渡问题。于是，同仁堂大胆试水资本市场，从摸着石头过河的探路者成长为运筹帷幄的"操盘手"。

同仁堂股份：勇当开路先锋

1996年下半年，正值资本市场兴起，同仁堂领导班子意识到：这是一个好机遇，是同仁堂三百多年来难得遇到的良机，必须抓住。经过半年多的艰苦努力，由北京同仁堂集团独家发起，以北京同仁堂制药厂、北京同仁堂制药二厂、北京同仁堂中药提炼厂、北京同仁堂药店等七家绩优企业组建成为北京同仁堂股份有限公司，并于1997年6月25日在上海证券交易所挂牌上市，募集资金3.4万元，挖到了同仁堂在资本市场上的第一桶金。

正是有了这笔资金，同仁堂完成了九个项目：1．同仁堂制药二厂改造新产品、新剂型生产车间项目；2．同仁堂制药二厂提取生产线技术改造项目；3．同仁堂制药二厂颗粒车间改造项目；4．同仁堂产品出口基地技术改造项目；5．同仁堂产品出口基地改造口服液生产车间项目；6. 同仁堂产品出口基地胶囊生产线改造项目；7. 国家级（北京市级）技术中心项目；8. 在研重点新产品项目；9. 拓展市场销售网络项目。

同仁堂的经营状况因此得到明显改善。统计数据显示，同仁堂股份1997年实现主营业务收入6.27亿元，同比增长16.70%；净利润1.02亿元，同比增长14.45%；总资产10.08亿元，较年初增长54.32%。

从资本市场上尝到了甜头的同仁堂股份公司，分别于2000年和2004年进行了两次配股融资，共募集资金5.47亿元。这些资金的使用，大大加快了技术改造步伐和高新技术的推广应用，推动了生产布局和产品结构的调整，完成了过去遗留的“半截子”工程，同仁堂股份公司南分厂、北分厂正式投入生产，还完善了仓储，建立了配送中心。

其中，2000年的第一次配股，共计募集资金2.18亿元，主要用于超微粉碎技术应用，建立同仁堂中药材种植基地、与香港泉昌有限公司合资开办企业管理咨询公司等五个项目建设。2004年的第二次配股，共计募集资金3.29亿元，全部用于建设位于北京经济技术开发区的亦庄生产基地，解决产能瓶颈，满足市场供应。

为了落实中国证监会的要求，同仁堂股份公司于2005年11月25日实施股权分置改革。在当时同仁堂股权分置改革方案及其投票表决创下了三个新纪录。一是方案的对价水平为每10股送2.5股，远低于市场平均每10股送3股的水平，创下北京市属上市公司对价最低水平，最大限度实现了国有资产的保值增值；二是参与投票率为94.26%，远远超过规定要求，创出投票率最高记录；三是全体股东及流通股股东的同意票比例分别为99.63%和98.83%，均远远超过规定要求，创下自股权分置改革全面推开后各公司通过方案的同意票比率最高的记录。

为了更好地实现上下游一体化，体现“术业有专攻”，同仁堂股份公司又于2011年以旗下23家零售药店的股权及下属同仁堂药店相关资产对原集团公司控股的同仁堂商业公司进行投资，并最终实现持有其51.98%的股权，完成了同仁堂股份专业化零售终端的整合，自身的资产规模、专业零售平台同时扩大了，同仁堂商业公司也迎来了快速发展期。据统计，同仁堂商业公司2011年实现营业收入25.54亿元，同比增长30.01%；实现营业利润1.74亿元，同比增长47.33%；今年前八个月已实现营业收入34.67亿元、实现营业利润2.72亿元。

经过多次股份送转后，同仁堂股份公司股本已由发行之初的2亿股扩大至13.02亿股。

同仁堂科技：乘胜追击　走进香港

同仁堂股份成功上市，让老字号企业以公众公司的形象出现在市场上，其公开、公正、透明的规范运作方式，还提高了企业管理水平，这让同仁堂领导班子更加确信，作为竞争性领域的大型国有企业，走资本运作之路，是实现彻底“脱困”的好渠道。

2000年，同仁堂集团又把科技含量比较高的北京同仁堂制药二厂、北京同仁堂中药提炼厂和进出口公司，从北京同仁堂股份有限公司中分离出来，拆成1亿多元的股本，成立北京同仁堂科技发展股份有限公司，在香港联合交易所创业板上市，又募集资金2.39亿元，实现了一笔资产两次上市。

此次募集资金主要用于建设香港生产基地、投资研发中心、建设中药材原料生产基地、建立海外销售网络、新药开发、投资合资公司等。同仁堂科技在香港上市，打通了同仁堂产品、中医服务、品牌走向国际市场的通道，也让同仁堂人认识到了传统中医药市场的海阔天空。

2007年，同仁堂科技公司进行了上市后第一次再融资，募集资金约26687万港元，全部用于营销网络建设。2010年7月9日，同仁堂科技在香港联合交易所成功地由创业板转主板，中国老字号和国际知名大企业站在了同一起跑线上。2013年8月，同仁堂科技公司在香港市场进行第二次H股增发，募集资金约12.05亿港元，用于企业日常运营，为同仁堂科技公司快速发展提供了强劲资金保障。

同仁堂科技股本目前已由最初1.828亿股扩大至当前6.4亿股。

同仁堂国药：志存高远　扎根海外

从1993年在香港开设第一家海外药店到2012年底，北京同仁堂已在海外16个国家和地区开设了79家门店，在香港大浦工业区建设了海外生产研发基地。根据规划，到2015年底，同仁堂将在海外25个国家和地区，开设至少100家零售终端。为加快同仁堂国际化发展的步伐，提高同仁堂品牌在海外市场上的影响力，并最终将同仁堂品牌和产品做强做大，北京同仁堂集团公司把目光再次投向海外市场，只不过是这一次目标更加高远——让同仁堂国药直接进入海外资本市场，吸引欲投资中药产品海外业务的投资者，拓宽融资渠道，筹集自身发展资金，通过在海外资本市场占有一席之地，从而带动产品市场的发展。

2013年5月7日，同仁堂又将境外资产进行重组，成立了含境外工业、商业、科研一体，并由北京同仁堂科技发展股份有限公司控股，专营海外市场的北京同仁堂国药（香港）有限公司，其在香港创业板成功上市，实现了第二次“分拆”，募集资金约7亿港元，全部用于海外发展，包括扩展零售和分销网络、建立香港中医保健中心、扩产安宫牛黄丸等项目，以形成由科研、采购、生产、销售的一条龙式的闭环实体。同仁堂国药的成功上市，创造了同仁堂境外资产、境外企业、境外上市的典范。

同仁堂可转债：打入债券市场

2011年年初开始动工的北京同仁堂中药现代化产业园位于中关村科

技园区大兴生物医药产业基地，占地497亩，总建筑面积35万平方米，将用于创新成果产业化生产、物流配送、药材提取处理和成药制剂生产。建成后，将成为国内一流、绿色、低碳的中药现代化产业园，全面提升北京同仁堂的竞争实力。要完成这一宏伟的规划，需要雄厚的资金支持。

经股份公司董事会慎重决策，并经公司2011年第一次临时股东大会审议通过，同仁堂股份公司于2012年12月4日在上海证券交易所公开发行人民币12.05亿元的可转换公司债券，用于在北京大兴生物医药基地内建设。目前，资金已全部到位并投入使用。

二

金字招牌熠熠生辉

坚持不懈地探索与实践，走出了一条具有鲜明同仁堂特色的资本运作之路，创造了一个国有资本三次上市使用加一次发债的“同仁堂模式”，在中国资本市场上描绘了浓墨重彩的一笔，也为传统产业的老字号企业在新形势下的发展提供了强劲的动力。如今，同仁堂集团旗下各上市公司均保持了持续、健康、快速发展，百年同仁堂在新时期焕发出勃勃生机，金字招牌熠熠生辉。

同仁堂善待投资者

建立在仁德理念基础上的“善待文化”是同仁堂与股东、股民互利共赢的基本准则。同仁堂股份公司、同仁堂科技公司上市以来始终坚持以较高比例执行现金分红，善待投资者，回报投资者。无论是在同期上市的公司中还是在相近行业上市公司中，都可谓特立独行，受到投资者的欢迎。

从1997年上市到2013年6月30日，同仁堂股份公司已累计实现现金分红17.33亿元，其中，同仁堂集团获得现金分红10.47亿元，年度分红比例在净利润的40%以上。

自2000年上市以来，同仁堂科技公司累计派发现金股息人民币10.82亿元，其中公众H股股东人民币4.59亿元，同仁堂股份及同仁堂集团人民币5.83亿元（为其初始投资的5.72倍）。

同仁堂旗下各上市公司自上市以来，股价均处于稳定上升趋势，投资者在获得分红的同时，还收获股价上涨带来的资本利得收益。如复权后，同仁堂股份当前股价是五年前的4.46倍；同仁堂科技当前股价是两年前的3.82倍；同仁堂国药当前股价是发行价的4.34倍。

选择发行可转换公司债券，不仅是公司董事会在融资模式上的新的尝试，也是从投资者角度出发、赋予投资者更多获利和避险途径的做法。截至2013年6月底，在上证综指已连续下行并跌破2000点的市场环境下，同仁堂可转债仍以129.86元的高位价格报收，突显公司的债券价值获得市场的认同。

社会善待同仁堂

同仁堂股份获得了十几项重要行业荣誉。2004年至2006年，三获“中国漂亮50”荣誉，并于2006年荣登榜首。这是一项以盈利能力、成长性评价、行业地位、公司信誉、产业前景等综合指标作为考评标准的评选，不仅是从财务角度也是从成长角度、行业角度、产业角度等多方面对上市公司的综合考量与肯定。2008年、2010年、2012年三获“上市公司价值百强”荣誉。它不仅考虑到当年内上市公司的具体表现，还考虑到最近三年内的变化趋势、指标的排名，反映了上市公司的成长性、可持续性、创利能力、资本效率、经济增加值以及市值增加值等。2011年、2012年、2013年，三获央视财经“十佳治理上市公司”荣誉；并于

2012年成为央视财经“50指数”第一批样本股，该指数为国内第一支媒体指数，于2012年6月份已在上海证券交易所正式挂牌上市……

同仁堂市值稳步上升

2013年5月16日，同仁堂股份股票盘中最高价格25.30元，复权价达到295.14元；盘中最高市值达到329.42亿元，集团持股市值达到181.99亿元。

同仁堂科技上市十余年，股价累计增幅498.84%（恒指指数增幅45.89%），2013年8月15日创出历史最高28.90元，市值由2000年底的5.85亿港元提升到2013年8月初的151.41亿港元，增长了24.88倍。

同仁堂国药成为2013年最受投资者欢迎的IPO之一。各国际投行分析师大力推荐国药股票，一些媒体甚至把同仁堂国药冠以“新股王”的称号，市值也由5月7日上市当天的52亿港元上升为8月底的113亿港元，增长了1.17倍。

权威数据显示，目前同仁堂集团公司注册资金仅为2.3544亿元，而同仁堂集团旗下仅现有的三家上市公司，市值已达509.09亿元，资产价值增长以百倍计，充分体现了同仁堂人为国有资产保值增值所做的努力与取得的成果。

正如同仁堂领导班子十八年前的预期，资本运作不但解决了同仁堂发展的资金问题，更解决了同仁堂从传统企业向现代企业制度的过渡问题，推动同仁堂从一个基础较差的老牌国企成长为一个拥有现代制药业、零售药业和医疗服务三大板块、六大二级集团、三个院，年销售额超过200亿元、年实现利润近16亿元、集团总资产超过170亿元、年出口创汇4400万美元的现代化国际化医药集团。

三

资本运作大有可为

同仁堂人心中有一个目标，从2011年到2015年，主要经济指标翻一番、零售及医疗网点突破2000家、新产品研发上市300种、抓好四个重点项目、保持和发展五个全国同行业第一、组建六大二级集团，实现和谐、健康、可持续发展。其中，征地1650亩，涉及北京、河北和安徽的13项建设工程规模为历史第一。目标的实现，需要强有力的资金支持。

2011年以来，集团充分利用企业在资本市场的优势，做了大量准备工作，已经募集资金近30亿元，使集团“十二五”期间的工程项目有了可靠的资金保证。

眼下，按照市国资委的要求正在重组的同仁堂健康药业集团（含药材参茸）的融资工作，在市有关部门的支持和指导下正在紧张进行，预计将在明年成功完成，募集资金将不少于20亿元人民币。这样，到明年，同仁堂集团旗下六大二级集团将全部实现资本证券化，即一级集团经营性资产率先全部进入资本市场，同仁堂的发展将进入一个崭新的时代。

同仁堂人心中有一个梦想，“做长、做强、做大”同仁堂。做长的核心是品牌，做强的核心是实力，做大的核心是规模。实现梦想，必须有强有力的资金支持，资本运作将持续发挥不可替代的作用。

同仁堂人心中有一个使命，同仁堂品牌是国家的、民族的、世界的。因此，维护、提升和发展同仁堂品牌是全体同仁堂人的第一要务。完成使命，必须有强有力的资金支持，资本运作将一路护航，大有可为！

续二：

完善法人治理结构
推进现代企业制度

党的十八届三中全会提出，推动国有企业完善现代企业制度，健全协调运转、有效制衡的公司法人治理结构，进一步指明了依法治企的方向。中国北京同仁堂（集团）有限责任公司党委、董事会于2013年12月1日下发了《进一步规范法人治理结构，明确母子公司管理权限的意见》和《集团公司建立并实施的四项联动机制》两个文件，在全系统试行，标志着北京同仁堂集团进一步“完善法人治理结构，推进现代企业制度”进入实操阶段，标志着北京同仁堂已全面进入“先规范后发展”的发展阶段。

一

简述法人治理结构

1．法人治理结构又称公司治理，是现代企业制度中最重要的组织架构。狭义的法人治理结构主要是指公司内部股东、董事、监事及经理层之间的关系，广义的公司治理还包括与利益相关者（如员二、客户、投资人和社会公众等）之间的关系。

2．企业（公司）作为法人，也就是作为由法律赋予了人格的团体人、实体人，需要有相适应的组织体制和管理机构，使之具有决策能力、管理能力，行使权利，承担责任。这种体制和机构被称之为公司法人治理结构，也可以称之为公司内部管理体制。这种结构使公司法人能有效地活动起来，因而很重要，是公司制度的核心。

3．法人治理结构按照《公司法》的规定由四个部分组成：（1）股东会或者股东大会，由企业股东组成，所体现的是所有者对公司的最终所有权。（2）董事会，由企业股东大会选举产生，对企业的发展目标和重大经营活动做出决策，维护出资人的权益。（3）监事会，是企业的监督机构，对企业的财务、董事、经营者的行为发挥监督作用。（4）经理，由董事会聘任，是经营者、执行者。

4．法人治理结构的四个组成部分，都是依法设置的，它们的产生和组成，行使的职权，行事的规则等，在《公司法》中做了具体规定。可以说，法人治理结构是以法制为基础，按照企业本质属性的要求形成的。

5．法人治理结构的建立应当遵循的原则是：（1）法定原则。法人治理结构关系到企业投资者、决策者、经营者、监督者的基本权利和义务，凡是法律有规定的，应当遵守法律规定。（2）职责明确原则。法人治理结构的各组成部分应当有明确的分工，在此基础上各行其职、各负其责，避免职责不清、分工不明而导致的混乱，影响各部分正常职责的行使，以至整个功能的发挥。（3）协调运转原则。法人治理结构的各组成部分是密切结合在一起运行的，只有相互协调、相互配合，才能有效地运转，有成效地治理公司。（4）有效制衡原则。法人治理结构的各部分之间不仅要协调配合，而且还要有效地实现制衡，包括不同层级机构之间的制衡，不同利益主体之间的制衡。

二

同仁堂进一步规范法人治理结构的条件已经成熟

1．上市公司必须要执行法人治理结构。目前，中国北京同仁堂（集团）有限责任公司旗下已经形成了同仁堂股份集团、同仁堂科技集团、同仁堂国药（香港）集团、同仁堂健康药业集团、同仁堂商业投资集团、同仁堂药材参茸集团六个二级集团和同仁堂研究院、同仁堂中医医院、同仁堂教育学院三个院的组织架构。六个二级集团是实体，其中四个已经是上市公司，2014年另外两个即同仁堂健康药业集团（中外合资）和同仁堂药材参茸集团（民营合资）也将重组上市。此后，六个二级集团将全部成为公众上市公司。既然是上市公司，就必须要执行法人治理结构，接受社会公众的监督。

2．企业自身多年实践已积累了一定经验。北京同仁堂集团自1997年股改上市，就开启了推进法人治理结构，建立现代企业制度的步伐。经过同仁堂股份上市、同仁堂科技上市、同仁堂国药上市，同仁堂可转债的发行，以及不断加强上市公司董事会建设等举措，在推进法人治理结构方面取得了成就，获得了经验。同仁堂股份获得了十几项重要行业荣誉。其中，2011年、2012年、2013年，三获央视财经“十佳治理上市公司”荣誉；并于2012年成为“央视财经50指数”第一批样本股，该指数为国内第一支媒体指数于2012年6月份已在上海证券交易所正式挂牌上市。

3．做长、做强、做大同仁堂需要进一步推进法人治理结构，明确母子公司关系。北京同仁堂集团公司不直接生产也不直接经营产品（服务），靠的是投资收益（经营资本）；六个二级集团是闭环运行的生产经营实体。两级集团之间是以资产为纽带的母子公司关系，集团公司不可以直接指挥、发号施令，只能透过法人治理，通过董事会、经营层和专业委员会来实施管控。

三

同仁堂进一步规范法人治理结构的重要举措

1．明确母子公司权限。明确母子公司管理权限是系统的管理体系，是集团下一步发展的关键所在。在《进一步规范法人治理结构，明确母子公司管理权限的意见》和《集团公司建立并实施的四项联动机制》实施之后，一级集团还要修订部室职能职责，理顺各种关系，形成相应的管理制度，并作为管理大纲由两级集团共同遵照执行。

（1）《进一步规范法人治理结构，明确母子公司管理权限的意见》是对内明确管理权限的管理制度，涉及股东会、董事会、监事会、总经理（经营层）的职权范围；需由集团公司批准后执行的有关事项；需由专业委员会合议解决的有关事项；需向集团公司报备的有关事项；集团公司监督、检查、审计、考核、奖惩的有关事项五个方面。其中，审批类22条、合议类26条、报备类34条和监管类19条。其中需由集团公司批准后执行的有关事项有无形资产、有形资产、干部管理、文化塑造四个方面。

（2）《集团公司建立并实施的四项联动机制》是为了更好地贯彻执行法人治理结构以后，充分面对社会，内部共享优势资源，形成合力，提升快速反应，强化统一联动，确保集团整体经济平稳发展、市场表现良好，维护和提升品牌形象，而建立并实施的应对外部环境的管理机制。包括上市公司信息沟通联动机制、经济指标体系联动机制、危机应急处置联动机制、媒体公关与宣传联动机制。

2．推进"管"的转换。参照国资委的要求，一级集团履行"管人、管事、管资产"的转换。

（1）"管人"是最关键的环节。一是集团公司按照法人治理结构，行使大股东委派董事、监事等权利；二是通过董事会聘任班子成员，按照党管干部原则协商关键岗位人员，其他各类人员由各二级集团自行管理。

（2）“管事”有两个方面，首先是管程序，该谁决策谁决策，要按内部程序执行；其次是管合议，发挥内部八个专业委员会的平台作用，通过合议解决生产经营中的难点问题。

（3）“管资产”也有两个方面，一是有形资产，二是无形资产。有形资产一级集团已注入到二级集团，集团公司不能直接干预，要通过董事会、经营层和专业委员会来实施管控，透过投资关系进行管理，透过二级集团领导班子来管理。无形资产已由商标、字号、品种延伸到发展战略、专业化定位、科研方向。无形资产是集团公司100%的资产，要加强控制，全面负责。

3．创新管理方式，激发各方活力。充分利用好现有企业架构和管理架构，共同为同仁堂发展有所作为。

（1）集团公司本部即一级集团转型应侧重在宏观管理层面。一是十八届三中全会的胜利召开，国有企业改革将面临一个转型期，我们要保持同仁堂老字号在社会中独立发展的地位，全面贯彻落实十八届三中全会的精神，加快转型；二是要承担中药行业发展的创新研究和基础安全性研究的工作，集团的工作重心要转移，加大人员和资金的投入，加强中药创新和基础安全性研究；三是要宏观设计和研究全局性的战略发展，平衡好内部关系；四是依法做好干部管理工作；五是要发挥监控和服务职能，为二级集团做好服务，保障健康有序发展，依法实施有效监控。

（2）六大二级集团转型侧重在微观管理层面。一是全面负责生产、经营、产品、资产、安全和服务等工作；二是负责产品质量、服务质量、经营质量、资产质量，特别是中药安全性等社会责任，落实谁生产谁负责，谁经营谁负责，谁办的谁负责；三是负责按照专业化定位研究发展和增长点，特别是要开发利用好同仁堂的特色，发挥自身优势，合理配置资源；四是负责管理好自己的队伍，包括经营班子、中层干部及专业人才队伍、维稳，以及各类人员的培训；五是负责维护上市公司的二级市场，接受社会股东的监督。

（3）专业委员会是两级集团的桥梁和补充。完善法人治理结构的目标是为了保持同仁堂的独立发展，实现做长、做强、做大同仁堂的梦想。做长的核心是品牌，做强的核心是实力，做大的核心是规模。八个专业委员会要发挥八个方面的积极作用，解决日常难点和平衡问题，促进做长、做强、做大同仁堂。

2012年北京同仁堂集团成立了经济运行与资本运作管理委员会、财务运行与管理委员会、工程项目管理委员会、科技质量管理委员会、品牌使用与管理委员会、内控管理与审计委员会、文化与教育管理委员会、人力资源与干部管理委员会等八个专业委员会，是企业由部室管理转向组织管理的重要标志。

各专业委员会的成员由一级集团和六大二级集团、三个院的专业领导组成，是跨法人治理结构的内部工作组织，执行合议制，提高专业水平，共同解决生产经营中的难点问题，平衡问题，体现了在法人治理结构新形势下，创新管理组织方式，发挥合力适应企业发展，贯彻办事“权威、务实、效率”的原则。

一年多的实践证明：它是同仁堂一级集团与六大二级集团严格法人结构后系统内部横向之间重要的桥梁和纽带，是两级经营者团队聚力发挥专业作用，提高解决实际问题的重要方式。

（4）六大集团全部按二级公司管理。目前，一级集团旗下的六大二级集团资产关系是清澈的，股份集团、健康药业集团（药材参茸）是二级子公司，科技集团和商业投资集团是三级子公司，国药集团是四级子公司。从资产关系看，集团公司只应管到二级子公司，不利于一级集团对品牌字号的管理与控制。但是管理是可以创新的，根据实际情况，

集团公司作为大股东，透过法人治理结构，将六个二级集团全部按照二级公司对待也是合规合法的，符合同仁堂的实际情况的。这样自然缩短了管理链条，提升了对六个二级集团的管控质量。同时，同仁堂品牌字号作为无形资产，授权给六个二级集团使用，集团公司作为大股东透过董事会聘任经营层，也是对无形资产的监督和保护，是符合法人治理结构的。

续三：

新的里程　新的责任
一把手顺利完成交接

2014年1月8日下午两点，市委组织部和市国资委党委在同仁堂集团公司会议室召开干部任免宣布会。市国资委主任、党委副书记林抚生宣读了市国资委党委、市国资委《关于梅群、殷顺海同志职务任免的通知》：因殷顺海同志已经到龄，按照企业领导人员管理有关规定将不再担任同仁堂集团领导职务，经市委市政府同意，市国资委党委研究决定，梅群同志任同仁堂集团党委书记、董事长。

北京市人民政府党组成员、副市长，市国资委党委书记张工指出，这次同仁堂集团领导班子的调整，体现了市委市政府、市国资委党委对同仁堂集团这些年改革发展取得成绩的充分肯定，也体现了对同仁堂集团领导班子和干部职工的充分信任和认可。

张工说，殷顺海同志政治素质好、工作思路清晰、思维敏捷、宏观驾驭和战略思维能力强，在同仁堂工作四十三年，是北京市两届人大代表、两届政协委员，获得过“全国质量管理先进工作者”“北京市劳动模范”“全国劳动模范”“中国改革开放30年轻工业十大领军人物”等荣誉称号。

在担任同仁堂主要领导十八年间，他认真贯彻执行中央、市委市政府和市国资委关于国有企业改革发展的一系列决策和部署，坚持走改革发展道路，团结带领领导班子和广大干部职工，励精图治，锐意进取，大胆创新，以现代中药为核心，制定发展战略，以调整组建六大二级集团为抓手，优化产业布局，加快劣势企业调整、重组、退出，深入推动管理转型，加强总部管理和内部管控，提升核心创新能力，坚持经济实体与文化载体双轮驱动，推动企业转变经济发展方式，加强企业文化建设和人才队伍建设。集团的产业布局、组织结构持续优化，党建创新和人才工作不断加强，集团规模和实力实现跨越式提升。实现了由弱到强，由前店后厂的手工作坊走向国际化中医药企业，由生产资金困难的企业发展成为现金流充足、资产质量良好的拥有三个上市公司的集团化企业，由北京同仁堂到中国同仁堂再到世界同仁堂的跨越，使三百多年的中医药老字号品牌得以发扬光大。

截至2013年11月，集团资产总额超过182亿元，开办零售终端1980多家，医疗网点210多家，产品远销40多个国家和地区，主要经济指标连续十七年保持两位数增长，实现了每五年翻一番，制药、零售、医疗三大板块不断壮大，合并营业收入跨入了百亿元企业行列，销售收入、实现利润、出口创汇及海外终端数量均居全国同行业第一，企业的盈利能力、竞争能力和抗风险能力不断增强。

张工指出，梅群同志政治素质好，党性观念和大局意识较强，长期在医药行业和同仁堂集团工作和任职，熟悉国家经济政策和企业运营管理，2001年任同仁堂集团总经理以来，全面主持集团生产经营工作十多年，工作思路清晰，组织领导和推动工作能力较强，注意学习掌握国家有关中医药产业发展的政策法规，加强对市场形势和政策环境的研究，带领经营班子，围绕集团“十二五”发展规划，按照董事会“做实企业、科学发展”的精神，以“做长、做强、做大”为目标，加快推进企业专业化发展，深化企业管理转型，推动组建了同仁堂股份等六个二级集团和研究院、中医医院、教育学院三个院，不断完善企业管理架构。注重加大品牌保护和科研创新力度，创新经济增长点，指导完成加盟店合资控股改造工作，增强品牌抗风险能力。研究提出“夯实基础，强化管理”的工作思路，强化依法经营意识，有效维护了经营秩序和市场形象，提升企业经营质量、资产质量、产品质量和服务质量。

张工强调，这次同仁堂集团党委书记、董事长调整，是集团的一件大事，大家要把思想和行动统一到市委市政府和市国资委的决策上来，讲政治、顾大局，恪尽职守，团结协作，确保各项工作的顺利交接和平稳过渡。希望梅群同志履职后尽快进入角色，团结带领领导班子和广大干部职工，扎实工作，开拓进取，打开工作新局面。相信调整后的同仁堂集团领导班子能够再接再厉，结合首都城市功能和发展定位，积极推进企业战略规划的实施，努力抓实抓好各项工作，带领同仁堂取得更大的辉煌，为首都经济建设和社会发展做出更大贡献。

梅群表示，殷顺海董事长为同仁堂在市场经济大潮中获得持续健康快速发展做出了重要贡献，带领全体干部职工续写了百年老字号的新辉煌。殷顺海董事长提出的管理思想，是被实践证实了的符合同仁堂发展实际的企业经营哲学，我们要认真总结，加以继承，不断发扬，在此基础上，共同谱写同仁堂发展的新篇章，创造新的辉煌！

图书在版编目（CIP）数据

同仁堂：传承与发展：北京同仁堂二十年改革发展记 / 边东子 著 .
— 北京：东方出版社，2014.5
ISBN 978-7-5060-7481-0

Ⅰ . ①同⋯　Ⅱ . ①边⋯　Ⅲ . ①同仁堂药店—历史　Ⅳ . ① F721.8

中国版本图书馆 CIP 数据核字（2014）第 107350 号

同仁堂：传承与发展
（TONGRENTANG：CHUANCHENG YU FAZHAN）

作　　者：边东子
责任编辑：邓　翃　吕晓芬
出　　版：东方出版社
发　　行：人民东方出版传媒有限公司
地　　址：北京市东城区东四十条 113 号
邮政编码：100007
印　　刷：北京京都六环印刷厂
版　　次：2014 年 6 月第 1 版
印　　次：2017 年 7 月第 2 次印刷
开　　本：710 毫米 ×1000 毫米　1/16
印　　张：19.5
字　　数：260 千字
书　　号：ISBN 978-7-5060-7481-0
定　　价：48.00 元
发行电话：（010）85924663　85924644　85924641

版权所有，违者必究
如有印装质量问题，请拨打电话：（010）85924736